U0899631

企业道德风险的法律防治

李玉梅　文海兴　李爱玲　张　冰　文丽莎　著

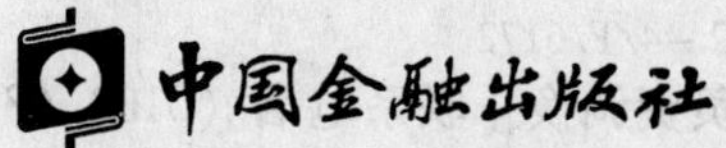

责任编辑：王素娟
责任校对：孙　蕊
责任印制：陈晓川

图书在版编目（CIP）数据

企业道德风险的法律防治（Qiye Daode Fengxian de Falü Fangzhi）/李玉梅等著．—北京：中国金融出版社，2012.11
ISBN 978-7-5049-6612-4

Ⅰ．①企…　Ⅱ．①李…　Ⅲ．①企业—职业道德—法律—研究
Ⅳ．①D912.290.4

中国版本图书馆 CIP 数据核字（2012）第 234462 号

出版
发行　中国金融出版社
社址　北京市丰台区益泽路 2 号
市场开发部　(010)63266347，63805472，63439533（传真）
网 上 书 店　http://www.chinafph.com
(010)63286832，63365686（传真）
读者服务部　(010)66070833，62568380
邮编　100071
经销　新华书店
印刷　利兴印刷有限公司
尺寸　169 毫米×239 毫米
印张　16
字数　239 千
版次　2012 年 11 月第 1 版
印次　2012 年 11 月第 1 次印刷
定价　38.00 元
ISBN 978-7-5049-6612-4/F.6172

前言

很多人认为，我们现在生活在一个危机四伏的社会中。企业的虚伪和欺骗，使这个原本和谐而又五光十色的社会很多时候变得令人不安。为探究其中的原因，十年前我们开始关注企业、企业家的道德和责任，最终把视线聚焦到了企业道德风险这一为经济学家们津津乐道的话题上。与他们不同的是，我们是以法学工作者的身份，从法的视角来审视这一现象的，并把观察思考的心得以此书的形式奉献给大家。

在第一章，我们对企业道德风险的概念、形成原理和防治理论进行了介绍，并基于法律所独有的引导、预测、评价、教育和强制等品质，对法律作为防治企业道德风险工具的价值、原则和基本框架等进行了较为系统的探讨。

第二章至第五章，是我们倾尽心力关注的内容，主要从企业道德建设创新、企业产权制度安排和内部组织、权力架构治理、企业外部治理等角度，多方位论证了法律防治企业道德风险的可能性及其制度安排。其中，第二章研究了企业社会责任、企业道德规范和企业信用制度建设的方法、途径，以从根源上筑起企业自觉抵制道德风险发生的堤坝；第三章以“完善现代企业产权制度，增强企业自治能力”为题，对企业法人财产权、公司治理结构、企业产权流转等防治企业道德风险的基础法律制度进行了探讨；第四章以信息不对称是引发企业道德风险的关键因素为立论依据，在对企业公开的信息应具有产品性质这一观点进行分析的基础上，以全面质量管理思想为指导，提出了建立我国统一的强制性企业信息公开制度的设想；第五章的研究偏重于防治企业道德风险的外部环境建设，认为提高行政执法能力、促进中介机构和行业协会发展，对缩小企业机会主义空间、有效遏制企业道德风险有重要意义。

在第六章，我们探讨了企业经营者的道德风险问题，希望通过一定的激励约束制度安排来抑制企业经营者这一企业道德风险种种问题的“始作俑者”的道德风险行为，进而完成对企业道德风险的防治。

本书是集体劳动的结晶。李玉梅对全书进行了统筹，并撰写了第一章和第三章的第一节和第二节；文海兴撰写了第二章，并负责全书的最后审定；李爱玲撰写了第三章的第三节和第四章；文丽莎撰写了第五章；张冰撰写了第六章。

本书在写作过程中，得到了我们的家人、朋友及同事的倾力支持，我们对此深深铭记于心。很多学者的研究成果对我们的研究极具借鉴、启发作用，我们已尽力在文中对此有所列举，但难免有所疏漏，在此我们一并表示由衷的感谢，并对可能出现的疏忽和不周表示深深的歉意。

目　录

第一章　企业道德风险及其法律防治概述

只要市场经济环境存在，道德风险就具有不可避免性①。企业作为以委托—代理关系和以契约为纽带建立起来的经济实体，滋生道德风险的几率尤为突出，对社会进步和企业发展具有很大的危害。法律所独有的引导、预测、评价、教育和强制等品质，在防治企业道德风险中占据重要位置。

第一节　企业道德风险及其防治理论

一、基本概念的界定

（一）企业的概念

“企业”一词，源于英文 Enterprise，经日文翻译后传入中国。Enterprise 原意是企图冒险从事某项事业，且具有持续经营的意思，后来引申为经营组织或经营体②，指从事生产、流通、服务等经济活动，以产品或劳务满足社会需要，并以获取盈利为目的，依法设立，实行自主经营、自负盈亏的经济组织。

1. 企业是社会经济的基本单位。企业是在社会化大生产条件下存在的，是商品生产与商品交换的产物。在技术和组织上，企业具有如下特点：（1）企业是经营性实体，主要从事生产、流通、服务等活动。（2）企业通

---

① 李建华、易珉：《企业管理中的道德风险：经济学的视角》，载《湘潭大学学报》（哲学社会科学版），2008（3）。

② 史际春：《企业、公司溯源》，见王保树主编《商事法论集》（第 1 卷），北京，法律出版社，1997。

过交换生产经营的成果与消费者或用户发生经济联系，满足一定的社会需要，同时获得盈利。(3）企业具有独立的经济利益，自主经营，自负盈亏。(4）企业通常为一定的团体或组织体，要依法设立并具备一定的法律形式。(5）企业的经营活动具有持续性，这是企业与流动摊贩、一次性交易等非固定、非稳定的经营行为相区别的一个重要标志。(6）企业是社会经济力量的基础，企业生产力的总和构成社会生产力。

2. 企业的发展状态影响整个社会经济生活的发展水平，主要表现为：(1）在生产领域，企业是生产的现场。劳动力同生产资料直接结合并生产出来产品，是在企业里实现的。(2）在交换领域，企业是实现交换的基本环节。每个企业都要同原材料、能源、生产设备、设施的供应者、产品用户、运输单位、设计科研机构形成各式各样的交换关系。这些关系通过企业的销售活动和经营活动联系起来，形成整个社会的生产和再生产。(3）在分配领域，职工要从企业得到工资、奖金、津贴等，每个职工的最终收入在很大程度上取决于企业的经营活动成果。国家要从企业得到税金，国家的政治、经济、文化生活等很大程度上也受到企业经营活动成果的影响。

(二）企业道德风险的概念

1. 风险。风险，英文为 Risk，第五版《现代汉语词典》把风险解释为："可能发生的危险"。学术界对风险的描述最早源于经济领域。经济学家莱特认为风险是这么一种情形：一种行为可以导致几种相互排斥的结果，而每一种结果都有已知的概率，如果这些概率是未知的，这种情形就包含了不确定性，风险就产生了。统计学家沃尔德从他的研究领域对风险进行了描述，认为风险就是当采用一个特别的决策函数时，由于最终决策的错误而产生的预期行为成本和预期损失之和。精算师特腾斯在年金保险中第一次精确地用数学定义了风险概念，建议将风险描述为平均偏差的一半。① 我国一些学者将风险描述为由于各种不确定性因素的出现与变化影响经济活动的方向或方式，给经济主体带来一定损失或获利的机会。②

---

① 丁义明、力福康：《风险概念分析》，载《系统工程学报》，2001（5）。

② 杨力：《商业银行风险管理》，上海，上海财经大学出版社，1998。

综上所述，风险应是相对于某个期望结果可能发生的变动情况，特指一种特殊的不确定性，是造成危险、损失的潜在因素。由此可见，风险是可以事先防范和控制的。

2. 道德风险。道德是人类社会特有的以善恶为评价标准，依靠社会舆论、内心信念、传统习惯来调整人们之间的相互关系的行为规范和准则。道德在指导和规范人的行为、调节人们之间的关系、维护社会生活秩序、建设社会的物质文明与精神文明等方面都起着重要的不可替代的作用。

道德风险的概念最初出现在保险理论中，指一个人参加保险后导致了思想上的麻痹或依赖保险的心理，反而降低了防止风险的努力程度，甚至出于恶意或不良企图故意造成危险事故，结果在保险后反而更容易发生危险。如人们购买了汽车保险以后，有可能不会像以前那样细心地驾驶汽车以避免车祸；购买了火灾险后，有可能不会像以前那样谨慎地防范火灾了。

经济学家对道德风险的关注始于亚当·斯密。他在《国富论》中这样写道，“要想股份公司的董事们监督钱财用途，像私人合伙公司成员那样用意周到，那是难以做到的。疏忽和浪费，常为股份公司经营上多少难免的弊端。惟其如此，凡属从事国外贸易的股份公司，总是竞争不过私人冒险者”。[①] 斯密指出了股份公司董事（代理人）在监督不全的情况下不会尽力为公司股东（委托人）工作的现象，这就是道德风险问题。后来，道德风险的含义扩展为签订契约后代理人隐瞒不利信息或自动对委托人造成的不利结果。20 世纪 80 年代，西方经济学家又从经济伦理学角度对道德风险进行了定义，特指从事经济活动的人在最大限度地增进自身利益、不完全承担风险后果时作出不利于他人的不道德行动。如国际货币基金组织出版的《银行稳健经营与宏观经济政策》一书，将道德风险定义为当人们将不为自己的行为承担全部后果时变得不太谨慎的行为倾向。在信息经济学文献中，道德风险是指签约双方由于目标的不一致，由信息不对称而引起的对最优契约执行结果的偏离。换句话讲，道德风险行为就是当签约一方不完全承担风险后果时所采取的自身效用最大化的自私行为。到 20 世纪 90 年代，道德风险被学者们广泛地用于解释保险市场、公共福利、卫生保健和借贷市场等行

① 亚当·斯密：《国民财富的性质和原因的研究》（下册），北京，商务印书馆，1974。

为，泛指市场交易中的一方因难以观测或监督另一方的行动而导致的风险。

如果超出经济学领域限制，代表性的观点认为："所谓道德风险，是指可能道德行为的不确定性，这种道德行为的不确定性既可以指作为行为主体本身可能道德行为的不确定性，也可以指一种社会措施所可能引起的社会可能道德后果的不确定性，且这种不确定性主要又是立足于其可能的结果及其潜在的危险性质而言的。"① 言下之意，人们在经济、政治、文化等各领域中进行的道德评价的行为选择具有不确定性，既有可能是道德的也有可能是不道德的，而这种道德风险的重点则指向不道德的行动选择招致危险的不利结果的可能性。

3. 企业道德风险。在企业活动中，道德风险问题相当普遍，并广泛存在于企业与其利益相关者②、企业股东与经理、企业经理与员工的关系中。例如，如果政府不能观测到企业污染环境的行为，企业就有可能为了自身利益选择污染环境，而使社会的利益受损。再如，股东利益的实现取决于经理工作努力的程度，在股东无法观测到经理的努力程度的情况下，经理有可能选择一个较低的努力水平，从而损害股东的利益。有鉴于此，学者们普遍认为企业道德风险概念有广义和狭义之分，广义的企业道德风险涉及范围较广，涵盖企业作为群体或法人的道德风险和企业内部的道德风险等诸多方面；狭义的企业道德风险特指企业内部的道德风险。本书使用广义的企业道德风险概念，主要研究企业作为群体或法人的道德风险。

综上所述，企业道德风险应是企业在最大限度地增进自身效用时作出不利于他人的行动，或是企业不完全承担风险后果时所采取的自身效用最大化的自私自利行为③。

---

① 高兆明：《应当重视"道德风险"研究》，载人大复印资料《伦理学》，2001（8）。

② 所谓的利益相关者是指那些在企业发展过程中，对企业生产经营活动能够产生重大影响的团体或个人。这个团体或个人既可能是公司内部的（如员工），也可能是公司外部的（如供应商、竞争对手等）。大多数情况下，利益相关者可分类如下：所有者和股东、银行和其他债权人、供应商、购买者和顾客、广告商、管理人员、雇员、工会、竞争对手、地方及国家政府管制者、媒体公众利益群体、政党及宗教群体和军队等。

③ 刘燕君：《管理者世界之"道德风险"》，http：//www.chinavalue.net/Article/Archive/2008/5/6/113864_2.html，2011-12-12。

二、企业道德风险的种类

根据不同的分类方法和标准，可以把企业道德风险划分为不同的类型，其中最为常见的是从学科视角所作的分类。

（一）企业道德风险的信息经济学分类

在信息经济学文献中，道德风险是指签约双方由于目标的不一致，由信息不对称而引起的对最优契约执行结果的偏离。换句话讲，道德风险行为就是当签约一方不完全承担风险后果时所采取的自身效用最大化的自私行为。企业的行为有可能违反了契约，也有可能没有违反契约，但结果都是一样的，即因为道德风险行为使得最优契约结果发生了偏离。

信息不对称是指市场交易双方所掌握的信息量或信息准确性不对等。信息经济学认为，信息不对称性是产生企业道德风险的一个基本原因。不对称信息一般分为两类：一类是指外生的信息，诸如交易委托人的能力、偏好、身体健康状况等，这类信息不是由委托人行为造成的，某种意义上是一种先天的、先定的、外生的，一般出现在契约签订之前，比如一个企业在雇佣工人的时候，每个工人能力的高低雇主并不很清楚。当出现这种问题时，就要设计一种机制，使企业能够获得对其有用的信息，或诱使他人披露真实的信息，然后达到一种最好的契约安排。这类信息不对称称为隐藏信息，或者称为逆向选择。第二类是内生的信息，取决于委托人行为本身，即在签订契约的时候，委托人双方拥有的信息是对称的，但签订契约后，一方对另一方的行为无法监督、约束，如在签订雇佣契约后，工人是努力工作还是偷懒。在这种情况下，就产生了典型的激励问题：用什么样的激励机制能够诱使另一方采取正确的行动，如在企业中，雇主用什么样的工资制度让工人努力工作。这一类称为隐藏行为，或者称为道德风险。由此可见，道德风险模型可划分为两类：隐藏信息的道德风险和隐藏行为的道德风险。

（二）企业道德风险的经济伦理学分类

1. 投机道德风险与纯道德风险，依据利益与风险主体的关系以及道德风险形成动机的差异性，企业道德风险分为投机道德风险与纯道德风险。

投机道德风险指企业为实现或扩大自己的利益，采取非正规和不道德手段，使其他相关主体蒙受利益损失的可能，包括企业从自己的利益出发，忽视自身所承担的社会职责而给社会公共利益带来损失的可能情形。“每个人都希望以尽可能少的牺牲取得更多的财富”①。因此，投机道德风险是企业道德风险的主要形式，并有如下两种情形：（1）无意识投机道德风险，即企业在追逐自身利益的过程中，由于道德知识的缺乏或道德认知的差异，使得自身行为不符合或违背社会一般道德原则的可能性增大。如某股份公司为了追求自身收益，在不知情的状态下将招股说明书中的项目说得天花乱坠，可实际运作下来却是一年绩优、两年平平、三年亏损，给外部投资者带来损失。（2）有意识投机道德风险，即企业从一开始就把对利益的追求放到“至高无上”的地位，在增加自身利益的过程中清楚地知道行为的性质，有意地对社会一般道德标准进行违反。如证券市场中一些内幕信息的知情人，基于获利的企图利用内幕信息进行股票交易，进而直接造成了股市信息在内幕交易者和外部交易者之间的信息不对称，使股市信息结构发生巨大变化，从而对股市运行和交易者产生重大影响。

纯道德风险是指企业在无法增加自身利益的情况下行为不道德而造成损失的可能。如企业证券业务操作人员处于自己情绪的失控状态，或出于对证券市场、证券业务及证券从业相关人员的不满，在无法实现或得到自身利益的条件下行为不道德而造成证券市场相关主体利益损失的可能。这种风险是不受任何理性驱使所形成的，其风险来自于企业作为“经济人”所与生俱来的追求自身利益最大化的特性，就如亚当·斯密在《国富论》中所指出的那样：“每个人都在力图应用它的资本，来使其生产品能得到最大的价值。一般地说：他并不企图增进公共福利，也不知道他所增进的公共福利为多少，他所追求的仅仅是他个人的安乐，仅仅是他个人的利益。”② 阿马蒂亚·森则断言经济活动之所以存在，经济人的经济理性存在是最主要的原因：“如果不是自利在我们之中起了决定性作用，正常的经济交易活动就会

---

① 西尼尔，蔡受百译：《政治经济学大纲》，北京，商务印书馆，1986。

② Adam Smith, An Inqiry into the Nature and Cause of the Wealth of Nations (Volume2), Clarendon Press, 1979, p. 400.

停止。”① 在人的利己动机驱使下，在外界的压力有所减弱或外界约束力不强的环境中，人性中恶的一面就常常扩大、膨胀，使人产生恶念或行恶的冲动。在这种情况下，人们就会忽视行为的意义和后果，满足自己“为恶”的欲望，从而产生纯企业道德风险。

2. 主观道德风险与客观道德风险。根据企业道德风险的实施主体不同，道德风险可分为主观道德风险与客观道德风险。

主观道德风险是指企业中存在的或由于自身道德不确定性形成的道德风险。主观道德风险的形成取决于企业的道德水准和道德约束的力度。任何道德约束的方法、制度和措施都是相对完善的，实际上都存在有不足、缺陷与漏洞。道德约束机制客观的绝对不完善性就给不道德行为留下了发展的空间。因此，在主观道德风险的形成过程中，企业道德意识发挥着决定性的作用，他们是主观道德风险的施动者，主动承担着道德风险的责任与后果。

客观道德风险是指因企业利益相关者的不道德行为而造成企业损失的可能。大多数社会和经济行为都不能由企业单独完成，它们往往牵涉各种其他利益体，构成复杂的行为和利益关系。在其他利益参与者的道德无法得到保证的情况下，企业就不得不面对由于利益相关者的不道德行为而带来损失的可能。也就是说，企业利益相关者的主观道德风险使企业承担了客观道德风险，如经营设施被破坏、商品被偷窃和毁损、少数顾客的恶意退货等。在客观道德风险中，企业承担道德风险是被动的，是风险形成的受害主体，被迫对风险的后果承担责任。

（三）企业道德风险的法学分类

根据企业道德风险的行为表现及其直接侵害的社会关系的不同，可对其作如下分类：

1. 政策性道德风险。政策性道德风险指企业违反国家法律规定从事经营活动或谋求某些特殊权利的活动。其基本特征是违反国家法律和政策法规，并主要表现为大搞权钱交易，利用贿赂获取不正当利益；恶意隐瞒收入和应税行为以偷逃税款；从事国家禁止的生产经营活动，或生产国家禁止生

① 阿马蒂亚·森，王宇、王文玉译：《伦理学与经济学》，北京，商务印书馆，2001。

产的产品和质量低劣、有毒有害产品；视《劳动法》为一纸空文，肆意践踏劳动者权益等。以上行为会形成企业对国家政策或法律规定逃避的惯性，严重损害法律和政府的权威性和严肃性。

2. 市场性道德风险。市场性道德风险指企业违反市场竞争规则，以损害竞争对手利益的不正当手段获取最大化利益的行为，其主要表现为垄断和不正当竞争行为，不守信用、肆意毁约不遵，千方百计转嫁责任和经营风险，逃避债务等。这些行为妨碍了良好的市场竞争秩序的建立和市场经济体制的完善，是我国目前市场经济体制建设的最大障碍之一。

3. 公益性道德风险。公益性道德风险指企业违反公共利益，从事危害自然环境，妨碍可持续发展的生产经营活动。这种风险突出地表现在对社会公德或自然环境的破坏上，如乱采滥伐、过度利用自然资源、大量排放废物、制造环境污染等。

三、企业道德风险的形成原理

目前，国外学者围绕企业道德风险成因形成企业道德风险外生论和内生论两大流派。企业道德风险外生论认为，社会环境对企业施加影响，并设立企业道德的条件，企业道德决定于企业外部环境怎样为它的社会责任和持续政策设立条件。当出现有碍企业道德形成的因素时，企业会损害其他利益主体，企业道德风险出现。这些障碍因素包括竞争压力、制度压力、社会文化准则等。企业道德风险内生论认为，企业道德意识与诚信氛围、企业内部组织和权力结构、企业实施层面——经理与员工的个人道德等，直接决定了企业道德风险的发生几率。具体到我国而言，企业道德风险的形成与企业微观活动和社会宏观环境有很大关联。

（一）企业道德风险成因的微观分析

从微观方面看，我国企业道德风险主要来自于企业的功利主义、信息不对称和契约的不完备性。

1. 功利主义是企业道德风险产生的主观动因。“道德风险的哲学根源在于道德本身的功利性”[1]。在市场经济条件下，企业设立的目的非常明确，就是获得利润和回报。每个企业都希望以最低的成本获取最大的利益，因而存在着为自己谋求最大限度利益的行为倾向。企业可以在合理、合法的范围内追求自身利益最大化，也可能利用一些机会将利益内在化，同时将成本和费用外在化，逃避责任，如企业会有目的、有策略地利用信息，按个人目标对信息加以筛选和扭曲，并会违背对未来的承诺，从而导致道德风险的产生。

2. 信息不对称是引发企业道德风险的关键因素。经济活动产生信息并伴随着信息流转，信息是每一个经济活动的生命线。如果没有可靠的信息，市场就不可能很好地运转。但由于社会分工的出现和发展，再加上主体的有限理性、信息的单向性（甚至暗箱操作）、获取信息成本过高等原因，市场上的信息必然是不对称的，且随着社会分工深化，信息不对称程度越来越深。信息不对称的客观存在，使企业有条件通过“隐蔽行动”而不完全承担其行为的全部后果，从而有动机也有可能在实现自身利益最大化的过程中损害其交易对象的利益，而其交易对象则要承担过度风险，这是道德风险产生的一个“外因”。信息不对称程度越大，产生道德风险的可能性就越大。例如，正是由于确信消费者在购买产品前很难通过市场获得有关产品全面的真实信息，企业才敢冒天下之大不韪去生产销售有毒有害产品。

3. 不完备契约是企业道德风险产生的重要根源。在现代企业理论看来，企业是一系列契约的组合，企业行为是所有企业成员及企业与企业之间博弈的结果。一个完备的契约指的是准确地描述了与交易有关的所有未来可能出现的状态，以及在每种状况下契约各方的权利和责任的契约。如煤矿企业与发电厂之间的长期供货合同要规定什么时间、什么地点供货，煤炭的质量标准、价格，当生产成本变化时价格如何调整，货款支付方式以及不能履约时的赔偿办法。对比之下，如果一个契约不能准确地描述与交易有关的所有未来可能出现的状态以及每种状态下契约各方的权利和责任，这个契约就是不完备契约。简单地说，不完备契约就是一个留有漏洞的契约。由于有漏洞，不完备契约常常不具法律上的可执行性。现实生活中，由于信息的不对称、未来经济活动的不确定性以及人的有限理性，完美无缺、无所不包的契约是

① 曾欣：《中国证券市场道德风险研究》，成都，西南财经大学出版社，2003。

根本不可能存在的。契约有漏洞，考虑不周、估计不到、有空子可钻是永远不可避免的。

当契约不可能完备时，要让企业选择帕累托最优努力水平是不可能的。根据新制度经济学的解释，道德风险存在于下列情况：由于不确定性和不完全的或有限制的合同使负有责任的经济行为者不能承担全部损失（或利益），因而他们不承受他们的行动的全部后果，同样也不享有行动的所有好处。在完备契约条件下不会出现任何法律纠纷，“只要能够简单地把全部后果转嫁给这个经济行为者，问题就很容易被解决。事实上，这就是一个完全的合同”①。而不完备契约因为事前无法描述所有内容，合同中包含缺陷和遗漏，使得企业有可能不对自己的行为负有全部责任，从而使企业有动机也有可能损人利己、中饱私囊，从事道德风险行为，最大化自己的效用，且由此产生的损失由其交易者承担。企业的道德风险问题很多是由于权利和责任不对等造成的明目张胆行为，即当事人敢于在行为完全透明的情况下把主要责任推给无辜的一方②。契约的不可能性，大大提高了发生合同纠纷的可能性和重新谈判的事后成本，从而大大增加了市场的交易费用；这也使合同双方无法通过最优的合同设计，形成有效的监督与约束机制来规范行为主体的行为，导致合同行为主体严重的道德风险行为，使合同双方面临极大的道德风险。

（二）企业道德风险成因的宏观分析

从宏观方面看，我国法律制度和社会道德缺失，刺激了企业道德风险的发生。

1. 法律制度缺失是产生企业道德风险的激励因素。追求自身利益或效用的最大化是企业行为的基本动机，作出决策前企业总是在反复权衡比较边际效用，看怎样才能使自己获利最大，怎样以最小的成本或代价获取最大的利益。法律一方面告诉了企业何者可为，何者不可为，为企业行为提供了一

---

① 徐滇庆：《民营银行与道德风险》，载《南方周末》，2003－11－20。

② 许国平、陆磊：《不完全合同与道德风险：90年代金融改革的回顾与反思》，载《金融研究》，2001（2）。

个基本准则；另一方面，又为企业的行为提供了激励机制、机会结构和约束机制，从而通过影响人们对各种行动方案的成本和收益的计算而最终影响企业的选择。[①] 例如企业在决策时，一定会考虑其从事道德风险活动时所能得到的额外收益、企业从事道德风险活动被发现后的收入减损、企业的发展目标、企业的预期收益、企业道德风险行为发现概率等因素。法律制度就是这样通过影响企业对各种行动方案的成本和收益的计算而最终影响企业的选择。如果法律制度及其执行存在缺陷，有可能导致企业低成本、高收益的利益驱动机制的形成，法律制度缺失会成为企业实施道德风险活动的激励因素。

事实上，法律制度及其执行在客观上存在着难以克服的有限性：(1) 受制于人的认识能力的有限性和社会关系的复杂性，能够完全适应社会和人的发展需要的法律制度不可能存在，存在有不可消除的空白或者灰色地带是法律制度的常态。当法律制度存在有漏洞时，一些道德水准低下的企业就可能千方百计地利用这些漏洞，徇私舞弊，巧取豪夺。(2) 法律制度在贯彻执行的过程和环节上，不但存在有执行时弱化、扭曲法律内容本意、执行方式有悖于法律内容等情形，还会因法律的执行者不可能完全且适时掌握众多企业的每一动态信息，而企业对于执法规程等情况却能够充分把握等原因，在执法者与企业之间形成信息不对称情形。这些不但给了企业更多道德风险发生的空间和机会，还会使企业在从事道德风险活动后可以轻易逃避法律的制裁，进而导致企业从事道德风险行为的预期活动成本大为降低，在一定程度上变相激励企业采取不正当手段获取私利，实现企业利益最大化，企业会参与道德风险活动就不难理解了。

2. 道德缺失是企业道德风险产生的重要原因。“经济不仅仅是由经济规则来控制的，而是由人来决定的”。[②] 当自利的企业受某种因素的引诱而违反有关诚实和可靠的一般准则，且环境允许它们这样做而不受惩罚时，就会产生道德风险。[③] 在西方社会刚刚步入市场经济时，微观市场主体以经济利

---

① 张继红：《论我国道德风险行为的制度性因素》，载《山东社会科学》，2004 (2)。

② Gauthier, D., Morals by Agreement, Oxford University Press, 1986, p. 1.

③ 柯武刚、史漫飞：《制度经济学——社会秩序和公共政策》，236 页，北京，商务印书馆，2002。

益为唯一驱动力，加之“短缺经济”的环境，导致企业间、企业与消费者间不讲信用，假冒伪劣盛行，坑蒙拐骗行为猖獗，市场秩序和游戏规则屡遭破坏，西方社会企业道德风险曾大肆蔓延。我国自20世纪80年代开始市场化取向的经济体制改革以来，中国经济社会从一个不彻底的中央计划的社会主义经济形态向着一个不彻底的市场经济形态过渡，在以“和平”与“发展”为主题的世界政治经济环境中保持经济高速增长的同时，传统道德与价值体系在市场经济冲击下分崩离析，新的行为准则和价值观念远未确立①，整个经济社会几乎陷入了一种集体性信用危机的局面，使企业通过破坏已有的普及化道德认识及其规范要求行为获利成为可能，钻法律、政策的空子赚钱，假冒伪劣、坑蒙拐骗发财横行。“传统道德共识的瓦解和法治精神的缺乏”成为产生企业道德风险的“温床”。②

四、企业道德风险管理理论

对企业道德风险进行管理，学者们从完全由外部治理、经济法律规范、制度与政府、企业道德创新、内部组织和权力架构治理、道德审计和伦理反思、企业分类系统治理等视角，分别提出了自己的见解和主张。归纳起来，对企业道德风险管理大体可遵循如下路径。

（一）提升企业道德水平

阿维·贝伦贝姆（2004）与世界银行和世界大型企业联合会合作研究，指出各类公司都已经认识到腐败行为增加了企业经营成本，但仅仅依靠新的法律、新的规章制度或市场压力无法遏制欺诈行为，对某些商业行为标准实行道德承诺是不可替代的。

1. 在企业如何操作企业道德概念方面，Zwetsloot（2003）提出企业防止陷入伦理风险的三个原则：“做正确的事”以履行企业社会责任、确保管理系统“正确地做事”、实现企业运作的持续改善和创新。Garcia – Marza（2005）提出：企业伦理必须有助于确定企业行动的固定和清晰的准则；需

① 汪丁丁：《世纪之交，义利之辩》，载《财经》，2001 – 06 – 02。
② 潘昌尚：《道德风险散论》，载《海南金融》，2000（10）。

要在企业社会责任的概念上作出重大修正。对此，他进一步进行了详细阐述，首先要实现以结果为导向对组织社会责任进行评价转向，对于这些结果实现协商直至达成一致。其次，道德维度是企业活动的组成部分，因而反映全球所有现代企业活动本质的伦理是基于这种建构属性，它意味着企业伦理始于公司活动本身，任务是使每个企业组织和决策在实际运作中的价值观和互惠期望明朗化。企业道德概念不是描述企业实际应该怎样运作，而是揭示企业应该考虑哪些要素部分、确定规范的假设。

2. 从伦理反思角度看，Blanchard 和 Kenneth（1987）提出减少不伦理实践的5P原则：

（1）目的（Purpose）：价值观、期望和愿景引导组织帮助决定哪些行为可接受、哪些不可接受；

（2）荣耀（Pride）：塑造组织自豪感能帮助抵挡不伦理行动的诱惑；

（3）耐心（Patience）：在获取回报和关注怎样达到目的之间的平衡；

（4）持续（Persistence）：企业承诺遵循伦理原则，并坚守这种承诺，确保行动与目标一致；

（5）反思（Perspective）：企业员工反思，确定企业所处的位置、发展方向以及达到目的的手段。Buchholtz（2001）则提出需要实施一系列战略来预防、减少和最终惩罚不伦理行为。立法、规制和公司治理规则是提高伦理和职业标准的根基。之后，Ryan、Ewing 和 Lee（2004）在《风险时代生存：呼吁伦理风险管理》中，首次明确提出促使伦理风险管理更具操作性的6C原则——支持（Champions）、承诺（Commitment）、连续性（Consistency）、相关性（Correlations）、沟通（Communication）、伦理准则（A Code of Ethics）。

3. Goodpaster（2003）从企业内部、外部两个角度系统阐明了如何强化企业道德。他指出，企业道德受到企业内部、外部因素的影响，社会投资决策施加外部影响，而管理价值观提供内部动力。他从第一方执行官与第三方投资者的角度，提出企业如何具体操作道德的框架，主张企业在经营运作中应该制度化道德，并为这种制度化负责。他还指出要引导企业伦理地行动：从外部视角看，需要社会投资者以企业监督者的姿态出现，他们的投资基准和衡量准则构成企业行为的外部尺度；内部视角与组织变革和决策有着更为紧密的关系，企业领导行为几乎决定着企业伦理行为的自我评定。确保企业道德的系统条件包括外部市场体系，法律、政府的规制体系，社会基础和内部报酬，激励机制以及权力结构系统。寻求使道德具有可操作性的基准同时就是寻求一种“体系”，任何体系都包括第三方社会过滤系统和第一方自我评定系统，这些引导企业伦理地行动。

（二）实现科学的公司治理

如果不伴随目标、结构和过程的变革，伦理道德的作用将受到局限，即外部因素的引入不能彻底消除道德风险，组织自身还必须加强董事会的地位和责任、强化公司高层伦理承诺，确保适宜的充分控制以防止失误和其他类型的不诚实行为。从经济学角度来看，在衡量潜在伦理维度的选择时，企业成员无疑都会明智地选择利用机会的方法，这意味着当面对不适宜结构激励时，不伦理行为可能发生，这时企业应该专注于识别激励问题，管理注意力集中于激励问题的建构性方法；组织决策权、报酬结构、企业内绩效评价体系的安排有助于企业经理人员由此预测员工、顾客、供应商的潜在反应，不这样做可能会刺激个体与企业的博弈行为，导致意图美好的政策彻底失败；企业伦理行为形成的声誉是品牌资产的组成部分。从这层意义上，私有市场潜在地影响着伦理行为，通过增加组织成本从而最终增加违背伦理准则的个人成本。企业作为外显和内隐契约的集合需要从企业成员的伦理行为中赢得声誉，这时企业道德风险的治理转向企业本身。

（三）强化法律和外部规制力度

竞争压力学说认为，有必要通过经济领域内部的伦理追求连同法律一起来抵制逐渐侵蚀企业商业道德的过程。[①] 其理由如下：（1）重视企业社会责任的政府规制，有利于市场力量的自我规制，不但具有更大的法律效率，且

① 社会学家马克斯·韦伯、经济学家哈耶克、弗里德曼、布坎南、诺斯等在解释企业道德风险源时，认为企业的存在直接地取决于盈利性，而不是在与其他主体互动中显示的道德程度，而竞争驱逐了企业道德，竞争性市场秩序与企业道德在企业的经济互动中彻底消失，竞争有序消除了企业道德主体。此说法被一些学者列为竞争压力说。详见高小玲：《现代企业道德风险研究述评——企业道德论争、风险源与风险管理》，载《经济评论》，2008（2）。

不会降低企业的相对竞争力。（2）企业天生具有侵略性和竞争意识，虽然它声称会按照道德原则运作，但从结构上来说它是与道德无关的，如果企业与社区目标存在冲突，它一定会背离已经融入其中的社区。因此，消费者和非政府组织是企业社会责任实施情况的监督者和推动者，全球道德标准SA8000的形成就是这一群体推动的结果。（3）在知识经济时代，市场需要行动者成为治理主体以保持他们自己的诚实完整和这些行动者在更广大社会背景下的合法性。破产制度在市场道德的政治建构中最为重要，因为它有利于形成风险承担与不道德企业失败之间的相互制衡。

第二节　法律防治企业道德风险概述

一、以法防治企业道德风险的法理依据

（一）企业道德风险具有极大的社会危害性

只要市场经济环境存在，道德风险就具有不可避免性①。企业作为以委托—代理关系和以契约为纽带建立起来的经济实体，滋生道德风险的几率尤为突出，对社会进步和企业发展具有很大的危害。

1. 企业道德风险的存在，加速了诚信危机。企业道德风险是一种无形风险，是对体现了具有长远生命力和可持续发展性的善的道德价值（比如诚信）的偏离，其现实化社会后果是负面的、消极的，会形成经济运作中的一笔看似无形却又确实存在的隐性的交易成本，不但会损害经济效益，还会造成公职履行的低效率和负效应，削弱社会发展和人际交往所必需的基本道德规范的协调作用等。如一些企业在物质利益与个人私欲的驱动下，通过违法乱纪、背信弃义、损人利己而牟取暴利，不仅会进一步刺激人们依靠投机等手段来谋利，而且会从根本上瓦解人们的道德信念，并在企业内部和外部都造成猜忌、隔膜和不信任感，导致道德失灵，社会失控。

---

① 李建华、易珉：《企业管理中的道德风险：经济学的视角》，载《湘潭大学学报》（哲学社会科学版），2008（3）。

2. 企业道德风险的存在，阻碍了市场经济的发展。企业道德风险的存在，会阻碍分工、专业化的发展和市场范围的扩大。众所周知，分工和专业化对于经济发展具有特别重要的意义，但“社会分工受市场范围的限制”[①]，而市场范围是相互关联的一系列交换所覆盖的范围，影响交换范围扩展的关键因素在于交易费用。在零交易费用条件下，交换的空间扩展是没有任何障碍的。如果充满道德风险，就会提高交易费用，抑制市场范围的扩张，阻碍社会分工和专业化的发展，从而抑制社会经济的发展。[②] 如发达国家企业间的信用支付方式占 80% 以上（美国达到 90%），而我国企业间的赊销比例只占 20% 左右，信用缺失、诚信危机已经成为制约我国经济发展的重要因素。另外，以欺骗和规避法律为基本特征的企业道德风险，必然会背离以诚信和法治为基本内容的统一的市场游戏规则，导致企业之间竞争的不公平性和市场秩序的紊乱，侵害社会经济可持续性发展的根基，并导致市场低效率运行。

3. 企业道德风险的存在，导致社会经济利益损失。企业道德风险会带来巨大利益损失。这个损失体现在两个方面：（1）企业欺诈行为、恶性逃废债务现象屡屡发生，给国家、集体和个人带来极大直接利益损失。据统计，企业的偷逃税款行为，使我国年度税收流失规模在 1 200 亿～1 500 亿元；[③] 企业拖欠货款、贷款数额每年不低于 1.2 万亿元；一个“毒奶粉”事件中的受害儿童就达 29 万余人。[④]（2）为遏制企业道德风险行为，经济鉴证机构及政府监管部门应运而生，比如：对证券市场进行监管的中国证监会、对国有大中型企业监管的审计署和监事会、加强税务征收的税务稽查、充当经济警察的民间审计机构——会计师事务所、对企业内部经济活动进行监督的内部审计组织等。很显然，这些监管部门每年会耗费大量的人力、物

① 亚当·斯密：《国富论》（上卷），16 页，北京，商务印书馆，1981。

② 李建华：《法治社会中的伦理秩序》，223～224 页，北京，中国社会科学出版社，2004。

③ 此数据是国家税务总局调查后发布的结论。世界银行则认为中国税收流失约占全年税收收入的 1/3，即大约 3 000 亿元人民币以上。我国学者一般认为更多，年度税收流失规模可能达 2 500 亿～3 000 亿元人民币。大量的税收流失，直接造成国家财力的减少，增加了政策宏观调控难度。参见沈靖：《我国税收流失现状及原因分析》，载《时代商贸》，2008（7）。

④ 卫生部 2008 年 12 月 1 日通报，截至 2008 年 12 月 27 日 8 时，全国累计报告因食用三鹿牌奶粉和其他个别问题奶粉导致泌尿系统出现异常的患儿达 29 万余人。

力。如果每个企业都能将自觉规避道德风险作为自己的使命，那么由此而带来的资源节约产生的经济社会效益是不可估量的。

（二）法律是克服企业道德风险的最重要手段之一

1. 法律可有效引导和规范企业的行为。“道德风险的哲学根源在于道德本身的功利性”①。企业作为“经济人”，其设立目的就是获得巨大的利润和回报。出于对利益的追逐，企业可能利用一些机会将利益内在化，同时将成本和费用外在化，如企业会有目的、有策略地利用信息，按个人目标对信息加以筛选和扭曲，并会违背对未来的承诺，从而导致道德风险的产生。要遏制企业道德风险的产生，没有什么比以明确责权利为主要内容的法律制度更有效了。首先，法律把人们基本的权利义务以明确的形式确认下来，形成一个分配基本权利和义务的基本框架、基本规则，并通过社会结构关系与一系列的政策、法规、条例和成文的或不成文的制度等环节表现出来，这使得法律具有一种制度性的优势。其次，法律制度对个体具有优先性和原生性。任何个体都面临着法律制度的不可选择性。再次，法律制度具有利益调整作用。法律可以通过权利义务来确定主体之间的利益，包括确定利益的主体、利益主体的地位和权益、主体利益的范围等等。最后，法律告诉人们可以做的行为以及行为方式，并通过明确的法律责任规定来消除人们对未来不确定性的猜想，在约束企业行为的同时为其提供了行为成本预测工具，再加上严格执法活动对违规企业惩戒的示范作用，会减少不确定性对人们选择的影响，促使企业依法行事以规避道德风险。总之，法律以其特有的利益导向和激励作用可以作用于人的行为，从而引导和规范企业的行为。

2. 法律可有效改善信息不对称状态。产生企业道德风险的根源之一是信息的不对称性。交易双方对信息拥有量的不对称是市场经济的重要缺陷之一，并通过逆向选择和道德风险这两个典型的商业不诚实行为体现出来。因此，克服信息不对称的路径之一就是建立强制性的企业信息公开制度，让企业承担起信息公开义务，并采取激励措施激励其他知情者、信息优势者说真话，以此来促使公众对企业信息的广泛接触和获取，增强它们对不当行为的

① 曾欣：《中国证券市场道德风险研究》，5页，成都，西南财经大学出版社，2003。

谴责能力，强化监督机构和社会公众对企业行为的监督和管理，以助力于解决信息不对称诱发的道德风险问题。有鉴于一系列公司丑闻带来的严重社会后果，为降低企业道德风险，2002 年美国总统布什签署了《Sarbanes - Oxley 法案》，对企业经理人员进行了新的法律规制，对企业不道德行为的揭发者给予更为广泛的保护，通过鼓励知道真相者公开秘密把企业置于更加严密的民众监督中。

3. 法律制度有助于缩小企业机会主义空间。从行为主体来看，道德风险的存在与人的机会主义倾向密切相关。现代行为学理论告诉我们，如果不是处在某种极大的强制和威胁之下，或者不是出于某种根深蒂固的信仰或精神要求，人们天然地会具有机会主义倾向，即千方百计地为个人趋利避害，竭力减少自己的投入成本（例如刻意钻管理的空子为自己寻找偷懒的机会）、寻找一切对自己更为有利的后果（例如削尖脑袋从他人那里为自己占更多的便宜）。好的制度，一方面可以降低人们为其偏好所付出的代价，改变物质财富与非物质财富价值之间的权衡，进而使理想、职业精神等非物质财富价值在个人选择中占有重要地位，引导人们的机会主义倾向朝积极方向发展，诱导和迫使企业通过正当经营和诚实劳动来为自己增加利益；另一方面，对损人利己行为的惩罚和对诚信行为的鼓励，可以在一定程度上约束企业的机会主义倾向，并在客观上降低交易成本，使整体交易量增加，从而增进社会财富。

4. 法律有助于弥合诚信缺失。在现实生活中，由于信息的不对称、未来经济活动的不确定性以及人的有限理性，契约是难以穷尽未来事项的，契约有漏洞、有考虑不周估计不到、有空子可钻是永远不可避免的。因此，企业道德风险的产生也是不可避免的，仅仅从契约的完备性出发是不可能找到规避企业道德风险的根本路径的。这决定了非正式制度安排成为必要。非正式制度是在人们长期的社会交往中逐步形成并得到社会认可的一系列约束，它包括价值信念、伦理规范、道德观念、风俗习性、意识形态等。我国法律一直致力于商业道德在人们交易中重要作用的强化，将诚实信用、遵守公认的商业道德规定为企业参与市场竞争和订立、履行合同时必须遵守的基本原则①，这种用国家强制力保证的道德推广，其教化作用显然要强于社会舆论。另外，明确的法律条文可以鲜明地昭示法律对合法经营的肯定及对作奸犯科的否定，从而给企业提供识别是非的判断标准，有益于引导企业自律，并通过法律自身的规范、协调、指引、教育、惩戒等社会功能，形成知法、懂法、守法的行为习惯和制度环境，促进企业道德规范行为的养成，最终达到道德理想的实现，消除企业道德风险产生的内因。

5. 法律制度是良好市场秩序维护和建立的保障。从法律的本质特征来说，良好市场秩序的维护和建立，必须利用法律手段和依靠逐步完善的法律制度，其原因在于：一是，法律是市场主体资格健全和行为规范的保障。二是，法律是合法企业行为的保障。企业间的往来普遍以契约方式完成。契约自身的平等、诚信、等价有偿等特点可以担负维护交易安全的重担，而作为法律制度重要组成部分的契约制度，不仅能使合法交易得到确认，而且还能以国家强制力切实保障契约的履行。三是，法律是市场适度竞争和有序运行的保障。竞争机制作为市场机制中资源配置的基本方式，是市场机制运行的前提基础。但良性竞争与公平竞争的实现，只能依靠法律的强制力加以调整和保障，只有通过法律机制确认市场主体的市场准入标准、行为规则的条件下，公平竞争、平等竞争才能得到切实保证。②

二、法律防治企业道德风险的原则

（一）公平原则

对于企业道德风险的法律规制，“公平”是出发点。它是法制各个环节共同追求的价值目标之一，也是法律权威的来源和根据之一，更是法律批判的重要动力。③ 就企业道德风险的法律防治而言，公平原则主要体现在以下三个方面：

---

① 见《中华人民共和国反不正当竞争法》第二条，《中华人民共和国合同法》第六条、第七条。

② 吕忠梅、彭晓辉：《金融风险控制与防范的法律对策论》，载《中外法学》，1999（3）。

③ 谢鹏程：《基本法律价值》，116～119页，济南，山东人民出版社，2000。

1. 企业在市场准入制度中的公平。一个真正公平的市场，应当使每一个主体均有进入市场的机会，无论结果如何，首先应当保证机会的平等。进入市场机会的平等，应以必要的准入制度为保证。用法律明确规定准入条件，便排除了政府或者监管当局的政策因取其好恶、偏向或厚此薄彼而引发的道德风险现象，从而保证了企业进入市场程序的公平。

2. 企业和其交易对象之间利益的平衡。企业和其交易对象在市场交易中所处的地位和扮演的角色不同，导致了双方信息分布的不对称，道德风险行为由此产生，并最终可能导致一方利益损失的发生。用法律规制企业道德风险，必须着眼于公平这一理念，并从以下两个方面尽力达成利益在企业和其交易对象间的公平分配：首先必须以企业交易对象利益为根本出发点，要求企业承担信息公开义务，促使企业向其交易对象提供真实的企业信息；其次，法律必须着眼于防止和消除企业利用信息优势进行道德风险的可能性，通过相应的法律规则，监管企业真实、准确、充分、及时地公开其信息。

3. 企业损益机会的平等。在市场经济中，主体地位的平等是商品交易的前提，而企业道德风险行为的存在，则打破了这种平等状态。如在内幕交易中，一些人往往因职务、业务或身份关系，容易获得内幕消息，这种内幕消息如果不披露或在披露以前被利用于交易时，市场的竞争规则也就被公然违反。① 在此种情形下，内幕知晓者和一般投资者之间在获取信息的数量和时间上就存在了差异，使证券市场的投资者们并不能都在平等获得信息的基础上作出投资判断，进而导致一般投资者利益受损。用法律规制内幕交易，正是为了维系投资者获取信息机会平等这样一种状态，从而保证投资者损益机会的平等。

（二）效率原则

“效率”是西方法学家，尤其是法律经济分析学派特别重视的法律价值理念，也有学者称其为经济帝国对法律领域的入侵。公平侧重于定性，效率侧重于定量，总的来说二者并不冲突，因为“效率关心的是饼的大小，而

---

① 齐斌：《证券市场信息披露制度法律监管》，204 页，北京，法律出版社，2002。

公平关心的是如何对饼进行分割"。① 市场经济所需要的法律机制必须直接将效率原则引入法律规范，并且上升为指导市场及市场行为的准则，这是因为没有合适的法律和制度，市场就不会体现任何价值最大化意义上的"效率"。从一定程度上说，效率原则便是法律规制企业道德风险的目标理念和终极理念。

基于效率原则的企业道德风险的法律规制，主要应在以下三个方面有所建树：

1. 降低交易费用。交易费用是指生产以外的所有费用，包括信息费用、界定和保护产权的费用、时间费用、执行合约的费用、监督费用和风险费用等。交易费用作为"经济法律制度的运行费用"②，在现实的各种交易中普遍存在。1960 年，美国学者科斯提出，"如果交易费用为零，不管法律对权利如何配置，市场主体之间的自由谈判都会达成资源的最优利用状态"。③这便是有名的科斯定理。交易费用产生于市场的不确定性、小数谈判引致的缔约成本以及市场主体的有限理性，机会主义引致的监督成本和实施成本，以及市场经济社会化、专业化的发展。由此可见，交易费用不仅必然存在，而且趋于增大。"如果存在交易费用，不同的法律制度带来不同效率的资源配置，合理的法律制度是使交易费用减低至最低"。④ 因此，对企业道德风险的法律规制必须从降低交易费用入手实现效率理念，如为了减少交易的不确定性，避免道德风险损失而产生的预防成本、监督成本的增加，规定了证券保荐制度。

2. 为信息的有效传递提供制度保障。防止企业道德风险发生的条件之一就是企业的不诚实能够被及时观察到，因此，一个高效率的信息系统对防治企业道德风险行为具有重要意义。通过强制信息披露，可以降低信息的搜寻成本和消费成本，以较小资源损耗的代价最大限度地提高市场的效率，促

---

① 理查德・A. 波斯纳：《法律之经济分析》，唐豫民译，6 页，台湾，台湾商务印书馆，1972。

② 张文显：《二十世纪西方法哲学思潮研究》，210 页，北京，法律出版社，1996。

③ 罗纳德・哈里・科斯：《企业、市场与法律》，盛洪等译，14 页，上海，三联书店，1970。

④ 罗伯特・考特、托马斯・尤伦：《法和经济学》，施少华等译，143 页，上海，上海财经大学出版社，2003。

进市场的发育与成熟，从根源上遏制住企业道德风险现象的发生。

3. 提高市场监管的效率。对企业道德风险的法律防治从层面价值而言，有助于促进企业经营管理机制的规范化，而规范化的经营除了意味着本身经营效率的提高以外，更重要的是市场主体的自律行为极大地提高了监管机构的监管效率。此种法律规制为企业提供自律标准，还为中介机构等市场上的相关活动提供了自我衡量、调整的标准，更为监管机构的监管活动提供了方法和尺度，进而在最终意义上提高了市场监管的效率。

（三）诚实信用原则

在亚里士多德看来，“伦理德性是一种选择性的品质，而选择是一种经过考虑的欲望”，并认为：“行为由选择开始（是运动由之开始之点，而不是所为之点，不是目的），而欲望和有所为的理智则是选择的终点，所以品质的选择既离不开理智，也离不开伦理的品质。因为不论好行为还是坏行为，都是理智和品质相结合的产物。”① 正是在这个意义上，诚实信用原则对于消除交易过程中的不确定性和不安全性，进而降低企业道德风险发生的几率有重要作用。

诚实信用原则是一个内涵极为丰富的原则。目前，学者们对诚实信用的内涵有不同的见解。我国民法学泰斗江平认为：“不能仅从语义方面去理解，应该联系它的立法目的去理解。诚实信用原则的立法目的，在于反对一切非道德的、不正当的行为，维护商品经济和市民社会生活的正常秩序和安全。”② 梁彗星先生认为：“诚实信用原则为市场经济活动中的道德准则，他要求一切市场参加者符合诚实商人的道德标准，在不损害他人利益和社会公共利益的前提下，追求自己的利益，目的是在当事人之间的利益关系和当事人与社会之间的利益关系中实现平衡，并维持市场秩序。”③ 他还认为诚实信用原则具有三项功能，即指导当事人行使权利履行义务，解释、评价和补充法律行为，解释和补充法律。④

---

① 亚里士多德：《尼各马克伦理学》，116 页，北京，中国社会科学出版社，1990。

② 江平：《民法学》，67 页，北京，中国政法大学出版社，2002。

③ 梁彗星：《民法总论》，44 页，北京，法律出版社，2000。

④ 梁彗星：《诚实信用原则与漏洞补充》，载《法学研究》，1994（2）。

在现代市场经济活动中，诚信原则享有“帝王原则”的地位，是现代经济活动中不可动摇的最基本的道德法则。现代市场经济是不断扩大化的分工合作经济、交换经济、契约经济，也是面向一切市场合作主体与交易主体的信用经济，因而它不仅要求建立与之相适应的、可靠的信用制度，而且要求市场合作主体、交易主体要具备重承诺、守信用的良好德性。随着现代市场经济的充分发展，市场交换关系变得错综复杂，面对各种纷繁复杂的交易关系，法律的作用也暴露出其局限性，无论法律条款和契约条款多么严密也仍然无法详尽。如果交易者心存恶意，总能找到规避之法，总可破坏契约的实现。由此可见，作为维系市场交易纽带的契约，没有了诚实信用原则的支撑，也就成了一纸空文，成了散布在市场中的一个个“美丽的陷阱”。说到底，现代经济就是信用经济，一方面，它要求建立切实可行的信用保障制度；另一方面，它要求市场主体在市场活动中坚守诚实守信的原则，这已经从日常生活中的基本伦理道德要求提升为市场经济活动中必不可少的行为准则和伦理基础。

（四）义利共生原则

由于企业不仅仅是单纯的经济人，更是有理性的社会人，[①] 所以规避企业道德风险不能仅从经济上着手，应当综合考察，在重视物质利益激励的同时重视道德引导，更本质地体现企业的“社会人”的本性。

德国思想家马克斯·韦伯运用大量事实证明了道德引导与利益动机激励是相融的。[②] 他一方面强调经济发展中的物质因素的重要性，同时更强调精神因素的作用，认为精神动力来自伦理观念，而伦理观念往往同宗教和伦理联系在一起，有了精神动力，经济发展就会加快，其原因在于唯一的物质利益激励机制仅仅能够强化人们的物欲，是不可能推动企业获得长远发展的。

① “社会人”假设的理论基础是人际关系学说，“社会人”（social man）又称为“社交人”。“社会人”假设最早来自于梅奥（G. E. Mayo）主持的霍桑实验（1924—1932）。梅奥认为，人是有思想、有感情、有人格的活生生的“社会人”，人不是机器和动物。作为一个复杂的社会成员，金钱和物质虽然对其积极性的产生具有重要影响，但是起决定因素的不是物质报酬，而是职工在工作中发展起来的人际关系，人除了物质需要外，还有社会需要，人们要从社会关系中寻找乐趣。

② 马克斯·韦伯：《新教伦理与资本主义精神》，123 页，上海，三联书店，1987。

可见，企业活动中义与利不可机械地分离，只有在义利统一的原则下，才能真正实施有效的企业管理，也才能最大限度地规避企业的道德风险。因此，法律制度应以义利统一为原则，致力于促进义利共生的制度设计和执行，使互惠互利、诚实守信、公平竞争自然成为市场经济内生的道德律令和“游戏规则”，在人与人之间高度信任的基础之上，共同谋求企业的共同利益的可持续增长，促进企业发展和社会整体发展的帕累托最佳状态的出现。

三、法律防治企业道德风险的基本框架

（一）构建我国企业道德风险法律防治体系的目标

构建我国企业道德风险法律防治体系，应以实现企业和社会经济的可持续发展为目标，即法律制度制定的意图或运行状况，以及最后的实现效果，都应有利于企业和社会经济可持续发展。具体而言，防治企业道德风险法律制度的实施，应当产生如下功效：

1. 有利于形成市场优胜劣汰机制，实现效率目标。市场、企业和社会经济的效率性，取决于是否形成良性竞争机制，市场是否透明且各种市场信息是否能够得到市场的充分且公平的吸收。对企业道德风险的法律规制，应能够实现充分竞争和信息的有效传递，形成促使企业守法经营的内、外部环境，使企业不敢实施道德风险行为。

2. 有利于增进企业自律，促进经济有序运行。企业道德风险法律防治的基础在于自律。企业自律性强的实质就是企业的责任感强，培育起合法守规的企业文化。由于法的规范作用包括指引、预测、评价、教育和强制五个方面，所以，通过对企业道德风险的法律规制，应促使企业做到真实、准确、完整地进行信息披露，同时促使企业经营诚信度的提高，进而使经济社会高速、稳定、持续地发展。

3. 有利于增强市场公信力，进而增强企业交易对象的市场信心。对企业道德风险的法律规制，必须以增强市场公信力为落足点。只有这样，才可使企业交易对象愿意交易，同时又能够承受市场的挫折，促进市场的发展和繁荣。

（二）建构我国企业道德风险法律防治体系的重点

我国企业道德风险法律防治体系的重心应是强化事前预防，理由如下：

1. 预防是法律运行效益最大化的主要表现。法律运行效益并不在于真正查处了多少案件，处罚了多少机构和个人，而在于有没有充分预防潜在的施害行为。有学者曾言：如果把因这种制度确立了市场安全运行的规则而未产生的事故净成本算做收益，法律的运行效益将是一个大的正数。[①]

2. 预防可有效消除企业道德风险实施条件。企业道德风险行为是一种欺诈的故意违法行为，并且具有非法牟利的目的。企业为实施这种行为必然要进行充分的预谋，并为之做好必要的准备。事前预防可以通过消除企业为方便道德风险行为实施所需要的条件、限制企业实施道德风险行为的能力来增加道德风险行为的实施难度，从而使企业道德风险行为最终无法实施。

3. 预防具有可执行性。事前预防措施所针对的主要是可能发生的客观情形，故其认定比较容易，成本较低，只需要研究、确定、实施合理的制度、规则以达到消解企业实施道德风险行为的能力即可，具有相当的可执行性。

4. 预防可有效防止危害发生。违法行为发生后，即使受害人能得到民事赔偿，违法行为人受到行政、刑事制裁，国家、社会、个人也要付出极大的成本和代价，受害人心理上的损伤也难以弥补。所以，不如强化预防，防患于未然。

（三）我国企业道德风险法律防治体系的基本内容

1. 完善信用制度，提高企业道德水平。信用制度是一种以信誉记录与公示为手段的具有高度自律性的社会化行为制约和激励制度。信用制度对于鼓励诚实守信和规范交易行为意义重大。西方市场经济国家信用制度体系的建设，无不是以法律的规范为保障的。我国目前虽也制定有信用维护的法律规定，但内容比较零散，还没有一部专门法律来系统调整信用活动和利益之间的关系。因此，应加快有关信用管理、信用信息披露、失信惩戒、资信评

① 李理：《操纵证券价格的民事法律责任与追究》，载《市场报》，第八版，2001-11-10。

估机构行为规范等方面的制度建设，其中的当务之急是：（1）建立健全企业信用评级制度，培育符合市场机制的商业性专业信用评级机构和专门人才，通过明确评级单位的责任与权益来约束评级机构的行为，保证信用评级的客观、公正和准确；（2）建立有效的信用信息披露制度，形成反映企业和个人信用状况的基础数据，并在各单位之间互联互通的基础上，向社会开放数据资源，实现信用信息查询、交流和共享；（3）设立信用法律执行机构，统一管理和规范信用评级市场和信用信息披露、使用行为。另外，人们都有追求短期利益的趋向，而信用的基础却是人们对长期利益的关怀，一旦人们不注重自己的未来长期收益，信用的基础就垮塌了。所以，完善信用制度必须从调整和改革企业产权制度开始，给企业提供一个追求长期利益的稳定预期和重复博弈的规则。

2. 营造市场法制环境，促进充分有效的市场竞争。“秩序的维持在某种程度上是以存在着一个合理的、健全的法律制度为条件的”①。市场经济是“法治经济”，只有用完善的法律体系来约束各市场主体的经济行为，用强有力的司法程序来严惩那些有法不依、违法牟利的企业，才能逐步形成守法经营的市场法治环境。我国已初步形成了以《反垄断法》、《反不正当竞争法》为龙头的市场管理法律体系，对维护市场秩序，促进充分有效的竞争格局的形成，进而减少企业道德风险发生几率会产生积极影响。

监管是对市场机制的校正，是国家凭借其政治权力对经济个体自由决策所实施的强制性限制。② 监管的实质是以政府命令作为一种基本的制度、手段来代替市场的竞争机制，以确保获得一个更好的经济结果。③ 可以说，监管是对某种偏离既定规则的行为实施的干预。④ 但对市场的监管必须做到适度，方可抑制道德风险的发生，因为监管并不必然导致市场的发展，相反可能危及市场的发展。

适度监管的基本要求是：首先，监管应是针对市场失灵，基于匡正市场

---

① E. 博登海默：《法理学：法律哲学与法律方法》，318 页，北京，中国政法大学出版社，1999。

② Alan Stone，Regulation and its Alternative，Congressional Quarterly Press，1982，p. 2.

③ Alfred. E. Kahn，The Economics of Regulation：Principle and Institutions，John Wiley & Sons，1970，p. 17.

④ B. M. Mitnick，The Political Econony of Regulation，Columbia University Press，1980，p. 28.

缺陷的理由；[①] 其次，对企业的监管必须有法可依、有法必依、执法必严、违法必究，必须合理界定监管机关的职能空间，明确其职权的合理限度。[②]

3. 完善公司治理结构，健全权责利制衡机制。企业道德风险的出现，其“始作俑者”往往是拥有企业控制权、操纵权的自然人，如公司的董事、监事和经理等高级管理人员和直接责任人。完善公司治理结构，可以促使企业管理者和直接责任人诚实履行义务，降低企业道德风险的发生几率。

（1）建立企业经营者企业控制权激励机制，通过对企业经营者控制权的动态调整实现对其的激励监督。企业控制权是排他性利用企业资产，特别是利用企业资产从事投资和市场营运的决策权。它之所以成为一种激励机制，原因在于掌握企业控制权可以满足企业经营者三方面的需要：一是在一定程度上满足企业经营者施展其才能、体现其“企业家精神”的自我实现的需要；二是满足企业经营者对权力的需要，使其得以控制他人或因而感觉到优越于他人、感觉到自己处于负责地位；三是使企业经营者具有职位特权，享受“在职消费”给他带来的正规报酬激励以外的物质利益满足。同时，相对于剩余索取权而言，由于企业控制权更着重于满足权力和精神需要，其激励效果可能更为明显。[③]

（2）强化企业权力架构之力，加大事前控制力度。Cohan[④] 从董事会如何更有效管理企业内部环境的角度，提出如何在企业道德危机出现之前纠正错误：①公司实施鼓励雇员揭发的政策；②公司设计某种类型的沟通系统使信息真实地向上传递；③董事会使每个员工的职责具有可行性，使他们能辨识自身行为的本质和理解其他成员的工作；④董事会定期反省公司是否设立了使员工避免冲突、遵守法律的适宜程序；⑤实施某些企业审核和制衡系统来减少经理人员造成严重的错误是可能的，实施一项政策来减少不伦理或者非法操作的可能性非常重要；⑥增加外部董事在董事会中的比重，最极端的

① 文贯中：《市场机制、政府定位和法治》，载《经济社会体制比较》，2002（1）。

② 张忠军：《金融监管法论》，82页，北京，法律出版社，1998。

③ 黄群慧：《控制权作为企业家的激励约束因素：理论分析及现实解释意义》，载《经济研究》，2000（1）。

④ 转引自高小玲：《现代企业道德风险研究述评——企业道德论争、风险源与风险管理》，载《经济评论》，2008（2）。

方法是要求公司董事会中包含各种“公共利益”群体的代表；⑦公司内部责任系统一旦崩溃，美国证券交易委员会组建标准规则来迫使公司重建其审计委员会，为新主管进行充分的培训。

（3）实行遵约制度。遵约制度通常要求包括价值观声明、公司行为准则、培训计划以及决策和汇报机制在内的一套制度。这一制度是20世纪70年代一些美国跨国公司在不道德行为暴露以后遵照1977年美国《禁止国外腐败行为法》首先提出的。自20世纪90年代末以来，欧洲和亚洲高收入国家的公司以及新兴市场的公司都在普遍实行遵约制度，并把它作为综合风险管理工作的一部分，这对于强化对企业的道德约束意义重大。

4. 促进企业信息的公开，降低信息不对称程度。市场上的信息是稀缺的、不充分的[①]，“秘密或者神秘开始的地方，堕落或者欺诈已经离我们不远了”。[②] 因此，必须促使企业信息公开，通过创设具有激励功能的交易安排、强制性信息公开、政府直接提供信息和发展中介机构等措施改变信息不对称状况。

（1）建立信息公开激励与约束兼容机制，促使企业说出真相，并从自身利益出发选择对社会和其利益相关者最有利的行为。这是克服信息不对称，进而避免企业道德风险发生的最有效途径。其基本内容应包括：①明晰企业信息产权，通过中央财政或少量的财政转移支付的方式给公开信息企业提供利益公共补偿。[③] ②在确定企业违法公开信息民事赔偿责任时，实行信息使用者承担适度责任制度，并选择某些领域由信息使用者实施自我保护，通过责任的均衡来激励企业公开信息。③建立悬赏举报制度，激励其他主体说出真相，对企业形成外部压力。④确保竞争的有效性，完善市场退出机制，促使企业产生自我约束的内在动力。⑤建立以增大企业机会主义成本和提高诚信收益为核心的责任激励机制，如建立违法信息公示制度，构建以加大惩罚力度、提高民事救济的可操作性和公平性为特征的企业违法公开信息

---

① 应飞虎：《从信息视角看经济法的基本功能》，载《现代法学》，2001（6）。

② 齐斌：《证券市场信息披露制度法律监管》，1页，北京，法律出版社，2000。

③ 利益公共补偿，就是由政府代表受损者，对受益者提出补偿要求，受益者把补偿交给政府，再由政府补偿给受损者的过程。张峰：《国外利益公共补偿的实践及其借鉴》，载《现代经济探讨》，2008（2）。

民事责任制度，通过改变企业道德风险行为的成本结构来影响其原有行为和现行选择。

（2）建立强制性企业信息公开制度。企业信息公开行为是一个持续性行为，对其的监督和执法需要的是持续性、经常性和一贯性。因此，需要建立健全企业信息公开立法，以最明确、最简洁的立法语言规定所有场合下企业信息公开的统一规则，建立由相对精细的信息公开标准和有效的信息传输机制组成的统一制度，就法律调整企业信息公开过程中发生的社会关系作出原则性规定。强制性企业信息公开制度应对企业信息公开义务、企业违规公开信息的惩罚机制、对企业信息公开行为的监管等作出规定，其中，企业信息公开义务和标准的确定应以对信息需要及信息公开的成本与收益的分析为基础；企业信息公开责任的构建，应遵循确定性、公平性、系统性、可预测性原则；企业信息公开监管制度的建立，应贯彻全面质量管理思想，遵循诚实信用、公平、效益和适度干预原则。

（3）促进政府公开企业信息。作为公共信息最大聚散地的政府，完全有能力向社会提供公众所需的企业信息，而政府信息公开对降低市场主体交易成本，促进交易安全有重大意义。① 因此，一个"把为公众服务作为政府存在、运行和发展的根本宗旨的政府"②，理应责无旁贷担负起向社会公开其所掌握的企业信息的责任，把其依法履行监管职能时直接获得的企业信息，依照《政府信息公开条例》和有关法律法规及时公开。

（4）推动企业信息的社会公开。企业信息社会公开的途径主要是中介机构公开、媒体报道和人们的口口相传。其中，中介机构作为接受委托对企业拟公开的信息文件进行审核并签署意见的专业服务机构，其职责所在就是保证经其编制或审核、鉴证的法律文件内容的真实、完整，故在提高企业信息公开质量方面意义重大。为促使中介机构更好地履行职责，应完善现行立

---

① 杨海坤、章志远认为政府的所有公务活动都可以微缩为一个"信息输入—输出"的过程。信息的输出是不可缺少的重要环节。否则，公共信息的不透明、不流动就会造成信息的严重扭曲，其结果必然会增加市场主体的交易成本、抑制公民个人的发展、诱使政府利用所掌握的公共信息进行寻租，甚至还会危及政府自身的发展。杨海坤、章志远：《中国行政法基本理论》，北京大学出版社，2004。

② 张康之：《限制政府规模的理念》，载《人文杂志》，2001（3）。

法，对中介机构的市场准入和退出、法律地位、权利义务、正当竞争、法律责任等作出规定，努力提高中介机构的组织自主性和职业化程度。①合理配置政府、中介机构和社会成员间的权利义务，改革对中介机构直接、具体的行政管理为立法支持、程序监督。②完善职业资格认证和执业许可证制度，推行职业责任保险，建立风险防范机制。③根据参与约束和激励相容原则，核定中介机构的收费标准。④制定并推行最优审计标准和最低质量控制标准，重新构建中介机构问责机制。

法律制度设计可以增加信息的透明度，减少契约的不确定性，降低道德风险发生的概率。但是，要真正做到减少甚至消灭企业道德风险行为，仅仅依靠法律的规制是远远不够的，还需随着市场的发育、商业道德的培养、诚信观念的生根、守法文化的普及来最终达到目的。因此，企业道德风险的防治是一项系统工程，需要在加强法制建设的同时，多方面齐抓共管。

第二章 提升企业道德水平，增进企业自律能力

企业法律和道德意识淡薄，存在机会主义动机，是企业道德风险产生的内因。只有加强企业道德建设，将生产经营活动与强烈的社会责任感紧密结合，才能增强企业诚实守信、依法经营的自觉性，从根源上筑起自觉抑制道德风险发生的堤坝。

第一节 加强企业道德建设

一、企业道德及其建设意义

（一）企业道德的概念和特征

作为调整企业与社会、企业与企业、企业与员工、员工与员工之间关系的行为规范的总和，企业道德是企业在长期的生产经营实践中逐渐积淀升华形成的，根据企业所承担的权利和义务，依靠社会舆论、传统习惯和内心信念来维持的伦理原则和规范的总和。其衡量指标包括顾客忠诚度、员工忠诚度、股东忠诚度、融资资信度、供销稳定度、同行联系度、社区融洽度、社会美誉度等。

企业道德是企业及员工对共同道德标准统一的认可，具有功利性、群体性、实践性、继承性和时代性等特征。企业道德具有功利性是由企业的基本性质决定的。在企业与市场以及社会的各方面关系中道德因素之所以成为必要，是因为企业道德的完善能够增强企业的竞争力，直接或间接地给企业带来利益和发展。群体性也是企业道德的一个重要特征。企业道德属于一种群体道德，群体的自我约束越健全，其道德形象就越完美。从职业道德方面来

看，企业道德约束的对象是企业的全体员工，只有这个群体的总体道德水平提高了，我们才能说企业道德水平在提高。道德的实践精神本性决定了企业道德也必然具有实践性的特点。企业道德蕴藏在企业一切生产经营活动之中，而企业的任何生产经营活动都是具体的行为，具有实践的特性。此外，企业道德也不是无本之木，它是在继承历史上有关经济活动方面的道德因素的基础上产生的，当然，企业道德产生之后也不是一成不变的，是要随着时间的推移而有所变化的，即企业道德具有时代性特征。

（二）企业道德的功能

企业道德是社会道德的重要组成部分，是社会道德在企业行为中的具体体现。企业道德作为企业文化的重要内容，对企业和社会安定有着重要的作用。

1. 约束功能。企业道德既是一种他律，又是一种自律，是自律和他律的统一。企业的生存和发展离不开社会。企业作为社会组织，要承担起自己的社会责任和义务，企业在追求自身利益的同时，要受到企业基本道德的约束，不能损害其他社会主体的利益，至少要做到“利己不损人”。在激烈的市场竞争中，企业如果没有良好的道德加以自律，制假售假、破坏环境、掠夺资源、拖欠账款、违约、贸易和金融欺诈等道德风险行为必然会大量发生。

2. 调节功能。调节功能主要表现在两个方面：首先，有利于调节企业内部的关系。在企业内部的管理活动中，企业道德可以使全体员工形成共同的企业理念和共同的企业信念，使员工在工作中具有强烈的责任感和集体荣誉感。在这种道德信念的支配下，员工自觉调节自己的各种行为，部门间更好地协调相互关系，有利于调动员工的积极性。其次，有利于调节企业外部的关系。企业道德同企业经营活动紧密相连，是调节企业对外经营活动的一种资源。具有良好道德的企业，有利于提升企业的信用等级，树立良好的企业形象，进而帮助企业获得更大的市场份额和人才，从而为企业的发展提供良好的机遇。

3. 导向功能。企业道德可以对其他道德规范产生导向作用。从整个社会来说，随着市场经济的发展，企业在千方百计把自己的产品推向社会的同时，也在树立自己的形象，是把企业道德规范和企业文化向社会推广的过程。人们在接受企业产品的同时，无形中受到企业道德规范的影响，一个具有社会责任感的企业，人们在接受它的产品的同时，无形中也会接受这种道德规范，从而对其他社会道德主体产生示范作用。相反，企业如果不讲诚信，在经营过程中弄虚作假，就会对社会的其他道德主体产生不良的作用。特别是个别企业在经营过程中如果不讲道德，甚至违法生产和经营一些低级趣味的、有碍身心健康的产品，其害处更大。如个别影视生产企业，为了谋取最大利益，不讲道德、宣扬暴力等，对人们，特别是青少年的道德影响更大。

4. 激励功能。在市场经济条件下，企业经营情况的好坏是和职工的积极性、创造性和主动性的发挥情况密切相关的。道德良好的企业有助于促进职工积极性、创造性和主动性的发挥，帮助企业取得好的成绩。在20世纪六七十年代，日本许多企业都取得了很大的成功，其中一个很重要的原因是许多企业实行了人性化经营，注重集体主义道德，在企业经营过程中形成了一种强大的凝聚力，激励职工把积极性、创造性和主动性充分发挥出来。

（三）加强企业道德建设是抑制道德风险行为发生的重要方法

在社会主义市场经济条件下，企业作为社会经济生活的细胞，既是一个经济人，也是一个社会人。“作为经济人，企业活动的直接目的是追求利润的最大化；作为社会人，企业在追求利润的过程中，还必须认真解决怎样获利以及如何获利有益于社会进步和促进人的全面发展问题，也就是说，讲企业道德。市场经济中企业的经营活动离不开企业道德”①。加强企业道德建设是抑制道德风险行为发生的重要方法。

① 张建平、张祝平：《加强企业道德建设与增强企业竞争力》，载《经济师》，2004（6）。

1. 有助于形成企业核心竞争力[①]以增强企业竞争力。企业的核心竞争力是企业的各种技术、技能、知识、价值和管理的有机综合体，是企业在长期发展中不断积累而逐渐形成的企业的技术特性、组织结构、管理模式、企业文化等因素的有机体。核心竞争力是企业发展的关键所在。[②] 在技术差异越来越小的今天，企业之间的竞争将从有形的产品技术竞争逐渐转向无形的信誉和形象的竞争，一个企业在社会公众面前的形象往往成了竞争成败的关键因素，并且企业道德水平的提高，可以促进企业创新能力的提高，帮助企业建立科学的管理体系和稳定的销售网络，创造和谐的企业外部关系[③]，企业道德已成为企业核心竞争力中的一个关键因素，对形成企业核心竞争力意义重大。

2. 增强企业道德优势并化道德优势为竞争优势。拥有良好道德观念和体系的企业，会尊重企业内部成员的权益和想法，能够为成员的发展提供良好的环境，充分调动成员的积极性去发挥自身的特长，创造出更大的个人价值和社会价值，从而吸引更多的人才和资本，帮助企业获得形成长期竞争力所需的各种要素，形成提高现代企业竞争力的基础性条件。“一个企业信誉的高低与获利能力的强弱存在着明显的正相关关系”[④]。企业道德是企业信誉形成、提高的基础和关键性因素，对提高产品市场占有率有较大贡献，会直接增进企业的长期竞争力。另外，企业道德作为非经济因素，不仅能够激发企业内部员工为本企业奉献的团队精神，减少企业内部的“搭便车”现象，降低监督费用，而且能够大大提高企业与顾客、企业与企业之间的信用度，解决企业外部的某些“机会主义”问题，从而减少信息费用、谈判费用以及实施其他制度的费用。同时，企业道德也会使企业从伦理规范出发减

---

① “简单说来，企业核心竞争力就是企业与环境互动的过程中，以顾客（包括潜在的顾客）的利益为指向，在企业内长期积累起来的特殊知识和技能有机结合而形成的独树一帜的能力，是一种可持续性地支撑企业竞争优势的能力。这个核心能力有两个特点：一是深藏于内、相对稳定且又极具弹性，蕴藏无限生命力；二是其构成要素有多样化的来源，诸如知识和人才资源、技术体系、管理体系、销售资源、售后服务、创新理念、价值理念、治理结构等等。”王汪：《诚信：企业核心竞争力实现的关键》，载《商业研究》，2005（3）。

② 普拉哈德尔、哈默尔：《公司核心竞争力》，355～361 页，北京，中国发展出版社，2002。

③ 欧阳润平：《企业核心竞争力与企业的伦理品质》，载《伦理学研究》，2003（9）。

④ 刘琼豪：《论企业伦理对企业利益的积极作用》，载《学术探索》，2001（2）。

少生产经营活动过程中产生的负外部效应①，降低社会成本，在社会范围内实现资源优化配置。

3. 约束企业行为以抑制道德风险行为发生。市场经济本质是竞争经济，没有竞争就没有市场经济。但是由于现阶段我国市场发育还不完全，法律法规和管理制度还不够完善，为了使市场竞争公平有序，还需要通过道德力量的调节，增强市场主体的自律性，规范其竞争秩序，维护市场的有序化发展。企业是市场的主体，只有有了企业的自律，才会有行业的自律。有了各行业的自律，市场竞争才会公平有序，市场经济才能健康发展。

美国学者查尔斯·汉普顿和阿尔方斯·特龙佩纳对美国、英国、德国、意大利、瑞典、日本、新加坡等12个国家的1.5万名经理的一项调查表明，不同的企业在创造财富过程中虽然都曾受到过互不相同的独特价值体系的影响，但有一点是相同的，那就是绝大多数企业经理人都意识到，违反经济信用行为的企业的成本必然会大幅度增加。这是因为，现代社会的信息传播速度很快，社会舆论的监督力度也在不断增强，企业一旦作出违反经济信用的行为，马上就会被人知道，甚至全面曝光，结果会使企业最重要的无形资产——商誉——遭受重创。② 正如诺贝尔经济学奖得主诺斯所言："自由市场经济制度本身并不能保证效率，一个有效率的自由市场制度，除了需要有效的产权和法律制度相配合之外，还需要在诚实、正直、公义、正义等方面有良好道德的人去操作这个市场。"③

二、企业道德建设的理论依据

经济学、法学和社会学等多种学科的研究成果都支持了企业必须进行道德建设。

---

① "所谓外部效应，就是说，某种经济活动所产生的影响并不一定在其自身的成本或收益上表现出来，但却会给其他经济主体乃至整个社会带来好处或坏处。当其结果能给他人和社会带来好处时，被称为外部经济（正的外部效应），反之，则被称为外部不经济（负的外部效应）。"参见杨文兵：《论企业经济行为的伦理限度》，载《现代哲学》，2001（4）。

② 刘光明：《企业信用》，4页，北京，经济管理出版社，2003。

③ 张羿：《后现代管理：中国企业的世界500强之路》，http://www.globrand.com/2009/163521.shtml，2011-06-25。

（一）经济学：利益相关者理论（Stakeholder Corporate Governance Theory）

1984 年，弗里曼在其《战略管理：利益相关者管理的分析方法》一书中提出了利益相关者管理理论，将其定义为企业的经营管理者为综合平衡各个利益相关者的利益要求而进行的管理活动。利益相关者理论是对传统的股东至上主义治理模式的挑战。与传统的股东至上主义相比较，该理论认为任何一个公司的发展都离不开各利益相关者的投入或参与，企业追求的是利益相关者的整体利益，而不仅仅是某些主体的利益。

利益相关者理论认为，企业是一个由利益相关者构成的契约共同体，利益相关者包括企业的股东、债权人、雇员、消费者、供应商等交易伙伴，也包括政府部门、本地居民、当地社区、媒体、环境保护主义者等，甚至还包括自然环境、人类后代、非人物种等受到企业经营活动直接或间接影响的客体。这些利益相关者都对企业的生存和发展注入了一定的专用性投资，他们或是分担了一定的企业经营风险，或是为企业的经营活动付出了代价，这就要求企业的经营决策必须要考虑他们的利益，并给予相应的报酬和补偿。因此，企业对利益相关者必须承担包括经济责任、法律责任、道德责任、慈善责任在内的多项社会责任。

（二）法学：企业公民理论（Corporate Citizenship）

伴随企业社会责任与可持续发展等理念成为国际上的一股主流思潮，“企业公民”一词得到了广泛的传播。企业公民是指一个公司将社会基本价值与日常经营实践、运作和策略相整合的行为方式。它从法学的角度强调了企业的社会公民身份，意味着企业不能只满足于当“经济人”，还要成为一个有责任感和道德感的“人”，在享受社会赋予的条件和机遇时，也应该以符合伦理、道德的行为回报社会。

世界经济论坛创始人兼执行主席施瓦布教授（Klaus Schwab，2007）认为，企业公民概念应容括企业治理与实践、企业公益、社会责任以及一项新兴要素：社会企业家精神，即将有益于社会的理念引入商业价值中去。其基本内容包括四个方面；一是企业的基本价值观，主要包括遵守法律、规则以及国际标准，拒绝腐败和贿赂，倡导社会公允的商业道德和行为准则。二是对利益相关群体负责，主要包括安全生产；就业机会平等和薪酬公平，反对性别、种族等歧视，注重员工福利；保护消费者权益；维护股东权益，重视投资者关系；企业对所在社区的贡献等。三是对环境资源的责任，主要包括维护环境质量，使用清洁能源，共同应对气候变化和保护生物多样性等。四是对社会发展的广义贡献，比如救助灾害、救济贫困、扶助残疾人等弱势群体和个人，赞助教育、科学、文化、卫生、体育、环保、社会公共设施建设或其他促进社会发展的公共、福利事业。

市场经济发展到今天，在新的环境下，企业只有加强企业道德建设，以公德、诚信为基因重新打造企业的价值观，使之成为合格的企业公民，才能取信于人心，立足于社会。

（三）社会学：企业承担道德责任是社会和谐的内在要求

企业的社会性是决定企业能够自觉主动承担道德责任的理论基础。从本质上讲，企业是现代社会中从事生产、流通、服务和社会生活环境改善等一系列活动的社会经济组织。任何企业的经济行为无不时时刻刻与社会、其他企业、消费者发生着重要的联系和互动，其活动并不是绝对独立的。从生产经营的客观因素上讲，一个企业的生存和发展，总是在一定的社会环境中进行的。企业的生存是在社会中的生存，企业的发展是在社会中的发展，并且企业的生存和发展必须适应社会环境的变化和发展。这是企业必须承担道德责任、自觉将自身利益与社会利益协调统一的原因。

党的十六届六中全会指出，社会和谐是中国特色社会主义的本质属性。在社会学领域，一个始终被强调的概念是社会的和谐性。按照社会组织理论的说法，构建和谐社会涉及各个主要社会组织的社会责任，包括政府的社会责任、企业的社会责任、民间社团的社会责任和城乡基层社区的社会责任等等。其中，企业的社会责任非常重要，在构建社会主义和谐社会的过程中，它是当今社会除政府外最有力量的组织，它掌握着巨大的人力资源和物质财富，具有仅次于政府组织的影响力和作用力。构建社会主义和谐社会必须要充分发挥企业的作用，提倡和引导企业承担应该承担的道德责任。

三、企业道德建设的基本途径

（一）提升企业社会责任

1. 企业社会责任及其意义。企业社会责任的概念起源于欧洲。在早期，企业组织被认为是一个以盈利为目的的生产经营单位，利润最大化是其追求的永恒主题，它没有责任也没有义务去完成本应由政府或社会完成的工作，其行为只要不违法，以何种手段和方式去追求利润都无可厚非。这种过分狭猛的企业经营目标，虽推动了经济的高速发展，但严重污染环境、损害消费者利益、危害企业员工安全及影响员工健康、社会贫富悬殊等各种社会公害也相伴而来，对社会生活和经济的持续发展产生了重大影响。这就使西方国家政府及社会公众不得不开始重视企业履行社会责任问题，要求企业在实现利润最大化的同时，兼顾企业职工、消费者、社会公众及国家的利益，履行保护环境、消除污染等社会责任，将企业的经营目标与社会目标统一起来。其基本理由是社会是企业利益的来源，企业在享受社会赋予的自由及机会时，必须履行社会责任。事实上，企业承担社会责任是使企业得以保持旺盛生命力和可持续发展的源泉。从企业角度来看，企业通过承担社会责任，可以赢得声誉和组织认同，同时也可以更好地体现自己的文化取向和价值观念，为企业发展营造更好的社会氛围，使企业得以保持生命力，保持长期可持续地发展。从社会角度来看，企业承担社会责任，在社会发生变革时，可以应对社会变革的消极影响，降低或减少由于社会变革因素而必须付出的改革成本，促进整个社会生产力的发展，有利于促进社会的进步。

2. 我国企业社会责任内容。早期有关企业社会责任的讨论侧重于道德伦理层次，后来逐渐转移到法律层面。企业社会责任的内容既有强制的法律责任，也有自觉的道义责任①，要求企业必须超越把利润作为唯一目标的理念，强调在生产过程中对人的价值的关注，强调对消费者、对环境、对社会的贡献，坚持在企业内部尊重、关心企业员工，促进他们自由全面发展，并以同样的态度对待其利益相关者。

---

① 中国企业管理年鉴编委会：《中国企业管理年鉴》，北京，企业管理出版社，1990。

我国的《消费者权益保护法》、《产品质量法》、《反不正当竞争法》、《公司法》、《全民所有制工业企业法》等法律法规，对企业应承担的社会责任都有明确规定，大体可归纳为：[①]

（1）承担诚实守信确保产品质量的责任。由于种种原因造成的诚信缺失正在破坏着社会主义市场经济的正常运营，由于企业的不守信，造成假冒商品随处可见，消费者因此而遭受的福利损失每年在2 500亿~2 700亿元，占GDP比重的3%~3.5%。很多企业因商品造假的干扰和打假难度过大，导致企业难以为继，岌岌可危。为了维护市场的秩序，保障人民群众的利益，企业必须承担起诚实守信确保产品质量的社会责任。

（2）承担科学发展与缴纳税款的责任。企业的任务是发展和盈利，并担负着增加税收和促进国家发展的使命。企业必须承担起发展的责任，搞好经济发展，以发展为中心、以发展为前提，不断扩大企业规模，扩大纳税份额，完成纳税任务，为国家发展作出贡献。但是这个发展观必须是科学的，任何企业都不能只顾眼前、不顾长远，也不能只顾局部、不顾全局，更不能只顾自身而不顾友邻。所以，无论哪个企业，都要高度重视在“五个统筹”的科学发展观指导下的发展。

（3）承担可持续发展与节约资源的责任。中国是一个人均资源特别紧缺的国家，企业的发展一定要与节约资源相适应。企业不能顾此失彼，不顾全局。作为企业家，一定要站在全局立场上，坚持可持续发展，高度关注节约资源，并要下决心改变经济增长方式，发展循环经济、调整产业结构。尤其要响应中央号召，实施“走出去”战略，用好两种资源和两个市场，以保证经济的运行安全。只有这样，我们才能可持续发展。

（4）承担保护环境和维护自然和谐的责任。随着我国的经济发展，环境日益恶化，特别是大气、水、海洋的污染日益严重。野生动植物的生存面临危机，森林与矿产过度开采，给人类的生存和发展带来了很大威胁。为了人类的生存和经济的可持续发展，企业一定要担当起保护环境，维护自然和谐的重任。

---

① 黄乐桢：《企业应承担的八大社会责任——专访全国政协常委、国务院参事任玉岭》，http：//theory. people. com. cn/GB/49154/49155/3836760. html，2011-04-08。

（5）承担公共产品与文化建设的责任。医疗卫生、公共教育与文化建设，对一个国家的发展极为重要。特别是公共教育，对一个国家消除贫困、走向富强就更具有不可低估的作用。医疗卫生工作不仅影响全民族的身体健康，也影响社会劳力资源的供应保障。文化建设则可以通过休闲娱乐陶冶人的情操、提高人的素质。我们的国家，由于前一个时期对这些方面投入较少，欠债较多、存在问题比较严重。公共产品和文化事业的发展固然是国家的责任，但在国家对这些方面扶植困难、财力不足的情况下，企业应当分出一些财力和精力担当起发展医疗卫生、教育和文化建设的责任。

（6）承担扶贫济困和发展慈善事业的责任。虽然我们的经济建设取得了巨大发展，但是作为一个有 13 亿人口的大国还存在很多困难。特别是农村的困难就更为繁重，更有一些穷人需要扶贫济困。这些责任固然需要政府去努力，但也需要企业为国分忧，参与社会的扶贫济困。为了社会的发展，也是为了企业自身的发展，我们的广大企业更应该重视扶贫济困，更好地承担起扶贫济困的责任。

（7）承担保护职工健康和确保职工待遇的责任。人力资源是社会的宝贵财富，也是企业发展的支撑力量。保障企业职工的生命、健康和确保职工的工作与收入待遇，这不仅关系到企业的持续健康发展，也关系到社会的发展与稳定。为了达到国际上对企业社会责任标准的要求，也为了使以人为本和构建和谐社会的目标落到实处，我们的企业必须承担起保护职工生命、健康和确保职工待遇的责任。作为企业要爱护企业的员工，搞好劳动保护，不断提高工人工资水平并保证按时发放。企业要多与员工沟通，多为员工着想。

（8）承担发展科技和创新自主知识产权的责任。当前，就总的情况看，我国企业的经济效益是较差的，资源投入产出率也十分低。为解决效益低下问题，必须要重视科技创新。通过科技创新，降低煤、电、油的消耗，进一步提高企业效益。改革开放以来，我国为了尽快改变技术落后状况，实行了拿来主义，使经济发展走了捷径。但时至今日，我们的引进风依然越刮越大，越刮越严重，很多工厂几乎都成了外国生产线的博览会，而对引进技术的消化吸收却没有引起注意。因此，企业要高度重视引进技术的消化吸收和科技研发，加大资金与人员投入，努力做到创新以企业为主体。

3. 推动企业承担社会责任。

（1）提高企业的社会责任意识，促使其将承担社会责任纳入企业战略管理。企业承担社会责任长效机制和应急体系的顺利建立，离不开企业管理层在战略层面上对企业社会责任的重视。企业应转变单纯追求利润最大化的传统观念，充分认识承担社会责任对企业发展的长远影响，进而将承担社会责任视为事关企业发展的一项重要战略纳入企业的战略规划中，确保企业发展与行业进步、社会发展、环境保护相一致。企业能否承担社会责任、承担什么样的社会责任，对企业的经营方向、组织结构、用工制度、利润分配等方面的影响是不同的。企业在制定经营战略时，应考虑未来一个时期企业的社会责任是什么，如何把企业应当承担的社会责任分解到中层和基层部门，如何根据企业的社会责任战略调整内部组织结构，如何实施这一战略。企业应根据内外部实际情况选择自己的社会责任战略，即在不同发展时期制定不同的具体的社会责任目标，实现承担社会责任与企业经营发展的相互协调。

（2）制定相关法律制度，加强对企业承担社会责任情况的监管。企业承担社会责任，既要靠企业的自觉，也要靠外部力量的推动。我国虽然在一些相关法律法规中涉及关于企业社会责任的内容，但还没有形成较为完整和系统的法律法规体系。只有做到有法可依，才能推动企业承担社会责任工作走向经常化、规范化、制度化。国家有关部门应参照国际经验，制定符合我国国情的企业社会责任法律制度安排，明晰企业承担社会责任的范围，约束和规范企业的行为，对自觉承担社会责任的企业给予褒扬，对不承担社会责任的企业给予惩罚，切实保护公众利益。同时，积极引导和监督企业承担社会责任，创造有利于企业承担社会责任的环境，拓宽企业参与社会公益事业的渠道。

（3）实施社会责任会计核算，完善企业社会责任报告制度。应从我国实际出发，尽快制定社会责任会计的具体准则，对企业社会责任的确认、计量、记录、报告等作出明确规定。通过健全会计法律法规体系，使社会责任会计有法可依，使企业社会责任会计信息披露有统一标准，增强可操作性与统一性，避免各行其是。根据财政部、证监会、审计署、银监会、保监会于2008年联合发布的《企业内部控制基本规范》（财会［2008］7号）及其配套指引的要求，企业应单独发布社会责任报告。条件尚不成熟的企业在披露年度自我评价报告时，应将承担社会责任的情况作为内部环境自我评价的重要内容。社会责任报告的编制要覆盖企业已承担的所有社会责任。企业发布的社会责任报告，面对的是政府有关监管部门、股东、债权人、员工、客户等利益相关者，因此，其覆盖面要广，至少涵盖安全生产、产品质量、环境保护和资源节约、促进就业、员工权益保护、慈善捐赠等内容。同时，企业社会责任报告应经过独立第三方外部评价，以保证内容真实完整、实事求是。

（二）培育企业信用文化

1. 企业信用文化及其意义。企业信用文化是指企业在生产经营活动中所形成的信用价值理念和行为准则，是企业信用观的外在表现，是企业文化的核心。作为一种独特的文化现象，企业信用文化从外向里可以分为四个层次的内容：企业信用物质文化、企业信用行为文化、企业信用制度文化、企业信用精神文化。[①] 企业信用文化是以物质为载体的，包括产品、服务、技术和环境等；企业信用行为文化是指企业与外界以及企业内部人与人之间的交往中所体现的信用关系，是企业从事经济活动的经营作风、精神面貌、人际关系的体现，主要包括企业家行为中的信用因素和企业员工个人行为中的信用因素两方面内容，属于企业形象范畴；企业信用制度文化主要是指对守信和失信的激励和约束机制；企业信用精神文化是指用于指导企业在生产活动中形成的群体意识和价值观念，在整个信用文化中处于核心地位。

企业信用文化是企业文化建设的根本，对维护企业的经济秩序和安定团结，形成良好的组织氛围，提高企业员工的积极性和劳动生产率，塑造良好的企业形象，克服企业损害社会的行为，以及防止企业领导人腐败现象的出现有重要作用。

2. 加强企业信用文化建设。（1）注重企业信用文化教育。加强企业信用文化建设，必须注重企业信用文化教育，建立和强化全社会，特别是企业经营者、员工的商誉意识和经济信用意识。一是要提高企业家的信用意识，每个企业家都要认识到其个人成就一方面来自于自我实现的成就感和社会声

① 周瑞玲：《论我国中小企业信用文化建设》，载《山西煤炭管理干部学院学报》，2006（3）。

誉，另一方面来自于和收益相关的切身利益。对于这两方面的需求，都必须有卓越的信用作保障。二是要对企业员工进行教育，使他们树立“信用第一”的观念，要让他们懂得讲求企业信用是一种责任，一种美德，认识到信用对于企业来说是一种有价值的资源，进而使员工在行动上自觉维护企业信誉。

（2）实施多层面建设战略。在建设企业信用文化时，应充分重视企业信用文化的多层面建设。在物质层面上：一是要注意产品中的信用因素。以往的产品常常局限在产品特定的物质形态和具体用途上，而在现代经济学中，产品则更多地被理解为人们通过交易而获得的物质和精神需求的满足，即产品必须要给消费者带来物质和精神上的利益。因此，产品中必须包含给买主带来满足和信任感，即信用因素。二是要重视企业外在形象中的信用因素。企业外在形象是企业信用文化的象征，包括企业的名称、象征物、空间结构与布局等。这些标识物最初并不具有象征意义，只是源于决策者的符号编码，区别本企业与其他企业，避免不同企业及产品的误认，但在不断的交易活动中，在购买者的不断“言说”过程中，企业的特质不断积淀在这些符号之中，从而赋予这些符号价值意义。因此，企业的外在形象要素不仅仅是一个符号、一个称号，它体现了企业在社会公众中的信用形象。三是要提高产品的技术含量。对企业来说，要从产品的开发设计抓起，大力推进技术进步，创出名牌产品，这是构筑企业良好信用的基石。

（3）加强企业信用文化管理。企业要建立信用管理和组织机构，包括设立企业内部的信用部门。企业应重视交易全过程的信用管理，要坚持从严管理，强化训练，大力提高员工的思想道德素质和业务素质，使员工爱岗敬业，展现良好的精神风貌和优良的工作作风，创造一流的工作业绩，把自己的企业建成竞争力强、信用好、不断发展壮大的好企业。

（三）培育企业道德规范

1. 企业道德规范及其意义。企业道德规范是指企业在生产经营中应自觉遵守的各种行为准则和规范的总和，是调整企业与职工、职工与职工、企业与社会之间关系的行为规范。企业道德规范同企业自身生产经营活动的规律紧密联系，是对企业生产经营活动中的行为和结果的无数次反复后形成的道德要求的提炼和概括，本质上是对一定社会经济关系的客观要求的反映。同时，企业道德规范作为一种自觉的行为准则，又是企业及其员工对客观存在的企业道德要求的认识的升华，往往由企业家、经济学家和某些思想家在众多企业反复的生产经营实践基础上概括和表达出来的，进而上升为具有普遍意义的行为准则。因此，企业道德规范是客观要求和主观认识的有机统一。

企业道德规范建设对促进防范企业道德风险工作意义重大。

（1）企业道德规范规定着企业的经营行为。不同的企业道德规范会导致企业不同的经营行为。在社会主义市场经济体制下，企业不但是一个经济实体和利益主体，而且还是一个社会组织。从市场竞争的发展来看，企业目标越来越趋向于伦理化，经营卓越的企业特别注重树立为社会服务的信念，并把它作为制定企业发展战略的基本原则。反之，缺乏社会责任、不讲道德的企业，一定会丧失人心，不可避免地会在激烈的市场竞争中被淘汰出局。

（2）企业道德规范可以维护企业的信誉。在社会主义市场经济条件下，市场是企业生存的基础，没有了市场，企业就无法生存，就要倒闭。而企业靠什么占领市场呢？一靠品牌，二靠信誉，而好的品牌是靠良好的信誉支撑的。企业良好的信誉来之不易，必须始终如一地恪守企业道德规范，并随着企业的发展和社会的需求赋予其新的内涵。企业靠欺诈手段和不讲道义的行为可以赢得一时之利，甚至暴利，但绝不会长久，有作为的企业绝不会为了一时的蝇头小利而毁了企业的良好信誉。

（3）企业道德规范能够调节和平衡各种关系。企业作为行为主体，无论是扮演“经济人”的角色还是“社会人”的角色，都需要协调平衡各种关系，为企业的生存和发展创造良好的内外部环境。从企业的外部环境来看，除了要处理好依法经营、照章纳税、维护生态环境、注重可持续发展外，还要处理好与消费者、与其他企业尤其是同行业的关系。从企业的内部环境来看，重要的是协调好企业内各部门及其内部成员之间的关系，而这些关系的良性互动仅靠组织手段和制度难以做到，而企业道德规范却能够较好地解决这个问题。企业道德规范一旦为企业中的成员所认可，便会自然而然地成为评价好与坏，判定功与过、是与非的标准和尺子。这种思维方式、行为模式和处世之道一旦成为企业的传统、习惯和惯例，就会形成一个人际和谐的内部环境，就会更好地促使部门、职工之间形成相互信任的情感交流和互相负责的道德规范，促使人们自我管理、自我调节、自我塑造、自我激励，自觉地从事有利于企业发展的工作，企业的凝聚力就会得到进一步强化，始终保持旺盛的生命力和持久的内在动力。

2. 我国社会主义企业道德规范的主要内容包括以下几个方面。

（1）全心全意，服务社会。从本质上说，企业具有“社会人”的品格，它在追求自身利益的同时，必须重视社会利益，对社会负责。这种“社会人格”体现了企业的自主权益与社会责任的统一。正是企业具有“社会人”的品格，规定了企业的社会使命是为社会的经济繁荣、全面进步和人的全面发展服务。这也是企业经营的最高理念和价值目标。这种理念和价值目标作为企业文化体系和精神的核心，具体体现在企业的社会责任上。根据国际通则和我国的国情，企业的社会责任大致有：依法纳税的责任，国有企业中的国有资产保值、增值责任，股份制企业的股息责任，环保责任，社会公益和社会慈善责任，维护国家宏观调控的责任，等等。①

（2）创新进取，精益求精。创新是企业的活力之源，是企业生存和发展的必由之路，也是企业履行社会责任的重要方式。企业要想真正为顾客、为社会着想，不能满足于现状，还应该创造和引导需求。这是因为很多新产品的设想虽然来自顾客，但顾客并不是总能提出新的设想，而企业汇聚了某方面的专家，他们知道如何开发新产品，知道什么样的新产品对顾客、对社会有利。

（3）遵纪守法，依法经营。市场经济是法治经济，现代市场经济的一个重要标志就是各类“经济人”自由进入市场，并在公平原则指导下自由竞争。也就是说，企业必须由法律和伦理原则加以规范，把自己从社会中谋取利益的欲望纳入合理合法的规范之中，即遵守市场经济法律的各种规定，依法经营。

（4）团结协作，公平竞争。我国社会主义市场经济是一种在社会主义国家的政策、法律、法规、道德规范等制约下的经济运行体系，市场主体之间的竞争应该遵循社会主义市场经济中的基本的游戏规则——公平竞争。公

① 朱贻庭：《企业伦理纲》，载《华东师大学报》，1996（1）。

平竞争要求市场主体的竞争行为符合理性、公正、平等、诚信等原则，对利益的追求只能通过采用先进科技、优化劳动组合、优化企业管理、构架激励机制、降低成本、提高劳动生产率等正当手段来实现。这就要求企业遵守市场竞争规则，以质量取胜、以信誉取胜、以信息取胜、以开拓取胜。

（5）善待自然，保护环境。善待自然、保护环境是当代人们对企业提出的道德要求。自然环境的好坏不仅涉及每个人的利益，而且涉及子孙万代的幸福。良好的自然环境是社会的宝贵财富，是人们的衣食之源，是生产发展、经济腾飞的重要条件。优美、清洁、整齐、舒适的良好环境，对人们心情愉快地生活、学习、生产、工作意义重大。但是随着生产的日益增长和自然资源开发范围的日益扩大，全世界范围内包括我国在内，环境污染日益加剧，生态平衡严重失调。企业作为社会物质产品的生产单位，在环境污染方面有不可推卸的责任。为保护自然资源和生态环境，企业应当将环保观念纳入自己的经营理念之中，推行绿色经营模式。实施这种经营模式的目的不仅是满足全社会日益高涨的绿色消费需求，而且要在经营的全过程中尽可能地减少污染或不污染环境，使经营所必需的生产、营销等环节不给社会留下不良后果。与此同时，企业也将获得不间断的利润，使经营可持续发展下去，从而将经济效益、社会效益和环境效益有机地结合起来。

第二节　完善企业信用法律制度

一、企业信用法律制度的概念和功能

信用制度是指关于信用及信用关系的制度安排，是约束人们信用活动和关系的行为规则。这种制度安排既包括正式的，又包括非正式的。前者如有关信用的法律（如契约法）、信用管理制度等，后者如信用观念、信用习惯等。企业信用法律制度是调整企业内部、企业与其他经济主体之间信用关系的法律规范的总称，包括企业信用行为法律、企业信用管理法律、企业信用信息法律等等。

信用法律制度的一个主要功能是减少经济活动和联系中的不确定性，帮助人们形成稳定、可靠的预期。在社会经济生活中，人与人之间的关系既有

竞争又有合作。由于人的有限理性和信息不对称等原因，人自身难以处理好竞争与合作的关系，而信用法律制度的建立为人们从事广泛的经济往来提供了一系列行为准则，规范人们之间的信用关系，减少信息成本和不确定性，从而为节约交易费用提供了有效途径，有益于市场秩序稳定。

信用是道德在经济领域的延伸和表现形式，是道德伦理的社会性外延之一。[①] 良好的信用法律制度是国家信用管理体系的基础性支柱，可以形成一整套提升企业信誉度的行为规范，把企业的经济价值取向与诚实守信的道德价值取向统一到诚信行为中，对有效约束企业行为，促使诚信经营习惯的养成，进而有效遏制道德风险行为的发生意义重大。

信用法律制度可以促进企业发展的良性循环，保证竞争的有序进行，促进企业的长期、可持续发展。信用法律制度可以规范企业的行为，促使企业做到诚信经营，促使企业取得长期稳定的收益而不是一时的利益，处于保证企业正确决策、稳定收益和市场竞争中长期生存的基础地位；作为道德资源和经济资源的统一体，信用法律制度有助于企业开拓业务、扩大市场份额，使客户增多、实力增强，在合作中取得更多利润；减少交易的中间环节和交易成本，节省时间成本、提高反应速度和灵敏度，帮助企业获取高效效益；帮助企业树立诚信的形象，提升企业的核心竞争力和员工对企业的认同感。

二、西方征信国家信用立法及其借鉴

经过百余年的发展，西方国家已形成相对成熟的信用制度和信用法律体系，成为国家信用交易和信用管理行业得以健康发展的制度保证。

（一）西方发达国家信用立法概况

如果以法律规范为标志，西方信用法律制度起源于古罗马简单商品经济

① 《经济学层面上的道德、信任、信用与征信》，http：//lw. china - b. com/jjlw/20090221/270695_ 1. html，2010 - 12 - 21。

时代。[①] 随着资本主义市场经济的发展，金融市场开始形成，现代信用制度也随之诞生，并逐步趋于完善。如美国的信用管理行业诞生于19世纪40年代，但20世纪30年代才开始蓬勃发展。现代信用管理则兴起于20世纪50年代，直到20世纪60年代才形成法律框架。在全球征信国家之中，美国是当今世界信用交易额最高的国家，也是信用体系最完备、信用管理法律体系较为完善的国家。

从20世纪60年代到80年代的短短20年中，为了稳定经济、保护消费者的隐私权和解决一些特殊的社会问题，美国先后颁布了17项有关信用的法律法规，且几乎每一项法律都进行了若干次修改，将信用产品加工、生产、销售、使用的全过程均纳入了法律范畴，建立起了比较完备的涉及信用管理各方面的法律体系，交织构成了美国国家信用管理体系有效运转的法律环境。这17项信用相关法律包括《诚实租借法》、《公正信用报告法》、《信用卡发行法》、《平等信贷机会法》、《公平债务催收作业法》、《公平信用结账法》、《电子资金转账法》、《公平信用和贷计卡公开法》、《储蓄机构解除管制和货币控制法》、《甘—圣哲曼储蓄机构法》、《银行平等竞争法》、《房屋抵押公开法》、《房屋贷款人保护法》、《金融机构改革—恢复—执行法》、《社区再投资法》、《信用修复机构法》和《信用控制法》。其中，《信用控制法》在1982年6月30日由于美国政府的信用紧缩计划被中止使用。[②] 在其余16项有效的信用立法中，7项用于保护个人权益，9项涉及规范金融活动，对征信数据环境、失信惩罚机制、公平授信的权利和保护个人隐私权等一系列重要问题进行了调整。此外，美国联邦政府还出台了一些与信用管理有关的规则，其中，最著名的是《统一消费者信用准则》和《统一商业准则》，对与消费者信用有关的法案作了简单、明确并符合现代信用管理的

---

① 随着罗马人和异邦人经济文化交流的扩大，古罗马在贸易中逐渐引入了契约关系，并具有公共信用的性质。同时，罗马法中明确提出“诚实契约”和“诚信诉讼”等问题，诚信契约的债务人不仅要承担契约约定的义务，还要承担诚实善意的补充义务。郑强：《合同法诚实信用原则》，46~48页，北京，法律出版社，2000。

② 陈潜、唐民皓：《信用法律制度及运行实务》，78页，北京，法律出版社，2005。

发展。①

欧洲绝大多数国家都是市场经济比较发达的国家，因而也是信用法律制度比较健全的国家。除英国在1894年出台了《数据资料保护法》外，与美国信用制度建设进程一致，其他西方国家信用立法也多在20世纪60年代至80年代陆续出笼。德国1970年颁布了世界上最早的《个人信息保护法》，之后几经修改，在1990年12月20日颁布了新的《联邦信息保护法》，对个人信息的收集、处理、提供与利用行为进行了明确规定，后来又颁布了《通用商业总则》、《个人数据保护法》等。瑞典在1973年出台了《瑞典数据法》，英国在1974年颁布了《消费者信用法》，明确了信用管理服务提供者的资格条件。澳大利亚在1988年颁布了《联邦隐私权法》，明确限制了侵犯个人隐私权的信息传播行为。其他欧洲国家也颁布有信用监管法律，如《奥地利个人数据保护法》、《爱尔兰个人数据条例》、《比利时个人数据处理的个人隐私保护法》、《葡萄牙个人数据保护法》、《意大利关于个人数据处理中保护个人数据与其他数据主体的法案（修正案）》等。最引人注目的是，欧盟作为区域性的政治和经济组织，为促进欧盟各成员国之间的经济合作，保护消费者个人隐私权，并保证企业和消费者征信信息交流的畅通，在1995年通过了成员国共同遵守的《欧盟数据保护法》，将在保护个人隐私权和开放数据之间取得平衡作为基本原则，禁止直接处理针对自然人个人的信息和个人家庭活动的信息。

（二）西方国家信用立法特点

1. 立法目标着重于保护个人隐私权和维护市场公平竞争。从各国信用立法的指导思想上看，其着重规定了数据使用对象的查询权利、处理有可能造成损害或者痛苦的数据的权利、防止为直销目的而处理数据的权利、与自动决策有关的权利、获得补偿的权利、纠正和销毁、评估要求等项内容②，并着重于体现保护人权和维护市场公平竞争等项基本原则。这具体表现在：

① 喻敬明、林钧跃、孙杰：《国家信用管理体系》，112～114页，北京，社会科学文献出版社，2000。

② 李凌燕：《消费信用法律研究》，158页，北京，法律出版社，2000。

严格区分涉及个人隐私的数据和合乎国际惯例的数据，并规定合法使用消费者个人信用调查报告的用户类型和传播目的，从而既保护消费者的隐私权，又能使与消费者个人进行信用交易的授信金融机构或者赊销商取得授信；以法律强迫企业法人公开信息，消除企业法人对金融授信机构和消费者个人的信息不对称现象。

2. 立法结构和内容体系较为完备。从各国信用立法的结构上看，大致由引言、定义、数据保护原则、个人的权利、豁免、过渡性条款、专员的权利与职责、通知、根据新数据保护法判定的犯罪等章节组成①，根据立法形成了包括公共信用登记咨询系统、信用评价制度、信用风险转移制度、信用管理制度在内的完备的信用管理体系。如为更好地服务于金融系统防范信贷风险、央行货币信贷政策、央行金融监管，西方发达国家普遍以国家立法强制建立了公共信用登记咨询系统，并表现出法律健全、管理严格、央行直接管理等特点。如西班牙 1988 年第 26 号法令规定，所有在西班牙的银行和其他金融机构必须加入西班牙中央银行管理和运行的中央信贷登记系统。许多国家，如意大利、法国等国在其银行法中对中央银行管理和运行系统有非常具体的规定及要求。据世界银行统计，除最早建立该系统的美国主要是由 8 个企业（企业信贷登记和消费信贷登记系统各 4 个）分别经营外，其他国家的公共信用登记咨询系统大都由中央银行直接管理，如德国、法国、意大利、比利时、西班牙等。

3. 形成了各具特色的信用管理模式。依据信用数据库经营方式的不同，目前世界上的信用管理模式大体有政府主管经营、企业自主经营和特许经营三种。

政府主管经营模式是由中央政府出资组成信用管理机构，并对信用业务实行直接经营管理的方式。其基本特点是由政府主导推动，由中央银行承担主要的监管职能，在有关信息的收集与使用等方面的管制制度也由中央银行提供和执行。这种模式的优点是可以充分利用政府部门的权力资源，以较低的成本获取信息，能够在较短的时间内集中各种力量，迅速建立起覆盖全国

① 选自《诚信为本——建立社会信用制度与信用体系研讨会文集》，258 页，北京，航空工业出版社，2001。

的信用信息数据库。欧洲部分国家，如法国、比利时、德国等采用此模式。

企业自主经营模式是所有企业可以依法自主经营信用调查和管理业务，政府不直接参与经营，仅通过制定较为完善的信用法律法规对之进行管理。美国采用了此种模式。该模式的特点是以市场经济高度发达、市场机制作用发挥充分为基础，以先进的计算机和信息技术为手段，以行业的自我管理形成具体的运作规则，以完备的信用法律为保障。

特许经营模式是先由政府建立信用数据库，再由指定的信用机构进行商业化信用经营，或者由政府指定的具有从业资格的民间企业建立征信数据库，并进行商业化经营。应当说，特许经营模式兼有前两种模式的优点。采用特许经营模式的典型是日本，其建立了以会员制征信机构与商业性征信机构共同组成的国家社会信用管理体系。

在对信用行业的管理中，由于经济效益和服务质量的要求，目前国际上普遍的趋势是由政府主导逐渐向市场化运作转化，政府和中央银行主要发挥宏观调控作用，其主要职能是制定确保信用管理正常运行的法律法规，并保证信用机构的从业者能够合法地取得大量原始的、真实的有关企业、消费者个人信用和相关的行业发展的种种数据，并且能够合法地销售对这些数据的分析和处理结果。

4. 立法保障信用信息公开。如美国的《信息自由法》、《联邦咨询委员会法》、《阳光下的联邦政府法》、《美国国家安全法》、《隐私权法》、《统一商业秘密法》、《就接触秘密信息而进行背景调查的调查标准》等大量法律法规，在保证与企业有关的信用信息披露公开、透明的同时，重点在法的层面上界定了信息公开和保护国家秘密的关系、信息公开和保护企业商业秘密的关系、信息公开与保护个人隐私的关系，并赋予信用中介服务机构可以依法收集使用政府、公用事业、行业组织和企业公开的各种信息的权利。可以说，信用信息的公开、透明是支撑美国信用服务行业生存和发展的基础。

5. 促进与市场经济相适应的信用中介机构的建立和高效运转。信用中介机构是收集信用信息进行加工整理并提供信用信息、信用管理咨询等服务的机构，主要包括评级机构、企业征信机构和个人征信机构等。信用中介机构对于控制交易风险、降低交易费用、规范交易行为都有极大的作用。为促进信息中介机构的健康发展，西方各国非常重视建立健全信用中介机构评价指标体系和运作规范，各国法律都明确了信用机构的监管部门及其监管职能，并主要通过对信用服务市场的准入实行业务许可、加强对信用中介机构违法的处罚、依据信用中介机构违法的次数和程度设置退出标准等方式完成监管任务。

6. 建立有效的信用奖惩制度。在征信国家，信用作为规范市场和个人经济行为的最重要手段之一，不仅在经济生活中，而且在人们的日常生活中也起着非常重要的作用，任何企业和消费者都要受到国家信用管理体系中惩罚机制的约束。发达国家普遍建立了严格的失信惩戒机制以遏制商业欺诈和失信行为。这种惩戒机制包括：（1）快速收集不讲信用事件的信息，并取得相应证据。（2）对事实加以鉴别，在较长时间内保存原始的不良信用记录，使失信者在一定期限内付出惨痛的代价。如美国法律规定，破产记录要保留 7～10 年。（3）对不讲信用的责任人使用“重典”严惩，让失信者承受非常高昂的违约成本。如法国规定生产假冒产品可判处两年监禁，罚款 100 万法国法郎；企业如果数次不能如期偿还债务，将被吊销营业执照。美国法律规定生产、批发、销售假冒商品均属有罪，对产、销者分别处以 25 万美元以上和 200 万美元以下的重罚，有制假、售假前科的，罚款额可达 500 万美元，并可判处 10 年徒刑。（4）将处罚决定快速通报给相关机构，以形成社会对失信者的联合制裁。西方发达国家普遍建立了全国统一的信用监控系统，在统一的法律基础上，在全国范围内对失信者进行监控，使失信者无法逃避制裁。在对失信企业予以严惩的同时，一般都明确规定对于信用良好、信用等级较高的企业在股票和企业债券发行中则给予优先安排，可以获得银行较高的信用额度和更为优惠的利率价格。

（三）西方发达国家信用立法对我国信用法制创新的启示

我国在建立和发展社会主义市场经济过程中，为了维护市场经济所必需的信用秩序，比较注意用国家立法维护社会信用。如我国《民法通则》、《合同法》、《担保法》、《会计法》、《票据法》、《消费者权益法》、《公司法》、《破产法》、《证券法》、《反不正当竞争法》等法律，都强调了诚实信用的法律原则，对违反诚信的行为规定了惩戒措施。但相对于西方发达国家立法而言，现行立法稍显薄弱，不但在形式上未出台统一的信用管理法律，现有立法还表现出调控能力不足、信用保障机制不充分、信用奖惩机制不完善等缺陷。“它山之石，可以攻玉”，我国信用制度的建立健全，应在充分考虑现有国情的基础上借鉴西方发达国家的信用立法经验。

1. 积极培育诚信文化。在美国，无论是企业还是普通消费者，都有很强的信用意识，美国的企业普遍建立了信用管理制度，成立了专门的信用管理部门，形成了良好的守信氛围，促进了信用法律法规的实施。要建立征信国家，必须首先提高社会整体信用水平，增强社会公众的信用意识和法治观念，引导企业建立信用自律机制和建立健全内部信用管理制度，为良好信用法律的出台和贯彻执行营造出诚信为本、诚信兴业的社会氛围。同时，我们在建设我国信用法律制度体系的同时，应有开放、务实和创新的心态，既要与国际接轨，与大多数发达国家的规则相符，又要适当考虑民风、民俗与国情，要能与过去的制度和法律相容，要有一定的继承性，保持政策的连续性与稳定性。

2. 加强信用建设必须解决好国家干预经济和企业产权保护问题。欧美国家的信用法律制度是建立在发达的市场经济基础之上的，很好地解决了国家干预经济和市场机制自发作用的关系问题，国家干预经济应有章可循、有法可依。同时，这些国家实行的是私有制，对私有产权的保护早已形成了系统、有效的法律制度。不同的财产所有者在进行市场交易时，必须实行等价交换的原则。如果是财产的单方面转移，必须用契约的形式约定偿还的时间和条件，以保证产权人的权利。基于上述理由，欧美国家的信用法律主要体现在征信领域，即立法的重点在于保证信用信息的公开和合理使用。上述两个问题在我国没能得到很好解决。对于我国来说，建设信用法律制度，必须注意解决好国家干预经济和企业产权保护这两个基础性问题。

3. 欧洲政府主导型的信用管理模式较符合我国国情。市场主导（如美国）、政府主导（如欧洲一些国家）、前两者结合（如日本）是社会信用体系发展的三种基本模式。美国的市场主导模式是典型的市场化行为，只有市场经济高度发达、成熟，才有可能实行这一模式。政府主导模式，更多地体现了监管者的意志和要求，主要是为金融监管部门的信用监管服务的。我国的现实国情是政府掌握着企业的绝大部分信用信息，政府在管理企业、规范市场活动、改善经济环境等方面担负有重要的社会责任，而企业和市场的发展，总体上看还处于初级阶段。因此，我国现阶段信用服务体系的建立和发展，必须以政府为主导：一是积极推动信用体系建设的市场培育和环境的形成。如政府带头采用信用评价结果，注意为信用产品的应用创造市场需求，以促进信用中介机构的发展。二是将政府职能管理和监督信息形成基础信息平台，通过一定形式向社会公开。

4. 加快信用立法以确保社会信用活动有序进行。完备的信用法律体系是信用行业健康规范发展的基础和必然要求，健全的信用法律体系，可以在客观上为信用的实现提供支撑的社会平台，使人们不能为、不敢有失信行为。在我国现行条件下，应积极从三个方面推进信用立法工作：一是修改主要现行法律和拟订新法，为信用数据获取、使用、传播提供法律规范和保障；二是抓紧研究、率先出台与信用行业直接相关的基本法，如可先出台《信用报告法》，对信用行业的管理定下基本的制度框架，以促进信用行业规范健康发展；三是建立健全相关法律法规，尽快建立健全企业失信惩戒和授信鼓励机制，尤其是加大对失信行为的惩罚力度。

5. 大力发展信用中介机构。我国信用中介机构从业人员素质不高，机构规模普遍偏小的现状，严重制约了我国信用体系的建立和发展。因此，从制度上保障信用中介机构能够客观、公正、独立地运营是当前亟待解决的问题。就信用中介机构的管理来看，应根据我国行业发展现状和别国的经验，鼓励信用中介机构间的正当竞争，并通过建立比较明确的市场进入、退出机制的办法予以规范，其中的当务之急是：一是建立健全企业信用评级制度，培育符合市场机制的商业性专业信用评级机构和专门人才，通过明确评级单位的责任与权益来约束评级机构的行为，保证信用评级的客观、公正和准确；二是建立有效的信用信息披露制度，形成反映企业和个人信用状况的基础数据，并在各单位之间互联互通的基础上，向社会开放数据资源，实现信用信息查询、交流和共享；三是设立信用法律执行机构，统一管理和规范信用评级市场及信用信息披露、使用行为。

三、我国企业信用法律制度建设现状与不足

（一）我国企业信用立法现状

企业信用法律不仅是企业信用制度的有机组成部分，而且是企业信用制

度得以建立并正常运行的基本保证。① 在建立和发展社会主义市场经济过程中，为了维护市场经济所必需的信用秩序，国家制定了一系列法律法规，出台了一系列政策。

1. 全国人大及其常委会立法。随着信用因素对我国经济影响的深入，我国的法律中也出现了许多同信用相关的条款，如《民法通则》、《合同法》、《担保法》、《会计法》、《票据法》、《消费者权益法》、《公司法》、《破产法》、《证券法》、《反不正当竞争法》等法律，都从法律角度强调了诚实守信的法律原则，对违反诚信的行为规定了相关的惩戒措施。

（1）在民商法中，主要表现为：《民法通则》第四条规定："民事活动应当遵循自愿、公平、等价有偿、诚实信用的原则。"

《合同法》中的有关法律规定包括：第六条"当事人行使权利、履行义务应当遵循诚实信用原则"。第六十条"当事人应当按照约定全面履行自己的义务。当事人应当遵循诚实信用原则，根据合同的性质、目的和交易习惯履行通知、协助、保密等义务"。第九十二条"合同的权利义务终止后，当事人应当遵循诚实信用原则，根据交易习惯履行通知、协助、保密等义务"。同时，我国《合同法》还为保障守信方的权利，防止不守信行为的发生，设立了合同履行抗辩制度和责任追究制度，进一步深化了对信用行为的规制。

《担保法》通过对合同主体的信用不足的补救，发挥信用补充法律制度的作用，同时它以担保财产作为偿债能力补充的规定，实际是信用理念的一种延伸。

《公司法》及其相关法规中，调整信用的法律规定包括公司登记制度、信息披露制度、破产清算、破产整顿、企业兼并与重组的信用救济制度等。另外，《公司法》对信用的建立和维持、公示、交易均有所规定。

《中小企业促进法》明确提出，国家推进中小企业信用制度建设，建立信用信息征集与评价体系，实现中小企业信用信息查询、交流和共享的社会化。

（2）经济立法中有关信用的规定，主要见于《反不正当竞争法》和

① 中国工商行政管理学会：《企业信用监管理论与实务》，206页，北京，中国工商出版社，2003。

《消费者权益保护法》。对于经济主体的商业行为，《反不正当竞争法》规定经营者在市场交易中应当遵循诚实信用原则、遵守公认的商业道德，不得捏造、散布虚伪事实，损害竞争对手的商业信誉、商品声誉。《消费者权益保护法》中规定，经营者与消费者进行交易，应遵循诚实信用的原则，并通过强制性义务规定来促使经营者诚实守信。

（3）在《刑法》第三章破坏社会主义市场经济秩序罪中，有许多涉及企业信用规制的法条，包括质量犯罪刑事责任、清算犯罪刑事责任以及金融证券犯罪刑事责任等。其中，对信用权的间接刑事保护就是《刑法》第二百二十一条“捏造并散布虚伪事实，损害他人的商业信誉、商品声誉，给他人造成重大损失或者有其他严重情节的，处二年以下有期徒刑或者拘役，并处或者单处罚金”。这一法条和《反不正当竞争法》的有关规定是对应的。

另外，我国的《票据法》、《商业银行法》、《企业破产法》等法律对相关信用问题都进行了规范。

2. 国务院行政法规。如国务院于1998年7月13日发布生效的《非法金融机构和非法金融业务活动取缔办法》、1999年2月22日发布生效的《金融违法行为处罚办法》、2001年5月《国务院关于整顿和规范市场经济秩序的决定》等。

3. 有关部委行政规章。人民银行及国家其他部委颁布的企业信用相关的行政规章主要有：（1）《银行账户管理办法》、《违反银行结算制度处罚办法》、《金融违法行为处罚办法》、《银行卡业务管理办法》等，目的是清理企业多头开户，完善对客户贷款的信用审查和对违规金融机构和企业采取处罚措施。1999年中央银行的《关于加强金融债权管理，建立防范和制裁逃废金融债务行为制度的通知》，规定建立逃废债企业名单制度，在银行系统内部划定不守信用地区、行业或无信用地区、行业等等，加大了对逃废债务企业的惩罚力度。2000年发布的《银行贷款登记咨询管理办法（试行）》，在全国银行内部建立贷款企业的信贷信用数据库，登记有关贷款、银行承兑汇票、信用证、担保、保函、授信等信息，并对企事业单位欠息、逃债、经济纠纷、发行股票、企业债券等信息进行重点监管，以全面反映借款人资信情况。2005年，人民银行颁布了《个人信用信息基础数据库管理暂行办法》，这是我国第一部全国性的有关个人信用的法规，但它仅是银行业的同业信用法规，对于全社会的意义有限。（2）2001 年原国家经贸委、国家工商总局等十部委下发的《关于加强中小企业信用管理工作的若干意见》，尝试建立中小企业信用记录与公布制度，开始探讨中小企业信用制度。这是我国第一部涉及信用体系建设的法规。其他还有原国家经贸委发布的《关于建立全国中小企业信用担保体系有关问题的通知》、2003 年国家税务总局颁布的《纳税信用等级评定管理试行办法》，2003 年建设部发布的《关于进一步推动和完善房地产信用档案系统建设的通知》，银监会 2009—2010 年发布实施的《固定资产贷款管理暂行办法》、《流动资金贷款管理暂行办法》、《个人贷款管理暂行办法》、《项目融资业务指引》等等。

4. 地方立法。2002 年以来，我国一些省市陆续出台了一些关于企业和个人信用征信的地方性法规，如《北京市行政机关收集和公布企业信用信息管理办法》、《上海市个人信用联合征信管理试行办法》、《上海市个人信用征信管理试行办法》、《上海市企业信用征信管理试行办法》、《关于上海市企业信用档案管理办法》、《深圳市企业信用征信和评估管理办法》、《宁波市企业信用管理办法》、《杭州市中小企业信用评价和管理办法》、《汕头市企业信用信息采集管理办法》、《汕头市企业信用评级管理暂行办法》《成都市企业信用信息管理办法》、《浙江省企业信用激励与警示办法（试行）》、《四川省行政机关征集与披露企业信用信息管理办法》、《广西壮族自治区市场主体信用信息管理暂行办法》、《江苏省工商管理系统企业信用管理暂行办法》、《甘肃省人民政府关于加强中小企业信用管理工作建立中小企业信用体系的意见》、《甘肃省人民政府关于在中小企业中实施信用代码制度的意见》、《中关村科技园区企业信用制度试点暂行办法》等，都从法律角度对企业信用建设予以了规范，为企业信用立法提供了一个较好的基础。

5. 行业协会章程、自律公约。一些行业协会也制定了有关企业信用管理的行业章程，如 2004 年中国证券业协会的《中国证券业协会会员诚信信息管理暂行办法》和 2002 年全国社会信用中介机构联席会议发布的《全国社会信用中介机构同业公约——〈信用公约〉》等。

（二）我国信用法律制度的不足

尽管国家和地方政府在信用法律制度建设方面作了一些有益的尝试，但相对于西方发达国家立法而言，现行立法稍显薄弱，不但迄今为止还没有一部全国性的有关信用管理的法律，而且现行立法还体现出如下不足：

1. 信用法律理念基础缺失，经济生活中存在严重的信用危机。任何一个法律体系的构建，都是在整个社会法律理念的基础上进行的。现代社会法律理念的核心是法治理念，突出的是公平、正义、权利、法律平等、法律信念和依法行事。分解之，法治理念首先要求立法要根据正义的法律理念，使法律规范合乎社会发展要求和民意，具有合理性和正义性。[①] 其次是要求社会成员具有法律意识和法律信念，即对现行法律和法律现象有明确的观点和态度，并对法律具有忠诚意识和高度信任，以法为行为的标尺。在我国，与法律的缺乏相比，人们更缺乏法律意识和法律信念。在社会心理层面，人们相信“关系”和“权力”的威力甚于相信“法律”。详言之，法律规定的必行性、外在强制性和不可践踏性在人们心中没有权威性，人们缺乏对法律的崇尚和敬仰；在实践的层面，由于法律基础理念、法治社会理念的缺失，个人私利没有以制度约束为条件而恶性膨胀，造成了社会的失信现象，如一些会计师事务所和注册会计师在审计、验资等方面，违背《注册会计师法》的有关条例，存在大量造假现象；一些企业无视《合同法》的规则要求，践踏其严肃性，致使企业间签订的合同执行率低下；在市场交易中，虚假广告、制假售假的现象屡见不鲜；在市场主体退出时，做假账、假破产以逃避债务。显然，如若社会成员缺乏对法律尊重和信任的法律信念，即使有了较完善的信用方面的法律，也无法达到对人们行为的制约作用。所以，法律的权威性不在于制定过程的专断性，而在于社会公民的认同和遵守的习惯。因此，社会道德、社会法律意识的培养与提高是构建信用法律体系的基础性环节。

2. 信用管理立法匮乏，法律调控能力不足。我国现行法律体系对于信用活动的规范力度还有所欠缺，至今尚未出台一部完整的、系统的规范信用

---

① 王淑芹：《论信用建设的社会保障机制》，载《伦理学研究》，2004（2）。

活动的专门法律，尚未建立起与市场经济相适应的信用记录、征信组织和监督制度。

（1）立法进程与形势需求不相适应。我国民商法律中有关信用的规定，对主体信用的调节主要停留在商业道德要求以及违反后追究责任的层面，而对信用主体的建立、监督管理以及救济都少有规定。

（2）我国调整信用关系的法律规定非常分散，未能形成系统的信用法律体系，使执行效果不彰，如我国《民法通则》中规定了“诚实信用原则”，《合同法》也自始至终贯穿着信用原则，但却过于原则性，缺乏可操作性。迄今为止，我国尚未出台有关征信的法律法规，资信评估立法还几乎是一片空白，只有《证券法》和《贷款通则》中有了若干粗略的规定。

（3）现有法律关于信用的规定不完善或有缺陷。如现行商事登记法律制度没有明确当事人履行商事登记信息公告的义务，却要求登记主管机关——工商行政管理部门——负责企业登记公告。这一规定易引发两个问题：一是由于公告是政府行为，故只要当事人履行了登记手续，就产生了对抗任何善意第三人的权利；二是如果因政府公告不实或有误导致他人受损，政府机关应承担赔偿义务，但这又与市场经济所奉行的登记事项公示和信用公开原则背道而驰，无益于当事人信用的昭示。

（4）信用数据公开化的法律保障不足。在我国现行的法律体系中，如《民法通则》、《票据法》、《公司法》、《合同法》等对信用活动仅规定了遵循平等、自愿、公平、诚实信用的原则，对部分信用行为的债权保护提供了保障，但还不能涵盖全部信用行为，对如何保护个人隐私、信用信息如何收集和使用等，现行的法律法规均未规定，不但法律法规层面的支持内容不足，而且在某些现行的法律制度中，对于征信活动反而有一定的限制。依照国家工商行政管理总局制定的《企业登记档案资料查询办法》，只有公检法等部门才能查询企业登记档案，律师只有凭法院的立案证明才可以查询企业登记档案，一般的社会公众，包括企业只能到工商部门查询简单的企业基本信息，无法进一步查询包括企业股东的组成情况、股东的出资情况等重要信息的企业原始登记档案。此外，银行法律制度也对企业信用信息的查询设置了高门槛。

3. 缺乏有效的信用保障机制，信用奖惩机制不完善。目前，在我国国内，失信惩罚机制主要存在如下问题：

（1）信用奖惩手段匮乏。虽然一些法律法规对部分信用问题作了规范，但这些法律法规的目的、管理内容以及约束的问题并非专门针对信用，对社会上各信用主体的信用行为没有建立起相应的法律准则与约束体系，因此，不足以对社会的各种失信行为形成强有力的法律规范和约束。在企业融资、市场准入或退出等制度安排中，我国至今还没有形成有效的对守信用企业给予必要的鼓励、对不守信用的企业给予严厉惩罚的规定，不能通过市场化手段为企业提供信用增值服务，不能为信用的履行提供足够的保障措施。尤为严重的是，现行法律规定的失信成本过低，缺乏强有力的法律制裁手段。如我国《公司法》等对企业的退出设计不够科学，导致企业的退出门槛和成本过低，使失信企业对退出市场毫无后顾之忧。

（2）信用信息披露制度不完善，未能对信用缺失形成严密的约束和监督机制，从而从制度上规范企业、组织和个人的行为，消除信用缺失产生的土壤，在客观上助长了欺诈、赖账等失信行为的发生，败坏了社会信用风气，增加了经济活动的风险和交易成本。

（3）没有建立起一套完整而科学的信用调查和评价体系，导致了企业和个人的信用状况得不到科学、合理的评估，市场不能发挥对信用状况的奖惩作用，企业缺乏加强信用管理的动力，个人也无意获取自己的信用“通行证”，使市场不能发挥对企业信用状况的奖惩作用，企业因而失去了信用建设的动力。

由于信用法律制度存在严重的缺陷，不足以对社会的各种失信行为形成强有力的法律规范和约束，导致整个社会缺乏严格的失信惩戒机构，正当权益得不到有效保护，实际上形成了对失信方利益的反向维护，在“劣币驱逐良币”机制的作用下，失信行为愈演愈烈，极大地破坏了社会信用环境，加剧了唯利是图的社会效应。[①] 建立健全相关信用制度，堵塞制度缺位的漏洞，是当前我国信用建设的当务之急。

① 冯果：《由封闭走向公开——关于商事信用的若干理论思考》，载《吉林大学学报》（社会科学版），2003（1）。

四、我国企业信用法律制度的完善

（一）充分发挥政府在企业信用法律制度建设中的主导作用

1. 增加制度有效供给，完善市场运行规则。政府作为经济秩序的维护者，在制度供给方面须遵循如下要求：

（1）制度应具有完备性。基本要求是使社会经济活动特别是信用管理要有法可依，尽可能避免出现法律的“真空”。对此，美国的经验值得我们借鉴。美国政府对信用活动并不作过多干预，主要是通过立法创造和维护一个良好的社会征信环境。我国政府在制度建设中要有所为，有所不为，当前可从三个方面推进信用立法工作：一是修改和完善现行法律和拟订新法，为信用数据获取、使用、传播提供法律规范和保障；二是抓紧研究、率先出台与信用行业直接相关的基本法，如可先出台《信用报告法》，对信用行业的管理定下基本的制度框架，以促进信用行业规范健康发展；三是建立健全相关法律法规，尽快建立健全企业失信惩戒和授信鼓励机制，尤其是加大对失信行为的惩罚力度，如在《破产法》中引入破产犯罪概念，提高失信成本。

（2）制度安排应充分反映社会规范且以信用作基础。制度不仅要具有完备性，而且要具备有效性，特别是法律制度，若要保证其权威性和实施的效果，必须充分反映社会规范。法律制度的运行离不开信用基础，法律和信用既有替代性的一面，又有互补性的一面，而且，主要用法律手段解决信用问题成本太高，有时甚至不可行。

（3）制度供给要适度。市场能够提供的规制，政府不要介入过多，以免造成“规制失败”。市场运行过程中的许多制度，特别是非正式制度，如商业习惯、道德、文化等，在很大程度上可以由市场自发形成。如果这些制度没有违背法律和损害社会公共利益，政府就应放松对自发行动的限制，由市场主体去进行制度选择和创新，而且也可避免因政府机构介入过多而承受过多的社会和法律责任。

（4）注重激励作用的发挥。建立有效的信用激励机制，诱导市场主体及时真实地披露其“私有信息”，将信息的“私有产品”逐步转化成“准公共产品”或直接转化为“公共产品”。

（5）制度安排应具有连续性和稳定性。制度的重要功能之一在于降低交易中的不确定性，并提供社会激励机制。如果政府在提供制度安排时，具有很大的随意性，则制度的不确定性会使人们缺乏稳定的预期，更多地追求眼前利益，实现长远利益的信用机制将难以建立。

2. 规范政府行为，打破地方保护主义。政府的工作重心应在五个方面：一是建立有限政府。政府的行为应限定在其职能界定和法律允许的范围内，对社会经济活动既不能越权干预，也不能违法行事，以提高政府的公信力。据一项对29个国家的实证分析表明，政府行政权力的限制和司法的独立程度与国民的信任度之间表现为高度的正相关性：对政府权力限制每上升1个百分点，国民的信任度上升1.5个百分点；司法的独立程度每上升1个百分点，国民的信任度上升8个百分点。因此，政府的权力必须受到法律的严格规制和社会的有效监督。[①] 二是必须割断政府行政权力与市场利益之间的联系，减少政府官员的寻租机会，并加大惩治腐败的力度。三是通过提高政府信用引导社会信用发展。四是淡化对地方政府经济增长指标的考核，强化对经济发展特别是对可持续发展的考核内容，逐步弱化地方保护主义的体制基础。五是地方政府必须充分认识到地方保护主义的危害性。

3. 强化政府监管，注意监管有度。在市场经济条件下，市场具有优胜劣汰等“自净化”功能，市场主体的信用能通过市场本身加以建立并逐步延伸，失信行为能得到较好的抑制。但是，良好的信誉并不能单纯依靠交易者自发形成，特别是在信息不对称情况下，会造成信用市场中的逆向选择和道德风险，加之我国制度供给的不充分和对失信行为的惩戒不力，必须靠政府强有力的监管和引导来建立和维持良好的社会信用秩序。政府监管主要体现在对守信行为的激励、防止失信行为的发生和对失信行为的惩戒上。但是，政府监管要注意把握度。政府监管超过一定临界点后，监管越多，市场主体越不讲信誉。因为监管部门的处置权越大，未来就越难预期，市场主体就会只注重短期目标。

4. 推动社会信用体系建设，提高社会信用服务。根据我国现阶段的实际情况，应采取“政府积极推动、市场运作为主”的基本思路，即政府推

---

① 张维迎：《产权、政府与信誉》，13页，上海，三联书店，2001。

动立法，推动信用信息由同业征集走向联合征集，而信用服务主要靠信用中介机构进行市场化运作。此外，还应做好以下两方面工作：一是建立公开的社会信用信息网络，为信用市场提供信用信息交流与共享的机制创造条件，从而促进信用信息的合理使用以及信用资源的优化配置。同时，政府应提高政务信用信息的透明度，将其掌握的有关企业、个人的信用信息以较低成本转交给信用企业和信用中介机构去开发、使用、增值，并防止对信用信息的垄断和寻租行为。二是积极培育信用中介机构，从政策上支持和推动市场化信用中介机构的快速健康发展，建立起我国独立的信用服务产业。

5. 加快市场化进程，推动良好的社会信用环境的形成。当前，我国政府存在的行为不规范、权力与市场利益直接相连、不当干预市场信用活动等破坏信用规则行为，在很大程度上是由于我国还处在经济转轨时期，市场化程度较低。随着经济市场化的不断推进，市场秩序将从不规则转为规则，人们的经济行为和信用行为也会不断规范，法制更加健全，良好的社会信用环境会逐步形成。

（二）加快信用立法，确保社会信用活动有序进行

1. 建立健全科学的企业信用评估体系

信用评估是由具有相关资质的评估中介机构，本着独立、客观、公正的评估原则，根据有关法律法规、规章制度和科学合理的分类、分行业的评估指标体系等，通过规范有序的工作程序和科学的专门方法，在调查、分析、比较、测定等基础上，对各经济组织的基本素质、偿债能力、经济实力、信用程度、经营效益及发展前景等诸多方面，或对以有价证券为主要形式的部分金融工具履行承诺的经济实力及其信用程度等方面作出综合评价的一种有偿服务。

企业信用评估的基本内容包括：企业基本素质、企业经济实力、企业偿债能力、企业经济效益和营运能力、企业发展前景。

企业信用评估的基本思路：从企业信用风险的内涵出发，充分借鉴国内外信用评级机构的核心思想，参考国内外有关信用评级方法，对影响企业信用状况的各种因素及其变化趋势进行全面系统的考察，在定性分析和定量分析、静态分析和动态分析等的基础上，综合评定企业的信用等级。

2. 建立企业信用公示制度和企业信用信息披露制度

（1）建立企业信用公示制度。企业信用公示制度主要是指政府对企业信用信息的公布与管理等作出的制度性安排，目的在于鼓励诚实信用依法经营，教育、警示、威慑和处罚市场经济活动中的违法违规行为，加大企业失信的成本，促进社会信用程度的普遍提高和经济良性发展。①建立企业诚信公示制度。以评选重合同守信用企业活动为载体，以合同监管为重点，通过运用市场巡查制、年检、回访、专项检查等监管方式，实行对企业动态的、全方位的监督管理。对企业生产经营中的综合信息，及时登记，建档备案，作出客观公正评估。将相关结果，通过报刊等媒介渠道向社会公示。②建立失信企业黑名单，完善企业信用风险预警机制和转嫁机制。根据企业合同履行、应付账款、贷款偿还和法定代表人信用记录等情况，对违规者建立黑名单并公示，形成风险转嫁机制，对违法违规者形成声誉压力。③建立“经济户口”局域网监管系统。将所有市场主体的信息全部输入微机，建立“经济户口”网络版，实行全局联网，形成资源共享、合力监管的新型工作格局，变传统的监管为高科技的现代化监管，促进监管执法到位。④建立行业协会信用自查制。积极发挥行业协会自律组织的作用，增强企业诚信守法经营的自律意识。会同有关部门，建立对中介机构的联合年检制。对会计师事务所、审计师事务所、律师事务所以及评估机构等中介机构，实行联合年检，确保中介活动的客观、公正、中立。

（2）建立企业信用信息披露制度。建立企业信用信息披露制度，尽量减少信息的不对称，是防止逆向选择和道德风险行为及建立公平竞争信用市场的关键。为适应世界贸易组织（WTO）对信用公开化的要求，以及建立信息管理体系和公共信息、诚信数据对全社会开放的要求，应开展联合征信活动，建立企业和个人公共信用信息数据库。可选择特许经营模式，调动政府和民间两方积极性，充分利用工商、质监、财政、税务、审计、司法部门现有资料和人民银行征信系统，建立相对完善的企业和个人信用信息数据库，并以法律的形式规范公共信息、诚信数据的取得和使用程序。对那些不宜在全社会公开的信用信息，政府应有一套信用管理和获得信息的规范有效的渠道。根据一些国家的经验，对消费者个人信用信息的采集和公布应采取相对审慎的原则。通过信用信息披露方式，将征信服务与国家法律和政府监督的作用有机结合起来，形成合理的失信约束惩罚机制。如对不讲信用故意拖欠、恶意逃废债的企业，公开发布通知敦促其归还，对仍拒绝归还的，向社会公布“黑榜”，增强信用市场的透明度，使不讲信用的人无处可遁。

（3）建立公正严厉的企业信用激励和惩罚制度。激励和惩罚制度是企业信用管理体系的重要组成部分。激励制度就是对信用良好的企业在银行授信和商务活动中给予优先和优惠。失信惩罚制度则不仅限于一般的行政处罚，更应体现对企业信誉评定的影响，道德的谴责和生存发展的制约等方面。实践中，定期向社会公布严重违法失信企业名单，并对失信企业经营管理者实施市场禁入效果较好。治本之策还要在全社会确立失信成本递增的违约制裁机制，让失信成本大大高于违约收益，建立失信惩罚机制。

失信惩罚机制作为企业信用管理体系的重要组成部分，包括：行政处罚，但更倾向公开的道德惩罚；惩罚方式多样化，不局限于法律法规的规定；执行机构范围较宽，可以是受法律或政府委托的民间机构，如行业协会、消费者协会等；强调责任落实到人。凡失信企业在经营过程中发生问题，责任都归结到企业主要负责人身上，将失信记录在责任人个人名下，确保有人真正对企业信用负责。责任人不良信用记录并不因企业破产或责任人离职而终结，并将在相对较长时间内不能消除，从而激励责任人对自己的信用负责，对企业信用负责。

（三）大力发展信用中介机构

我国信用中介机构从业人员素质不高，机构规模普遍偏小的现状，严重制约了我国信用体系的建立和发展。因此，从制度上保障信用中介机构能够客观、公正、独立地运营是当前亟待解决的问题。就信用中介机构的管理来看，应根据我国行业发展现状和别国的经验，鼓励信用中介机构间的正当竞争，并通过建立比较明确的市场进入、退出机制予以规范。

1. 培育社会信用中介服务机构。市场经济是竞争经济，但同时也是信用经济。现在企业的信用风险意识日益加强，必会扩大对信用信息的需求，相应带动征信、评级等资信机构的发展，而社会也迫切需要独立的、公正的、有权威的资信机构。另外，我国目前几乎没有信用管理方面的专业人才，大多数企业要想建立自己的信用管理部门存在着极大难度。此时，尤其要求积极推动征信、评级、旧账追讨等市场化的资信机构的发展，通过它提供的信用服务来满足广大企业的需求。

（1）实行信用中介服务机构准入制度。制定符合国情的信用评级行业标准以及市场准入制度，对信用中介服务机构的进入与资质条件加以规范，将其置于政府的有效监督和管理之下，使其真正成为体现公平、公开、公正原则和品格的社会信用管理服务机构。在当前国际金融危机中暴露的评级机构的问题就是有力的佐证，对信用评级机构也要有监管。

信用中介服务机构的准入标准应包括各评级机构的资本实力、从业人员的素质、评级机构的规模以及相应的技术支持等相关条件，这些基本标准将确保整个评级行业的良性发展。此外，政府部门也应当通过相关政策来适当扶持一些具有发展潜力的信用评级机构，并通过这些评级机构来提高整个信用评级行业的整体实力。

（2）政府部门应积极扶持通过市场手段建立发达的信用服务业。鼓励中外合资、合作兴办信用管理服务机构，尤其是要注意兴办和培育发展具有民族品牌的信用管理服务机构，鼓励多元投资主体设立资信调查、信用征信、信用保险、信用评价、资产征信等服务企业；以法律和经济手段促使从业行为规范化，在市场竞争中树立公正、公平形象，坚决杜绝政府垄断；支持国内有实力和信誉的信息公司与有关行政机关联合开发信用信息软件，建立信用数据库，实现行政机关获取信用信息平台建设的资金支持和信用评价机构得到信息资源的双赢。

（3）加强对信用中介服务机构的监管。政府部门应对信用管理机构实行联合年检，加强对信用中介行业的监管，确保年检结果的客观、公正。可借鉴美国资信评估业的做法：对同一受评对象，投资者可自行选择两家以上独立的专业评级分析公司的评估，投资者不只依赖一家评级机构的判断意见。这样可以促进评估机构之间的竞争，企业可以取得高质量分析报告。

（4）重视信用服务中介机构的规范发展。建立信用中介机构信用信息传递机制，加快有效的社会惩罚机制的形成，使败德企业的失信成本要大大多于其失信所获得的收益，以此补偿法律惩罚的不足，促使社会信用秩序的根本改善。

2. 建立企业信用人才培育制度。企业生产经营的发展离不开企业人员素质和企业整体素质的提高。推进我国企业信用制度建设，要求决策者及执行者必须具备信用管理的素质结构。是否拥有高水平的管理人员队伍和造就专业人才的教育环境，关系到企业信用制度建设的成败。

国外的信用管理教育比较成熟，针对企业信用管理人员和一般信用管理从业人员的不同需求，有不同层次的专业常规教育和短期培训。早在2005年，中国市场学会的统计数据就表明①，在今后10年内，中国内地将至少需要50万信用管理人才。2002年，我国教育部正式将信用管理专业列入高等教育的专业学科，随着企业信用管理体系建立的迫切性，对这方面人才的需求将大大增长，这个学科的发展必须引起国家的重视，加快我国的信用管理教育已经刻不容缓。

（1）把尽快培养信用管理人才作为企业信用管理建设的重点。在企业未来发展中，要有专业部门负责信用管理工作，并配备相应的信用管理人员。另外，企业的财务人员、业务经理和销售人员都应具备足够的信用管理知识和技术，尤其是各级管理者，应将信用管理知识作为其职能考核的一部分，这样企业的信用管理才能落到实处。要通过各种方式，培养、培训一批企业信用管理人才；要建立信用人才的资格考核和认证制度，进一步完善对现有的企业信用管理人才的管理、考核、监督机制。要重视全社会信用知识教育的普及，提高企业、个人和全社会的信用观念，让人们积极参与信用建设活动，为营造良好的信用环境创造条件。

（2）发展信用管理正规教育，加强有关研讨和培训。在高等院校设立信用课程和专业，培养信用管理人才已是大势所趋。在欧洲，有专门从事信用管理教育的信用管理学院，美国常春藤大学之一的达特矛斯学院和英国的里斯大学都有培养信用管理专业的硕士生。同时，还要和发达国家的信用管理教育单位进行合作办学和交流培养，可以在有条件的高等院校或政府相关职能部门建立若干培训基地，就现代企业信用内涵、管理体系建设、信用标准和等级评定等课题进行专题研讨或系统培训。我们要注意借鉴、引进和参考国内外经验，缩短尝试过程，减少探索成本。

---

①　贺天宝：《我国今后10年将至少需要50万信用管理人才》，载《新闻晚报》，第三版，2005－11－07。

（3）大力扶持企业实施人才动态化管理。政府要引导企业采用市场化的人力资源管理模式吸引人才，并进行优胜劣汰的动态管理，靠科学机制激励人的创造性，推动科技创新、管理创新。要大力引进和吸收国内外高层次企业信用管理人才和企业信用管理机构来我国工作和投资，并为其营造良好的企业生存环境。

第三章　完善现代企业产权制度，增强企业自治能力

“产权的一个主要功能是引导人们实现将外部性较大地内在化的激励”①。建立健全现代企业产权制度，有利于形成良好的信用基础和市场秩序，是消除企业道德风险行为的实质性策略。现代企业产权制度的基本特征是归属清晰、权责明确、保护严格、流转顺畅，所以，赋予企业独立的法人财产权、实现企业科学治理、建立健全有效的企业产权流转制度，共同构成了法律防治企业道德风险的制度基础。

第一节　独立的企业法人财产权

一、企业法人财产权及其防治企业道德风险价值

（一）企业法人财产权的概念和特征

企业法人财产是指企业法人能够依法独立支配，用于从事经营活动并能独立承担民事责任的财产，主要包括投资者投入企业的财产、企业生产经营所得的资产增值、按合同约定及法律规定取得的财产。②

企业法人财产权是法律赋予企业法人对自己法定财产所应享有并行使的一切法定权利，包括占有权、使用权、处分权以及财产收益的分配权等。③

---

① R. 科斯、A. 阿尔钦、D. 诺斯等：《财产权利与制度变迁》，97～98页，上海，三联书店、上海人民出版社，1994。

② 郭潞：《现代企业制度与法人财产权》，载《山西财经大学学报》，2000（3）。

③ 宋养琐：《论公司法人制度和公司法人财产权》，载《经济经纬》，2000（6）。

企业法人财产权自企业取得法人资格时产生，至企业法人资格失去时消灭，且具有如下特征：

1. 企业法人财产权是由所有权派生而来的一项“他物权”。法人制度的核心是法人财产与出资者相分离，但出资者让渡自己财产的部分权能给企业，并未丧失其所有权，只是出资者的资产形态发生了变化，即出资者拥有资产的价值形态，企业拥有资产的实物形态。这种分离使出资者完全意义上的所有权成为一种“受限制的自物权”，并派生出法人财产权。由此可见，企业法人财产权是由所有权派生而来的一项“他物权”。

2. 企业法人财产权是一种独立的财产支配权。《国有企业财产监督管理条例》（以下简称《监管条例》）第二十七条规定“企业享有法人财产权，依法独立支配国家授予其经营管理的财产”。所谓独立支配，就是企业法人在遵守法律或者具有法律约束力的企业组织章程的前提下，能够独立按照法人的团体意志，自主地支配其控制的财产，实施民事行为并承担其法律后果。

3. 企业法人财产权是一种有限责任权。这里所讲的有限责任主要是指出资者对企业法人的债务以其出资额为限对企业承担有限责任，企业法人以其财产为限对企业债务承担有限责任。这一点是企业法人制度与个人业主制度、合伙企业制度的根本区别点。《中共中央关于建立社会主义市场经济体制若干问题的决定》在提出法人财产权概念的同时，作出了“出资者只以投入企业的资本额负有限责任”的明确规定，明确了法人财产权是一种有限责任权的性质。

4. 企业法人财产权是一种期间权。所有权是一种无期权（或称恒久权），即只要物不消灭或所有权人不转让其所有权，同时也不设定其存续期限，所有权依法可永续或恒久。而法人财产权是依法设定的一种期间权，即一旦法人组织被终止或破产，法人清偿债务后的剩余财产将依所有权之“回复力”回归所有者，从而使已分离的所有权恢复到圆满状态。

（二）赋予企业法人财产权有助于抑制企业道德风险

与历史上任何一种财产制度相比，企业法人财产制度是功能最为齐全、交易成本最低、效率最高的财产制度[①]，具有较高的防治企业道德风险价值。

1. 有助于形成有序的信用体系[②]。企业法人财产权是一种具有规范意义且又担负着交易职能的社会工具，其对社会经济关系和经济运行的内在机制和作用主要体现在：（1）明晰企业法人的责权利，减少社会经济关系中责权利方面的不确定性和无序性。（2）给企业法人划定行为边界，“引导人们实现将外部性较大地内部化的激励”[③]。（3）以明晰权利行使范围与边界的方式，规定了企业法人具体能做什么，不能做什么，做了什么能得到什么利益，做了不能做的、损害了他人的利益的行为将承担什么责任，从而为企业法人提供了根据自己的意愿及对利益结果的权衡选择方案的依据，或鼓励企业努力寻求利益的最大化，成为激发其潜在热情的力量，或促使企业谨慎而行，形成一种自我约束。（4）驱动资源的再配置，提高资源的配置效率，进而提高企业竞争力。（5）其是收益分配的基础，并对企业法人的收益状况产生直接影响。由此可见，企业法人财产权可以通过在市场主体的相互关系中形成一套有效的激励约束机制，从而有助于形成有序的信用体系，从根本上抑制企业道德风险的发生。

2. 有利于提高市场管理效益。社会主义市场经济体制由企业制度体系、市场制度体系、宏观管理制度体系组成。企业制度的实质性作用就在于明确产权主体及其利益，促使企业自觉而有效地实施其合法行为，故法人财产权是企业制度的核心内容。法人财产权的存在，形成了独立参与市场活动的经济主体，这些经济主体的市场活动是市场制度体系的支撑。宏观管理制度体系是国家经济职能在市场经济中的体现。这种管理是否有效，除取决于宏观管理本身的因素之外，还必须依赖微观经济主体的积极配合和反应。否则，宏观调控机制就会发生阻滞，或杠杆失灵，或错误反应，从而影响宏观调控效果，加大宏观调控的成本。企业法人财产权的存在，使企业成为独立的经济主体，具有自身的利益，具有独立的行为能力，这是企业能对政府调控经

---

① 宋养琐：《论公司法人制度和公司法人财产权》，载《经济经纬》，2000（6）。

② R. 科斯、A. 阿尔钦、D. 诺斯等：《财产权利与制度变迁》，202 页，上海，三联书店、上海人民出版社，1994。

③ 德姆塞茨：《关于产权的理论：财产权利与制度变迁》，98 页，上海，三联书店，1991。

济引发的市场信号的变化作出积极反应的基础。因此，法人财产权的独立存在，也是政府实施有效宏观管理的条件。

3. 有利于真正实现企业法人人格独立。企业法人的独立人格是现代企业制度的核心，而法人人格的生成、健全和完善又依赖于法人组织独立财产权的法律设置。企业法人作为民事法律关系的参加者，它应当是民事权利能力即其“人格”的持有者，依法享有民事权利和承担民事义务。否则，企业法人就不可能成为真正意义上的民事主体，无法以法人自身的独立财产行使权利，享有财产权益和承受财产责任。另外，明确企业法人财产权，是实现投资者经济利益最大化的有效机制。这是因为出资者的投资，只有被具有独立法律人格的企业法人占有和支配，企业才能完全不依赖于它的出资者而独立存在，从而拥有稳定的财产参与市场交易，在商品交易市场中自主、平等、灵活和机动地组织生产和经营活动，参与市场竞争并以其所有的财产为债权担保，维护交易安全。

4. 是公司治理结构确立的产权基础。按公司组织的运作要求设计有效运转的治理结构，是建立现代企业制度的重要内容，而企业法人财产权是解决法人机关权力分化与制衡的出发点和归宿，是公司法人治理结构确立的产权基础。① 当投资者出资设立企业后，随着投资者对其资金的转让，出资者的原始产权分裂为股权与公司法人财产权，二者是对立与统一的关系，而这种关系则构成了公司治理的基础，是公司权力分化与制衡的基础。这是因为：一方面，法人财产权意味着公司生产经营所得首先属于公司所有，而公司利润的提高会使股东受益增加，股东利益与公司利益是共同的，这促成了公司权力机关与股东以公司财产增值作为共同目标，形成以公司为中心的向心力；另一方面，二者又存在对立的关系。股东利益与公司利益并不总是一致的，尤其是在股权分散的上市公司中，股东更多的不是关注公司的经营管理而是将股票作为单纯的投资工具，会基于获得较高股价的目的，实施损害公司利益的行为。

① 周梅：《法人财产权与公司法人治理结构》，载《中州学刊》，2003（1）。

二、我国企业法人财产权的法律规定

（一）企业法人财产权概念的确立

法人财产权这一概念最早出现在中共十四届三中全会《中共中央关于建立社会主义市场经济体制若干问题的决定》之中，其表述如下："企业中的国有资产所有权属于国家，企业拥有包括国家在内的出资者投资形成的全部法人财产权"，"规范的公司，能够有效地实现出资者所有权与企业法人财产权的分离"。随后出台的《公司法》和《监管条例》也采纳了这一表述，从而确立了法人财产权的法律概念地位。党的十六届三中全会审议通过的《中共中央关于完善社会主义市场经济体制若干问题的决定》提出了建立现代产权制度的重大决策，明确提出要"建立归属清晰、权责明确、保护严格、流转顺畅的现代产权制度"，并且说，"产权是所有制的核心和主要内容，包括物权、债权、股权和知识产权等各类财产权"，对企业法人财产权的内容进行了肯定。

（二）《公司法》对企业法人财产权的规定

1993 年颁布的《公司法》对企业法人财产权作了法律上的界定。《公司法》关于法人财产权的规定在其《总则》部分第四条和第五条。第四条分三款，内容依次是"公司股东作为出资者按投入公司的资本额享有所有者的资产受益、重大决策和选择管理者等权利"，"公司享有由股东投资形成的全部法人财产权，依法享有民事权利，承担民事责任"，"公司中的国有资产所有权属于国家"。第五条的规定是"公司以其全部法人财产，依法自主经营，自负盈亏"。上述规定仅笼统地规定了公司享有法人财产权，不甚完整充实，尤其"公司中的国有资产属于国家"的规定，不但没有特别需要的理由，还可能会带来负面影响。因为既然确立了公司的法人财产权，就是肯定了公司对出资者投入本公司的财产依法享有独立支配权。对于出资人来说，他对已投入公司的这部分财产享有的只是股权，国家作为投资者，应和其他投资者一样平等地享有股权。

2005 年《公司法》修正案，对有关法人财产权部分作出了重要修改：

(1) 承认了股东享有资产收益、重大决策和选择管理者等权利，改变了旧《公司法》中关于股东享有所有者的权利的规定；(2) 取消了国有资产所有权属于国家的规定。这种修改对确立和完善企业法人财产权有重要价值与意义：第一，真正地确立了公司的法人财产权，实现了法人财产权向自己本来面目与地位的真正回归；第二，为中国公司建立起现代意义上的公司制度与科学合理的治理结构清除了障碍，也为国有企业改革的正确进行提供了制度上的保障。但仍存在不足，主要体现为未对法人财产权的内涵予以明确。因此，建议在《公司法》中明确规定："公司对股东投资形成的法人财产享有所有权及其他财产权，依法享有民事权利，承担民事责任。"同时，与对公司法人财产权的界定相适应，建议将《公司法》第四条第一款"公司股东依法享有资产收益、重大决策和选择管理者等权利"，修改为"公司股东作为出资者按投入公司的资本额享有股东权"。

(三)《国有企业财产监督管理条例》对企业法人财产权的规定

1994 年 7 月，国务院发布《国有企业财产监督管理条例》，专设第四章对国有企业的法人财产权作出了比 1993 年《公司法》更加充实、更加完备的规定，如第二十七条规定："企业享有法人财产权，依法独立支配国家授予其经营管理的财产。政府和监督机构不得直接支配企业法人财产。"第二十八条规定："除法律、行政法规另有规定外，政府和监督机构不得以任何形式抽取注入企业的资本金，不得调取企业财产，不得以任何名义向企业征收任何费用。"上述规定强调了企业对法人财产的独立支配权，同时列举了投资者对注入企业财产的四个"不得"，明确表示所有权人对注入企业的财产不再行使占有、使用和处分权。在财产责任方面，《国有企业财产监督管理条例》第二十九条规定："国家对企业承担的财产责任以投入企业的资本额为限，企业以其全部法人财产独立承担民事责任"，廓清了国家与国有企业间的财产责任。第三十九条规定："企业应当在财务报告中如实反映对其他企业的投资或者对境外的投资及其收益状况，并及时足额收取应分得的利润"，明确了企业从事投资活动的收益权。这是企业对国家授予其财产所行使的经营权以外的内容，是以前的有关法律中未曾出现过的新规定，完善和丰富了国有企业法人财产权的内涵。

（四）《物权法》对企业法人财产权的规定

为了维护国家基本经济制度，维护社会主义市场经济秩序，明确物的归属，发挥物的效用，保护权利人的物权，我国于2007年10月1日起开始施行《物权法》。该法第六十八条规定："企业法人对其不动产和动产依照法律、行政法规以及章程享有占有、使用、收益和处分的权利。"第六十七条规定："国家、集体和私人依法可以出资设立有限责任公司、股份有限公司或者其他企业。国家、集体和私人所有的不动产或者动产，投到企业的，由出资人按照约定或者出资比例享有资产收益、重大决策以及选择经营管理者等权利并履行义务。"进一步明确了企业法人财产权的内容和责任形式。而《物权的保护》一章，则用7个条文（第三十二条，第三十八条），对包括企业法人财产权在内的物权的保护提供了依据。

（五）《企业国有资产法》对企业法人财产权的规定

2008年出台的《企业国有资产法》（以下简称《国资法》）第十四条指出："履行出资人职责的机构，应当维护企业作为市场主体依法享有的权利，除依法履行出资人职责外，不得干预企业经营活动。"虽然其没有用法人财产权的概念，但"市场主体依法享有的权利"应该指的就是法人财产权。而第十六条关于"国家出资企业对其动产、不动产和其他财产依照法律、行政法规以及企业章程享有占有、使用、收益和处分的权利"的规定也说明了这个问题。只不过第十四条是从出资人角度来说的，而第十六条是从企业角度规定的。这两个角度的统一，明确区分了出资人所有权和法人财产权，从而以法律的形式对企业法人财产权提供了保护和保障。

综合上述立法中关于企业法人财产权的法律规定，对企业财产所有权制度可有以下认识：

1. 投资者一旦将自己的财产投入企业，就将该部分财产的所有权让渡给了企业，企业成为独立支配该财产的主体。

2. 企业作为法人财产主体，独立享有对其法人的财产的占有、使用、处分和投资收益等各项财产权利①，并承担相应的财产义务。

3. 除为企业法人财产权提供了与其他财产权同等的保护外，还针对企业法人财产权的特点，为其提供了特别保护。（1）明确区分出资人所有权和法人财产权，要求投资者不得以任何形式抽取注入企业的资本金，不得干预企业依法行使财产权，体现了资本保全和完整原财，为落实企业经营权提供了财产保障。（2）通过股东应按时、足额缴纳股款，严格限制公司减资，限制公司转投资，在弥补上一年度亏损、提取法定盈余公积后扣除资本公积才可进行股利分配等规定，实现对公司资本的保护。（3）对企业法人财产清算的程序作出非常明确的规定，通过依法选定清算人、规定清算人的通知义务、严格清算人的责任、依法正确设立债权人会议等规定，避免因企业清算措施不当可能导致的企业财产流失减损情况。

4. 出资者以投入企业的资本额为限，对企业承担有限责任。企业法人以法人全部财产为限，对其债务承担有限责任。当企业因生产经营出现债务危机但又不至于破产时，可依法用其财产抵债以保护企业自身利益；当企业资不抵债时，可以通过破产程序以自己的全部财产偿还所欠债务。

三、需要进一步解决好的两个问题

（一）进一步厘清股权与企业法人财产权

对于公司来讲，产权清晰的基本特征就是股东作为出资者按投入公司的资本额享有股权，公司作为企业法人则享有股东投资形成的全部法人财产权，依法独立享有民事权利、承担民事责任。因此，股东享有的股权与公司享有的法人财产权构成了股东与公司之间产权关系的实质内容，二者之间既彼此独立又相互制衡。要使公司制度沿着法制化轨道健康地向前发展，既要从法律上准确界定、严格区分二者间的关系，又要努力实现二者间的制衡。对前一个问题，法律已基本解决，对后者则需在法律上进一步明确。其基本

① 《全民所有制工业企业转换经营机制条例》规定的经营权不包括收益权，企业法人财产权则包含了收益权的有关内容，这是企业法人财产权与企业经营权的重大区别。孔祥俊、姜天波、汪泽：《公司法及配套规定新释新解》，90～91页，北京，人民法院出版社，1998。

思路是通过股权形成对董事和经理的制约机制，从而促进两权的制约和平衡。

1. 充分利用股东对证券化股份的占有与处分权来制衡。众所周知，股权共益权作为间接参加公司管理的制约形式已经弱化，相比之下，对证券化股份的占有与处分权的制约作用却大为增强。在证券市场作用下，如果公司经营机构置股东利益于不顾而致使公司股票不佳，股东就会抛售股票，进而使公司股票价格下跌。这样将会导致双重副作用：一是公司资金的再筹集发生困难，从而极大地限制公司生产经营规模的扩大，致使公司在激烈的商业竞争中丧失优势；二是致使公司极有可能被优势企业所吞并，其结果是董事会被改组，上层管理人员被解雇或失去既得的显赫地位，薪金也就无法得到实现。这些关系到经营者切身利益的负影响是他们所不愿面对的。基于此，股权这一权利的合理行使是维护股东自身权益、对公司财产权进行成功制衡的有效方法。

2. 规定董事与经理的最低股份额。在公司整个经营过程中，董事与经理在持股很少或不持股的情况下，有可能因诸多原因而损害公司与股东权益。在法律或公司章程中规定董事、经理必须持有一定数额的股份，将经营业绩与其股份收益挂钩，以此来激发其勤勉尽责的积极性，从而在引入对董事、经理的激励与制约过程中，通过法人财产权与董事、经理的股权的制衡，也实现了其他众多股东权益受充分保障。当然，这种制约的最佳实现，依赖于对股份最低限额的科学合理的确定。

（二）调整国家股权行使方式

确立了法人所有权必然要对国家所有权作出一个新的制度上的安排。这个安排应遵循现代民商法处理企业与出资者之间法律关系的通例，确立国家对国有资产享有股权，国家的身份从单纯的所有者衍变为脱离具体企业经营而以财产收益、增值为主要目的的职业投资者，其对国有公司的管理与控制，转为间接的管理与控制，主要通过股东会行使决策权和向企业委派董事、经理管理国有企业来实现。

1. 通过对代表人的管理实现对公司的管理。将国家直接管理公司改为向公司委派董事、经理管理经营国有公司，通过对代表人的管理实现对公司的管理。作为激励，可以实行以管理层持股和管理者股票期权等方式，降低国家对代表人的监督成本，并提高国有企业管理层的积极性。

2. 在公司法人治理结构要求下、公司章程统一规定下行使权利。公司治理结构是参照国家机构权力分配与制衡设计的，股东会是权力机构、董事会是执行机构、监事会是监督机构，这是一套行之有效的管理机制，能够做到公司中的各类主体权责明确。虽然随着公司的发展，公司权力有从股东会向董事会再向经理转移的倾向，但这只是为了快速应对市场变化而在行使公司执行权上的反应，改变不了投资者出于盈利目的设立公司的初衷，也改变不了股东有决策权的本质。投资者就成立公司的宗旨、目标而订立的公司章程，是公司契约，是公司的内部法律，股东、董事、经理、监事都要依据公司章程行使权利。国家作为投资者，成为股东，也要在公司章程约束下，享有权利，履行义务。股权不是排他权、支配权，不同于所有权，而是一种成员权，具有管理与收益的内容，所以股东与所有人的最大不同在于不能排他地、无顾忌地行使自己的权利，而是在协商的基础上行使权利，而且随着独立董事制的健全，这种协商、大股东与小股东的商谈将会更有实质意义。

第二节　科学的公司治理结构

一、公司治理结构及其防治企业道德风险价值

尽管公司治理结构这一术语被广泛使用，但迄今为止并没有形成一个统一的定义，甚至可以认为存在有关公司治理结构的“语义丛林”。一个相对普遍的界定是1999年5月经济合作与发展组织理事会在《公司治理结构原则》中给出的：公司治理结构是一种据以对工商公司进行管理和控制的体系。公司治理结构明确规定了公司的各个参与者的责任和权利分布，诸如，董事会、经理层、股东和其他利害相关者，并且清楚地说明了决策公司事务时所应遵循的规则和程序。同时，它还提供了一种结构，使之用于设置公司目标，也提供了达到这些目标和监控运营的手段。简单地说，公司治理结构研究的是各国经济中的企业制度安排问题。这种制度安排，狭义上指的是在企业的所有权和管理权分离的条件下，投资者与上市企业之间的利益分配和

控制关系，广义的则可理解为关于企业组织方式、控制机制、利益分配的所有法律、机构、文化和制度安排，界定的不仅仅是企业与其所有者之间的关系，而且包括企业与所有相关利益者之间的关系。

（一）公司治理结构是一种权力分配和制衡关系的制度安排

在古典企业中，出资者自己直接监督、管理、支配自己的资产，同时直接承担剩余风险，不需要制定一套制度来规范所有者、管理者、劳动者之间的权利、义务，以解决不同权利主体间的监督、激励和风险分配等问题，因此也就不存在公司治理结构问题。随着社会化大生产和市场经济的发展，公司经营管理规模不断扩大，股东人数增加，股权日益分散，若通过股东亲自行为共同管理公司已不切合实际，从而使高级管理者取得了公司的控制权。这样便实现了所有权与控制权相分离。两权的分离使公司产生了多元利益主体，即股东、董事经理、监事、债权人。所有权转化为股权由股东持有，管理权作为经营管理的执行权由经理掌握，董事会的权利是对整个公司资产组合的支配权。在这种产权关系下，资产权利便发生了分解，权利诸方面的权能主体相应地出现了多元化，出现了所有者（股东）、支配者（董事会）和管理者（经理）之间的目标、动因、权利、责任方面的差异，相应地产生了所有权、法人财产权和管理权的矛盾。这就要求国家通过制定法律，合理界定、划分股东大会、董事会和经理层、监事会各自的权力、责任和利益。在权利配置方面，尽量把权利配置到能产生最大效用的人手中，并形成各主体之间相互权力制衡的关系，以达到管理科学、运行规范、提高效率的目的，确保公司不背离股东目标有效运转。以实现公司最佳利益为目的，对公司内部组织机构、权力分配和制衡的制度安排，便是公司治理结构的核心。

（二）公司治理存在内外部两类治理机制

公司治理存在两类机制，一类是外部治理机制，指来自企业外部主体（如政府、中介机构等）和市场的监督约束机制，尤其是产品市场、资本市场和经理市场等市场机制对企业利益相关者的权利和利益的作用和影响，例如兼并、收购和接管等市场机制对高级管理人员控制权的作用；另一类是内部治理机制，指企业内部通过组织程序所明确的所有者、董事会和高级经理人员等利益相关者之间权利分配和制衡关系，具体表现为公司章程、董事会议事规则、决策权力分配等一些企业内部制度安排。

（三）公司治理结构由一系列要素组成

有效的或理想的公司治理结构标准包括：一是能够给经营管理者以足够的控制权自由经营管理公司，发挥其经营管理才能，给其创新活动留有足够的空间。二是保证经营管理者从股东利益出发而非只顾个人利益使用这些经营管理公司的控制权。这要求股东有足够的信息去判断他们的利益是否得到保证、期望是否正在得到实现，如果其利益得不到保证、期望难以实现，股东有果断行动的权力。三是能够使股东充分独立于职业经营管理者，保证股东自由买卖股票，给投资者以流动性的权力，充分发挥开放公司的关键性优势。

由此可见，公司治理结构在防范企业道德风险方面有重要价值。一方面是由于代理问题的存在，尤其是现代公司中存在着所有者和经营者的委托—代理关系，公司组织成员间利益有冲突，需要一套解决代理问题的授权和权力制约的制度性安排；另一方面原因是契约是不完全的，交易费用之大使成员之间的利益冲突（代理问题）不可能完全通过契约解决。

二、我国公司治理模式及立法实践

（一）我国公司治理模式及其特点

我国企业所有制格局已呈明显的多元化趋势，这必然导致不同所有制企业的治理模式的巨大差异。基于对公司治理结构的基本认识和对我国不同所有制企业状况的基本判断，我国企业存在三类治理模式，即政府主导型治理模式、家族主导型治理模式和法人主导型治理模式。

1. 政府主导型治理模式。政府主导型治理模式主要存在于未进行公司化改造的国有企业、国有独资公司以及国有控股的股份有限公司和有限责任公司中，其股权结构的特点是高度集中。

从内部治理角度分析，作为大股东代表的政府（包括各级政府及政府所属各类部门、机构和行政色彩浓厚的控股公司、集团公司）并不是一个积极有效的股东，企业的董事会决策职能和经理阶层执行职能并不能真正分离，董事长和总经理一人兼任、董事会和经理班子的人员基本重合或大面积交叉的现象十分严重，且中小股东参与公司经营决策的程度相当低，中小股东特别是小股东缺乏监督约束经理人的动力与手段，企业经营管理者报酬制度的激励作用较小。

外部治理方面，政府作为大股东代表，其作用更多地表现为外部治理。这种作用并不是通过市场机制体现出来的，而是表现为其对经营管理人员的任命权、对企业重大决策的审批权和对经营管理者经营活动的外部监督约束权（如外派财务总监、定期和不定期的审计等）。与政府从外部对企业直接监管相对应，兼并、收购和接管等市场机制在政府主导治理模式中较少发挥监督约束作用。

2. 家族主导型治理模式。与家族主导型治理模式相适应的企业所有制类型是私营企业和相当数量的集体企业。私营企业的具体组织形式主要是独资企业、合伙企业和有限责任公司。

家族主导型治理模式的内部治理机制是以血缘为纽带的家族成员内的权力分配和制衡为核心的。虽然很多大型私营企业都建立了股东大会、董事会、监事会和总经理办公会等组织和相应制度，逐渐向规范的现代公司制靠拢，但家族控制特征仍很突出，具体表现为董事会成员、经营管理人员的来源具有封闭性和家族化的特征；企业决策以企业业主个人决策为主，董事会决策功能并没有得到很好的发挥。但是，该模式在一定程度上解决了管理阶层的激励问题，具体体现为管理阶层成员剩余索取权和控制权匹配程度大，较为普遍地实施高工资水平以及通过实施股权赠与等长期激励报酬制度。

从家族控制角度而言，家族主导型治理基本不依靠外部市场机制来激励约束经理人员。但对于整个家族企业而言，产品市场、资本市场和劳动市场的激烈竞争时刻威胁着企业的生存，破产、兼并、收购和重组等市场机制给家族企业及其管理阶层造成的生存压力，对企业主和管理人员的行为有较大激励和约束作用。

3. 法人主导型治理模式。这里所谓的法人包括各类企业法人、投资机构、基金和银行等。由于我国现在各类基金和投资机构发展相对较慢，再加之这类机构参与公司治理的积极性也较低，因而我国公司治理中还缺少类似于近些年在美国公司崛起的积极参与公司治理的机构投资者。又由于在我国，银行通常不能作为投资者成为企业的股东，类似于日本的主银行体制也不可能在我国形成。但在我国，企业法人作为股东的各类公司却大量存在，如联营企业、中外合资经营企业、法人控股的各类股份有限公司和有限责任公司，其可能会产生不同于政府主导型和家族主导型的法人主导型治理模式。[①] 在我国上市公司中，随着法人股股权占有比重的逐步提高，法人主导型治理模式日益成为主流。

与国有股股东相比，法人股股东在公司内部治理方面是积极有效的。一般地说，法人进行股权投资的基本动机是获得投资收益，再加上法人股不能上市流通，法人股的持有者不以追求市场短期价差为目的，因而更有积极性参与董事会的决策。实际上，对于很多上市公司而言，在国有股股东缺位、流通股股东难以参与企业决策的情况下，法人股股东成为最有积极性参与上市公司治理的一方。即使是法人股的根本产权属性是国有，与国有股相比，法人股也更具有经济人的人格化特征，法人股的股东代表也将比国有股股东代表——政府官员更能够承担参与决策的风险。因此，在法人主导型治理模式中，其内部治理机制一般是有效的。法人主导型治理模式一般也较重视对经营管理者的激励，并注意通过其董事会的相应席位来行使撤换经营管理者的权力。

法人主导型治理模式较少地依靠并购之类的外部市场治理机制，这一方面是因为法人股东通过董事会直接监控比较有效，利用外部市场监控的必要性减少；另一方面是因为我国缺少一个真正规范的并购市场，虽然国有股和法人股可以通过协议进行转让，但审批手续复杂，交易费用高。与政府主导型治理模式相比，法人主导型治理模式对外部市场机制的依靠程度要大。

上述三类治理模式是在我国经济市场化改革的背景下逐渐演进形成的，而且随着市场化改革的深入，这些治理模式会逐渐得到进一步改善。从发展趋势看，政府主导型模式将随着国有企业改革的深化而逐步减少，家族主导型在中小型私营企业还将长期存在，法人主导型将主要存在于大集团公司、上市公司以及合资企业中，并将成为我国企业的一种典型治理模式。

---

① 冯根福：《中国大中型公司治理结构模式选择的理性思考》，载《新华文摘》，1996（7）。

（二）我国《公司法》对公司治理结构的法律调整

1. 1993 年《公司法》初步建立起了公司内部制衡机制。1993 年《公司法》对公司的组织机构设计规则和各利益主体的相互关系作出了明确规定，建立起了以股东大会为企业最高权力机构，以董事会为决策系统，以监事会为监察系统，以总经理为首的行政管理人员为执行系统的公司治理结构。董事会和监事会向股东大会负责，总经理向董事会负责，同时监事会对董事会和总经理等进行监督。这种法人治理结构的优点在于明确划分了股东会、董事会、经理人员和监事会各自的权力、责任和利益，从而形成相互之间的制衡关系，并最终保证公司的高效运行。

（1）纵向分权机制。现代企业建立起的是一种纵向分权的领导体制。一方面，现代企业是独立的商品生产者和经营者，它拥有财产管理权、经营决策权、生产指挥权和监督权。在现代企业的领导体制中，这四项权限分别由不同的管理机构和人员来行使，使它们各司其职，各负其责，相互制约，相互制衡，从而形成科学规范的领导制度。另一方面，股东大会是企业的最高权力机构，在股东大会闭会期间，由它选出的董事会行使最高决策权力，董事会聘请总经理，由总经理管理企业，总经理再聘请其他高级职员，然后其他高级职员再聘请工作人员，这就形成了纵向分权的领导模式。这种企业领导体制的特征是，最高权力机构只有一个，然后逐级分权，而每一级的权限都是集中统一的，不允许越级指挥和管理，这样一级领导一级，下级对上级负责的分层次的组织机构和权力机构，形成了层次分明、环环相扣、逐级负责、权责明确、相互独立、相互制约的关系，避免了横向分权产生的弊端，提高了机构工作效率。

（2）委托授权机制。在现代企业中，股东会对董事会、董事会对总经理都有授权关系。董事会和总经理分别都有职有权，全权负责，不受干预。若因干预而造成损失，干预者应承担责任。例如，董事会挑选和任命总经理，要承担责任，总经理搞不好，董事会是要辞职的，如果经营亏损，股东大会还可以起诉董事会。

第一，股东大会与董事会之间是委托—代理关系。股东出于信任，挑选董事组成董事会，董事会是股东的受托人，代表股东利益，对股东会负责，承担受托责任，托管公司法人财产和负责公司经营。也就是说，股东作为所有者掌握着最终的控制权，它们可以决定董事会人选，并有推选或不推选直至起诉某位董事的权利。但是，一旦授权董事会负责公司后，股东就不能随便干预董事会的决策。此外，国有资产通过委派股权代表（董事）进入企业内部参与企业重大决策，行使所有者权利。

第二，董事会与公司经理人员之间是委托—代理关系，即董事会以管理知识、工作经验和创利能力为标准，挑选和任命适合本公司的经理人员。也就是说，一方面董事会作为公司的法人代表全权负责公司，具体委托经理人员负责日常经营管理事务，并有对经理人员进行监督的责任和确定对经理人员激励的权利。董事会有权解除总经理的职务，但不能干预经理的日常经营管理。另一方面经理人员受聘于董事会，是董事会议定的代理人，拥有对公司内部事务的管理权和对外诉讼及进行商务活动的代理权。只有在董事会的授权范围之内，经理人员才有权决策，而其他人也不能随意干涉，但是，经理人员的管理权限和代理权限不能超过董事会决定的授权范围，经理人员经营业绩的优劣也要受到董事会的评判。

（3）激励奖惩机制。经理人员在接受董事会委托后，有义务和责任依法经营好公司业务，努力保值增值。董事会有权对经理人员的经营绩效进行考核，同时还要建立经营者资格认证和离任审计机制，使经营者的业绩同聘用、奖惩挂钩，对经营管理有方的经营者在工资收入中体现他们的业绩，并提高他们的社会地位，对不称职的经营者有权依照有关规定和章程，撤销或罢免其职务。

（4）监督约束机制。在现代企业中，任何监督管理者本身都要接受监督管理。总经理负责企业生产经营的统一指挥，监督管理企业内部各个管理部门履行各自的职责和全体职工遵守劳动纪律，完成岗位任务。同时，总经理要受董事会监督管理，对董事会负责。监事会对董事会、总经理实行监督，防止滥用职权，董事会、监事会则受股东会监督管理，对董事会负责。

现代公司虽是无上级企业，公司组织结构是一层约束一层，即股东会约束董事会，董事会约束总经理。而股东不仅要受市场约束，而且要承受股东会决策是否正确和选择董事，用人是否得当的后果；董事会、总经理等都要受相关法律、行政法规、公司章程约束，受股东的约束。上市公司还要受估价的约束，受公证机构、中介机构的约束，以及受公司监事会和职工的约束等等。因此，既不能搞短期行为，也不能盲目投资，形成了良好的约束机制。

2. 2005 年《公司法》修正案对公司治理结构的完善。在 2005 年 10 月 27 日《公司法》的修正案中，又依据客观形势和《公司法》实施中的一些具体问题，进行了幅度很大的修改，在公司治理结构方面确立了很多新制度。

（1）健全了对股东尤其是中小股东利益的保护机制，同时规范了股东行为。一是加强了股东会职权，如增加“上市公司在一年内购买、出售重大资产或者担保金额超过公司资产总额百分之三十的，应当由股东大会作出决议，并经出席会议的股东所持表决权的三分之一以上通过”的规定。二是强化了股东权益。为保证股东的知情权，增加了有限责任公司股东可以查阅公司财务会计账簿；股份有限公司股东大会选举董事、监事时，可以实行累计投票制；股东有分红的权利，有限责任公司故意不分红可能被起诉；股东有权决定公司“去留”，公司经营管理发生严重困难，继续存续会使股东利益受到重大损失，通过其他途径不能解决的，持有公司全部股东表决权百分之十以上的股东，可以请求人民法院解散公司。此外，还增加了维护股东权益的股东代位诉讼制度；禁止高级管理人员关联交易等内容。三是限制大股东通过担保转移公司财产，要求公司为公司股东或者实际控制人提供担保的，必须经股东会或者股东大会决议，并且该股东或者受实际控制人支配的股东不得参加该担保事项的表决。四是确立了“公司法人人格否认”制度，即当公司股东滥用公司法人独立地位和权力、有限责任等逃避债务，严重损害公司债权人利益时，该股东即丧失依法享有的仅以其对公司的出资为限对公司承担有限责任的权利，而应对公司的全部债务承担连带责任。

（2）健全了董事制度，限制关联交易。一是董事会会议由董事会召集和主持；董事会不能履行职务或者不履行职务的，由副董事长召集和主持；副董事长不能履行职务或者不履行职务的，由半数以上董事共同推举一名董事召集和主持。二是董事会应当对所议事项的决定有会议记录，出席会议的董事应当在会议记录上签名。董事会决议的表决，实行一人一票，以避免董事会一言堂的现象。三是对禁止关联交易也作了原则性规定，要求公司的控制股东、实际控制人、董事、监事、高级管理人员不得利用其关联关系损害公司利益；违反规定进行关联交易，给公司造成损失的，应当承担赔偿责任。上市公司董事与董事会会议决议事项所涉及的企业有关联关系的，不得对该项决议行使表决权，也不得代理其他董事行使表决权。该董事会会议由过半数的无关联关系董事出席即可举行，董事会会议所作决议须经无关联关系董事过半数通过。出席董事会的无关联关系董事人数不足三人的，应将该事项提交上市公司股东大会审议。四是针对旧《公司法》对董事的义务规定不尽完善，实践中出现董事侵害股东和公司利益的情况。在《公司法》的新增第六章对董事的资格和义务作了专门规定。除在旧《公司法》第五十九条以概括方式规定了董事的忠实义务；董事、监事、经理应当遵守公司章程，忠实履行职务，维护公司利益，不得利用在公司的地位和职权为自己牟取私利的规定之外，在《公司法》第一百四十九条详细列举了董事的禁止义务。

（3）加强了监事会的作用，增加了上市公司设立独立董事的规定。修订后的《公司法》规定有限责任公司设立监事会，其成员不得少于 3 人。股东人数较少或者规模较小的有限责任公司，可以设一至二名监事，不设监事会；职工代表应在监事会中占三分之一比例；监事会在特殊情况下可以代表公司，特殊情况下必须召集股东会或股东大会，代表公司向大股东、董事提起诉讼，受理中小股东对大股东、董事、高管人员和其他人在提起派生诉讼之前的内部救济。这些规定增加了监事会的监督作用。修订后的《公司法》第一百二十三条规定："上市公司设立独立董事，具体办法由国务院规定"，为进一步加强对上市公司的监督提供了依据。针对旧《公司法》关于监事会的规定较为简略，缺乏可操作性，很难实现应有的监督和约束功能问题，新《公司法》赋予监事会建议股东会解聘董事或高管人员的权利，并规定监事会在执行职务时的费用公司必须承担。

（4）中介机构弄虚作假将承担赔偿责任。修订后的《公司法》规定承担资产评估、验资或者验证的机构提供虚假材料的，由公司登记机关没收其违法所得，处以违法所得一倍以上五倍以下的罚款，并可以由有关主管部门依法责令该机构停业、吊销直接责任人员的资格证书、吊销营业执照。承担资产评估、验资或者验证的机构因其出具的评估结果、验资或者验证证明不实，给公司债权人造成损失的，除能够证明自己没有过错的外，还要在其评估或者证明不实的金额范围内承担赔偿责任。

3.《公司法》对公司治理结构调整的特点。

（1）明确了公司治理的目的。修订后的《公司法》对各权利主体行为的规范，突出了公司治理的目的是强调股东利益维护，同时兼顾各利益相关者的利益。修订后的《公司法》规定股东有查账权，中小股东有召开股东大会的请求权、召集权和主持权，股东大会选举董事、监事，可以根据公司章程的规定或者股东大会的决议，实行累计投票制等；有对股东代表诉讼的规定，股东退出机制的规定等；有对董事会制度的规范，以及防治董事关联交易等，这些都充分体现了股东利益。此外，职工监事制度以及可设立职工董事的规定，又兼顾了员工利益；实行法人人格否认制度，既维护了债权人的利益，同时也维护了中小股东利益，对防止内部人控制也有一定效果。这些规定兼顾了对各相关利益主体的利益维护。

（2）体现了公司治理的利益协调本质。公司治理的本质是这样一套制度安排，既能确保管理层为最大化股东利益而工作，又要确保大股东兼顾中小股东利益而行事，还能保证其他专用性资产投资主体和员工、债权人等的利益。现行《公司法》基本体现了公司治理这一实质，它对管理层行为的规范性规定，对职工监事制度的规定，以及对限制大股东通过担保转移公司财产的规定等，确保了几乎所有投资者的利益，实现了公司治理的本质。

（3）原则上解决了公司治理中存在的主要问题。现行《公司法》对大股东的限制，以及对公司向其他企业投资的规定①，对一股独大、投资人制度缺陷以及多级法人制度等问题，都有一定的限制作用。对董事会权利的限制，对监事会权利的加强，以及对上市公司独立董事的规定，加强了对公司的制衡监督作用，这在一定程度上防止了“内部人控制”问题的发生。对公司法定代表人的规定，由公司章程规定，由董事会、执行董事或者经理担任，这在一定程度上解决了董事会与执行层的关系。对中介机构弄虚作假将承担赔偿责任的规定，加大了中介机构的违法成本，对重塑投资者信心，重建社会信用体系将起到重要作用。

---

① 现行《公司法》第十五条：“公司可以向其他企业投资；但是，除法律另有规定外，不得成为对所投资企业的债务承担连带责任的出资人。”

（4）强化了对公司治理的强制性和导向作用。现行《公司法》在经过精心细致的调整以后，以“法”这一强有力的制度形式对公司治理各利益主体行为进行明确规范，“法”的威慑作用将会使公司治理得到强制性的推行。制度经济学认为，一方面制度提供了人的行为基础，提供了解决与资源稀缺有关的社会问题，因而是解决社会协调与合作问题从而产生集体利益的工具；另一方面制度又是约束或激励理性经济人追求主体福利或效用最大化的手段，制度是从利益冲突上产生的“切实可行的相互关系”，并能创造“预期保证”的规则。因此，《公司法》能使人们的行为达到某种程度的标准化和可预见性，可以帮助人们在与别人的交易中较为合理地把握对未来的预期，以协调利益冲突。因而《公司法》既强制性地约束了经济主体的行为规范，又对经济主体的行为有一定的导向作用。

4.《公司法》对公司治理结构调整的不足。

（1）股东会对董事会的权力制衡存在障碍。纵观各国《公司法》的规定，股东会是公司的最高权力机关，董事会是执行机关，按照这种权力分配方式，股东会对董事会拥有最终的控制权。但是我国《公司法》对股东会和董事会并没有明确的权力定位，其中，董事会被定位为股东会的执行机关，许多事项董事会必须报股东会批准，但随着公司规模的日益扩大和股权的分散，公司事务的管理权逐步转移至董事会已成为一个不可扭转的趋势。

根据现行《公司法》的规定，股东会是公司的非常设机关，只能通过会议的形式来实现对董事会的制衡，股东会有年会（或定期会议）和临时会议两种，股东会的召集权专属于董事会，而监事会和持有公司股份10%以上股东只有提议权。在董事会成员基于私利不召开股东会，以及在监事会提议或者持有公司股份10%以上股东请求召开，而董事会推脱不予召开时，我国现行《公司法》赋予股东会制衡董事会的一些职权都会由于股东会的不能召开而无法实现。

（2）监事会对董事会的制衡机制没有得到充分发挥。首先，现行《公司法》虽然列举规定了监事会的职权，但对这些职权的行使却没有给予应有的法律保障。一是为了发挥监督职能，监事会一般需要聘请注册会计师、审计师以及律师等专业人士，但是立法没有赋予监事会聘请专业人士的职权；二是检查公司财务，监督董事、经理的违规行为是监事会的主要职权，但我国立法没有规定具体的操作程序；三是离开了董事会和经理的协助，监事会的许多工作根本无法开展，从而导致监事会不得不受制于董事会。其次，在赋予监事会各项职权的同时，现行《公司法》没有规定监事会怠于行使监督职能的法律责任，因而缺乏必要的对监事会的制约机制。由于我国监事会制度的种种缺陷，使得监事会对董事会的制衡和监督力度不够，效能低下。

（3）大小股东权益保护失衡。在我国，股权过于集中的现象普遍存在，在公司治理的实践中，大股东控制股东会、对小股东利益保护不足的情形十分严重。现行《公司法》对大股东的表决权没有作出限制，因而股东会往往成为持股数量多的大股东的大会，在进行股东会决议投票时，即使小股东都投反对票，大股东仍然可通过持股优势强行通过决议。这种情形容易导致小股东难以参与公司治理。

（4）没有建立透明和完善的信息披露法律制度。一方面，缺乏规范性，我国对于上市公司信息披露的许多法律规定过于粗略，缺乏操作性，使许多上市公司在信息披露内容、深度等选择上十分随意，以致造成大量虚假信息出现，损害了众多投资者的切身利益。另一方面，缺乏完善的法律体系，虽然我国已经出台了一系列有关信息披露制度的法律、法规，但是法律体系并不健全，比如《证券法》中有关民事赔偿制度的规定仍然没有实施细则，许多民事赔偿案件无法执行。

（5）缺乏有效的司法程序保障机制。对股东权利的司法救济需要实体法和程序法两方面的支撑，在赋予股东实体法上请求权的同时，需要有相应的诉讼程序规定。股东诉讼制度在2002年1月《最高人民法院关于受理证券市场因虚假陈述引发的民事侵权纠纷案件有关问题的通知》（以下简称《通知》）颁布后正式启动，此《通知》确立了直接诉讼制度，给予了股东诉讼直接的法律支持，有了很大的进步，但同时也设置了很多的限制条件，如只受理在信息披露中进行虚假陈述的民事案件，不接受集团诉讼，只有直辖市、省会城市、计划单列市和经济特区中级人民法院可以受理此类案件。

总之，现行《公司法》为构建科学的公司治理提供了一个制度框架，对完善公司治理结构起到了重要作用。但是，从其实施几年来的效果看，股权过于集中、权力制衡机制不健全、外部监控机制不足等问题还很突出，进一步完善公司治理结构任重道远。

三、我国公司治理结构的发展

（一）中国公司治理结构发展的现实背景

中国经济处于转轨过程中，新的经济体制还没有完全建立，旧的经济体制依旧发挥作用，使得中国公司治理结构发展的现实背景极其复杂：（1）国有经济的主体地位和政府的行政干预在短期内不会改变；（2）由于多种特定因素的制约，特别是旧的利益格局的牵制和阻碍，我国虽然建立了专职国有资产管理部门，但其职能还远未行使到位；（3）资本市场、经理市场、劳动力市场发展相对滞后，市场信号迟钝或失真情形广泛存在；（4）银行商业化进程缓慢和银行贷款的软预算约束能力不强；（5）社会保障体系尚未普遍建立起来，职工就业刚性依旧存在；（6）企业中党组织、工会、职代会角色和定位尚未很好解决。

（二）完善我国公司治理结构的原则

以利益相关论为指导，公司治理结构的完善应遵循下列原则：

1. 效率优先，利益兼顾原则。用最少的投入获得最大的产出是现代市场经济的根本要求，没有效率作基础，其他价值目标就很难实现，即使能够实现，也是低水平的，没有多少实质内容。因此，公司治理结构体制应坚持效率优先原则。现行《公司法》弱化股东会的作用，强化董事会功能的发展趋势就是《公司法》贯彻效率优先原则时的直接反映。[①] 同时也应看到，现代公司仍是一种利益共同体，在坚持效率优先的前提下，也应兼顾各方的利益，使其不受侵害并能得到充分实现，即既要考虑到物质资本所有者的利益，也要考虑非物质资本所有者的利益，还要考虑债权人利益乃至社会公共利益。其中，特别需要重视的是对股东利益、职工利益和社会公共利益的保护，这一思想应在公司治理结构的设置中反映出来。

2. 权力分立与权力制衡原则。权力分立原本是资产阶级国家宪法确立

① 石少侠：《公司法》，78页，长春，吉林人民出版社，1996。

的一项政治原则，它有效地解决了资产阶级国家立法权、行政权和司法权的配置问题。现代公司是现代国家的缩影。《公司法》的首要目标就是要架构一部“宪法”以界定公司权力配置，即股东会是公司的最高权力机构，董事会是公司的业务执行机构（经理为董事会的辅助机构），监事会是公司的监督机构，这三家机构分别行使决定权、业务执行权和监督权，各司其职，不受非法干预。同时，为避免对民主的侵蚀和产生腐败，公司内部权力的架构和运作应遵循权力制衡原则，既要维护经营者利益与股东利益、职工利益和公司利益之间的平衡，又要合理安排股东会与董事会、监事会与董事会之间的制衡关系，准确界定和限制公司权力中枢——董事会和高级经营层的特权。

（三）完善我国公司治理结构的措施

1. 促进股权多元化，提高治理结构的有效性。股权结构是公司治理结构的基础，它对公司治理结构的组织形式、模式选择及其效率都有重要的影响，尤其是大股东自身的性质、结构及股份占有比重，是影响上市公司稳定和其治理结构形成的主要因素。由于我国特殊的国情，我国股票市场上90%以上的上市公司是国有企业，由国家及国有单位控股或持股，即国有股“一股独大”[①]，且各大股东之间的实力分布极不平衡。这种不合理的股权结构，必然导致公司治理的种种问题出现，影响公司内外制衡机制的建立和良性运作。针对这种情况，建议：（1）在一般的竞争行业，通过出让国家股、国有法人股或者资产重组等方式，使股权结构合理化；（2）在关系国计民生的行业（企业）、带有垄断性的行业以及特殊行业，公司的股权同样需要分散，但应该对这些公司的股东加以限制，资格可由监管部门加以认定；（3）加紧研究和出台外资和三资企业收购上市公司股权的管理办法，这既是引进国外公司治理结构和管理经验的需要，又是引进外资的新渠道；（4）上市公司股权结构的调整应适应我国产业结构的调整；（5）推进国有

① 据统计，截至2008年12月底，我国共有境内上市公司1 604家，其中发行A股的上市公司有1 453家。在这些上市公司中，不可流通市值占市价总值的比重仍很高。顾珍铭、顾全：《上市公司股权结构与公司治理》，载《辽宁经济》，2009（10）。

资产管理体制的改革和完善，解决“董事空壳”现象；（6）积极培育机构投资者和投资基金，改善上市公司的股权结构。

2. 规范公司内部利益相关者，实现内部治理各要素的科学制衡。

（1）改善和解决股东会问题。大股东和小股东之间的利益冲突是我国公司治理中的一个突出的问题，我国立法在小股东权利保护方面存在欠缺，我国应该确立股东平等原则作为公司治理的法律原则，关于股东权利的法律规定应平等适用于小股东。另外，还应从以下方面完善对中小股东的法律权益的保障：①改公司董事长主持股东会议为公司董事会主持股东会议，即公司所有董事都有股东会议主持权，这既体现董事会中心主义，又赋予各董事会成员尤其是代表中小股东利益的独立董事以平等的主持股东会议的权力。②《公司法》及相关立法应明确大股东在行使表决权时应承担义务，以防止大股东对多数表决权的滥用，保护公司及中小股东的利益。③为预防大股东滥用其在股东会上的表决权，应建立利害关系股东的表决权排除制度。④引入社会公众股股东表决机制。社会公众股股东表决机制的基本思想是通过公司治理层面，有效解决控股股东与公众股东之间的利益平衡。其采用的机制是“一次股东大会，一次表决，两次统计”。中国证监会已在上市公司增发新股中采取了流通股股东表决的做法。我国应该将此做法进一步完善以便有效保护社会公众投资者的合法权益。

（2）完善公司董事会立法。①明确规定经营管理公司是董事会集体行使的权力，对于董事长和单个董事的权力只能由董事会明示授予，或者由公司章程明示授予。对于董事会召集的程序，应当增加除董事长外，一定比例的董事也可以有权召集的内容。②明确规定公司董事会有权设立下属专业委员会，董事会设下属专业委员会及对其授权，应当经过董事会全体董事一致通过。应就独立董事在各专业委员会中的应有比例，独立董事的任职资格、独立性标准、职权范围、义务与责任、监督与激励机制等作出相应规定。③取消只能由董事长代表公司的规定。明确规定董事有代表公司的权力。确立董事代表公司的条件和程序性规定，明确董事代表公司的权力范围和必须由董事会集体决定的事项。确立董事怠于行使权力及滥用权力应负的法律责任。④确保独立董事发挥作用。可借鉴德国模式，在《公司法》中明确规定独立董事由监事会提名和聘任，改变现在由股东会提名和聘任而实际上其权力落入大股东手中使之不能代表中小股东利益、丧失独立性的非正常局面。为激励独立董事履行职责，应当要求独立董事在其任职之前先购买相当数量的公司股票，通过股票所有权激励他们积极地监督管理层。[①] 另外，可赋予独立董事一些特殊的权利，如公司的关联交易必须由独立董事签字后方能生效，两名以上的独立董事可提议召开临时股东大会，独立董事可直接向股东大会、中国证监会和其他有关部门报告情况，等等。

（3）调整监事会的组成，强化监事会的职能，真正发挥监事会的作用。监事会不能发挥作用，其症结在于两个方面：一是人员组成不够科学合理，内部监事、大股东监事统治监事会，使之丧失独立性；二是缺乏必要的职权，依附于董事会、经理层或大股东，与被监督对象存在利益关系。因此，要改变现有局面必须在以下四方面作出改进：①调整监事会的组成，由外部监事、职工监事、其他监事调整为外部监事、中小股东监事，消除公司内部大股东对监事会的控制和影响。监事的任命，应强调的专业性，要求其具备较高的专业水准以有较高监督能力，并明确监事在任职期间，无正当理由不得被免职。②赋予监事会一定职权，将独立董事的提名和聘任权明确划归监事会。③调整监事会的职能，明确监事会可履行审计委员会以外的监督职能，包括对董事会和高层管理者执行股东会和董事会决议情况的监督，对执行公司规章制度情况的监督，对是否有违法行为的监督，对其他危害小股东利益以及公司利益行为的监督。④强化监事会监管手段，赋予监事享有检查公司财务会计资料的权利以及相关的调查权、质询权；明确对于年度报告、中期报告、临时会议报告及重大交易、投资项目等财务报告，必须由监事会审查并签署同意意见方为合格。⑤强调监事会的问责性，规定监事的报酬应当与其工作成效相联系。监事会应当定期向股东大会报告工作，并提交述职报告，对其履行职责的情况，包括要求董事、高级管理人员纠正其在执行职务时违反法律、法规或公司章程的行为的情况以书面形式汇报。

（4）建立和完善公司高级管理人员的激励机制。公司治理结构解决的

① 有研究发现，外部董事所持有的股票数量越多，公司的绩效就越好，并且基于惩戒原因对管理层实行撤换的可能性也越高。刘静：《上市公司股权结构与公司绩效关系》，载《研究财会通讯》，2010（29）。

主要问题是对代理人的激励约束问题。好的公司治理结构应能够在调动经营者积极性的同时约束经营者背离所有者的行为。在激励经营者方面，创建对经理人员的高效激励机制，通过对高级管理人员实施高额年薪制、股票期权制和补充商业保险等动态激励机制等来协调公司治理结构中各层面的人员关系。对经营者的约束，主要可通过加强经营者的义务来限制董事的权力，建立起完善的经营者忠实义务和勤勉尽责义务。为强化对经理人员的监督，应删除现行《公司法》中经理职权法定化的规定，授权由公司章程规定或者由董事会决定，这是因为“经理是董事会辅助执行机构，由董事会聘任。经理职权法定化会影响董事会职权的行使”。①

（5）建立严格的公司信息披露制度。信息披露是上市公司治理的决定性因素之一，而公司治理框架又直接影响着信息披露的要求、内容和质量。只有信息披露制度科学合理，才能从根本上保证经济活动的透明度，使信息使用者作出正确的判断和科学的决策，进而全面维护经济活动中各主体的利益。信息披露制度的主要内容有财务会计信息、审计信息、非财务会计信息。随着经济的发展，进行公司治理所需要的信息是全面而综合的，但不同的利益相关者对公司信息的关注点各不相同。因此，应对信息需求者的要求给予全面考虑。我国公司治理框架应当保证真实、准确、完整、及时地披露与公司有关的全部重大问题。

（6）完善股东诉讼权利的司法程序保障机制。股东对董事会的监督和制衡最终必须通过诉讼权来实现，即以司法救济途径保护股东对董事会的有效制约。诉讼权也是股东的一个基本权利，股东的诉讼机制作为公司治理的一个重要的衍生机制有着不可替代的作用。

从各国的司法实践来看，股东行使司法救济手段包括直接诉讼和派生诉讼两种。直接诉讼是指股东为自己的利益，以自己的名义向公司或其他侵害人提起的诉讼。派生诉讼是指股东为公司利益提起的诉讼。《公司法》规定了股东的派生诉讼权，股东诉讼机制的建立对公司治理法律制度的建立至关重要，是保护股东权利、对董事会和经理层制约的最后司法保障。

---

① Nicholas Wolfson. The Modern Corporation, Free Markets V. Regulation. The Free Press, New York, 1984.

3. 建立与公司治理结构相适应的公司外部治理机制。有效的公司治理结构除了需要建立有效的权力制衡机制外，还需要有良好的制度体系和外部环境，这是因为制度环境是决定公司治理效率的重要因素，只有在外部机制的支持和协同下，《公司法》追求的治理目标才可能实现。公司外部治理机制主要由环境机制、市场机制、行政机制与社会机制等构成。

为了节省治理成本，增加治理收益，国家应大力营造适于企业生存的制度环境。一方面要继续推进政治、经济、社会体制改革，建立高水平的法院、行政监管机构和自律性组织，为企业提供生存、发展、竞争和产生效益的良好的外部环境；另一方面要在全社会大力倡导诚信观念和勤勉原则，努力培养和提高各类从业人员的职业道德素质。否则，设计再好的治理制度也会失效，因为毕竟信息不对称是一个客观事实。

公司外部治理市场机制主要指的是公司控制权市场和职业经理人市场。公司控制权市场主要表现为敌意兼并和收购，主要是对公司董事长及董事会成员、总经理及高级管理人员的约束。英美国家公司控制权市场十分活跃，对公司董事长和总经理的控制权构成了严厉的约束，是一种十分有效的约束公司董事长和总经理的市场机制。我们应通过加大国有股流通的比重，积极为公司控制权市场发挥作用创造必要条件。同时，加快职业经理人市场建设，把职业经理人交由市场选拔和淘汰。

公司外部治理行政机制主要是指政府对一级市场与二级市场的管理机制。我们现在公司治理结构暴露出的许多问题，如在治理结构及其他方面存在着许多问题的质量较差的公司蒙混过关上市，充分说明我国公司外部治理行政机制存在有严重的弊端。要健全和完善我国公司治理结构，还必须加强对有关政府部门的监管力度，严格规范二级市场的运作制度，加大对公司违法违规行为的打击力度。工作重点是，建立健全完善的信息披露制度和信息传递制度，促使企业进行持续、真实的信息披露；加强巡回检查工作的力度，还可实行举报制度，对没有按照要求规范运作的企业在配股、增发新股方面设置更多的限制等；充分发挥国有资产管理机构的职能作用，按照监督、激励与约束三强化的要求，建立有效维护最终所有者权益的制衡机制，激活领导核心。

公司外部治理社会机制主要是指中介机构的信用机制。中介机构（包括会计师事务所、律师事务所和证券公司）缺乏社会信用，会恶化公司治理结构和助长一些公司违法违规行为。因此，必须加强对中介机构的监督与管理，使其能够诚实守信地开展中介活动，真正成为一道阻止公司违法违规行为发生的“防火墙”。第一，要改革目前的审计委托制度，改经营者委托为审计委员会委托，审计委员会负责选择会计师事务所支付审计费用，避免委托人与被审计人合二为一的非平衡关系；第二，对注册会计师实行强制轮换制度，每隔几年进行强制性更换；第三，建立注册会计师民事赔偿机制。注册会计师因串通舞弊或重大过失而不能发现上市公司重大的会计造假，要对违规注册会计师采用行政处罚与经济处罚并行的方法进行处罚；第四，强化审计师变更的信息披露制度，要求上市公司及时、充分披露审计师变更事项，以及公司管理当局与审计师的意见分歧；第五，进一步完善独立审计准则体系，加大职业道德教育力度，增强注册会计师的法律责任意识和风险意识。

第三节　有效的企业产权流转制度

一、企业产权交易及其特点

企业产权交易是指企业产权所有者将其投入企业的资本及其权益作为商品进行买卖转让的一种行为。广义上讲，企业产权交易包括企业收购、企业兼并、企业重组、企业破产等多项内容。从法律角度看，企业产权交易是不同民事主体之间通过市场转让企业产权的一种民事法律行为。相比较一般的商品交易，其有如下特点：

（一）企业产权交易主体的限制性

企业产权交易主体的限制性是指产权交易出让人和受让人主体资格的特殊性以及转让或受让权利的限制性。

1. 出让人主体资格的特殊性以及出让权利的限制性，是由法人财产权的特征所决定的。在企业进行产权交易时，出让人主体资格是特殊的，出让权利是受限制的，具体表现为：（1）企业可成为产权的受让人，但不能成为本企业产权的出让人。（2）国有资产、集体资产产权交易时，出让人具有复杂性。国有企业在进行国有资产产权交易时，必须经过国有资产监督管理部门的批准，履行产权界定、资产评估和交易审批等程序。（3）出让人出让企业产权时，要征得企业职工的同意或征求企业职工的意见。国有企业转让产权要征求企业职工代表大会、工会意见；集体企业产权交易必须取得职工代表大会同意。出让人、受让人应当妥善安置出让企业的职工（包括离退休职工），落实职工的社会保障事宜。

2. 受让人资格的特殊性主要是针对境外投资者以及特许经营权的转让。（1）外资成为企业产权受让人时，要受到我国外商投资指导目录的限制。（2）公司向其他企业投资或者为他人提供担保，依照公司章程的规定，由董事会或者股东会、股东大会决议。公司章程对投资或者担保总额及单项投资或者担保的数额有限额规定的，不得超过规定的限额。（3）当转让的产权涉及某一行业的特许经营时，受让人必须取得特许经营资格，如烟草专卖权、药品经营权等。

（二）企业产权交易客体的复杂性

产权交易所涉及的客体往往是多项的、综合的，是多项财产或权利的组合，既包括企业有形资产，也包括企业的无形资产；既包括物的交换，也包括人事的变化。同时，交易周期长、每次产权交易介入的经济活动环节多。

（三）产权交易方式的多样性

产权交易方式，是指产权交易双方成交财产或财产权利的方法。产权交易可以采取的方法有协议转让、拍卖转让、招标转让、变更、转移财产占有主体等。

（四）产权交易的市场性

产权交易必须通过市场来实现，即产权交易的价格由市场决定，交易行为必须在交易市场进行。

二、我国现行企业产权交易的法律规定

我国企业产权转让是改革开放以后，随着社会主义市场经济的发展和国有企业改革的不断深化而逐渐产生、发展的，至今已有二十多年，大致经历了萌芽探索、初步成长、整顿规范、规范发展四个阶段。[①] 在发展过程中，为规范产权交易行为，促进产权交易市场的活跃和快速发展，先后出台了《关于出售小型国有企业的暂行规定》、《关于企业兼并的暂行办法》、《国有资产产权界产和产权纠纷处理暂行办法》、《集体企业国有资产产权界定暂行办法》、《企业国有产权转让管理暂行办法》（以下简称 3 号令）及其 10 个配套文件[②]、《企业国有资产法》、《企业国有产权交易操作规则》等专门法律法规。其中，3 号令对国有产权转让场所、转让方式、转让程序以及相关主体的法律责任等进行了规范和明确。这是首次从全国范围内对企业产权转让作出的统一规范；《企业国有资产法》对企业国有资产、国家出资企业、国有资产转让的含义及其范围作出了界定，对企业国有产权交易行为规范、产权交易机构发展、产权交易行为的评判、交易方式的选择、交易结果的鉴证等进行了全面的法律调整。这些本源性的规定对产权市场的发展起到了支撑性的作用；《企业国有产权交易操作规则》对国有产权交易制定了统一规则，为打破地区分割，培育一个统一规范、有序竞争的市场迈出了关键的一步。另外，《公司法》、《证券法》也从规范上市公司股权交易角度出发对产权市场的规范发展进行了部署。我国《刑法》第一百六十九条还规定，国有企业、公司或者其上级主管部门直接负责的主管人员，徇私舞弊，将国有资产低价折股或者低价出售，致使国家利益遭受重大损失的行为构成犯罪，依法应追究刑事责任。

---

① 郭建新：《企业国有产权转让操作指南》，北京，经济科学出版社，2005。

② 3 号令颁布实施以后，根据国有产权进场交易过程中遇到的实际问题，国务院国资委联合相关部门陆续出台了一系列的配套文件，包括《关于做好贯彻落实〈企业国有产权转让管理暂行办法〉有关工作的通知》、《关于做好产权交易机构选择确定工作的指导意见》、《关于做好企业国有产权交易信息统计试点工作的通知》、《关于加强对国有企业改制及国有产权转让监督检查工作的意见》、《关于加强企业国有产权交易监管有关工作的通知》和《企业国有产权向管理层转让暂行规定》等 10 个文件，被业界称为“一拖十”文件，对规范产权市场行为、促进国有产权有序流转奠定了制度基础。

综合上述企业产权交易立法，我国企业产权交易法律制度的主要内容包括：

（一）国有企业产权必须进场交易

《企业国有资产法》规定，国有资产转让应当遵循等价有偿和公开、公平、公正的原则。除按照国家规定可以直接协议转让的以外，国有资产转让应当在依法设立的产权交易场所公开进行。3 号令规定，企业国有产权转让应当在依法设立的产权交易机构中公开进行，不受地区、行业、出资或者隶属关系的限制。国务院国资委规定，场外协议转让必须从严掌握，只能由省级国资委审批，而且必须报国务院国资委备案。

（二）明确界定了进场交易的范围

根据有关法律法规的规定，可以进场交易的国有企业产权包括四大类：(1)《企业国有产权转让管理暂行办法》规定的国有产权，包括国家对企业以各种形式投入形成的权益、国有及国有控股企业各种投资所形成的应享有的权益，以及依法认定为国家所有的其他权益。(2)《企业国有资产法》规定的金融类企业国有产权。(3)《中央级事业单位国有资产处置管理暂行办法》规定的中央级事业单位、地方各级事业单位出售、出让、转让的国有资产。(4) 财政部《金融资产管理公司资产处置管理办法（修订）》规定的国务院批准的债转股项目股权资产及评估价值在 1 000 万元以上的其他非上市公司股权资产。

（三）国有企业产权交易必须履行法定程序

按照《企业国有资产法》和 3 号令的规定，国有产权交易必须履行内部决策、转让行为审批、评估定价、公开挂牌、公平征集意向受让人、科学选择交易方式、场内签约、交易机构签发交易凭证等法定程序。

在肯定上述程序的基础上，《企业国有产权交易操作规则》又确定了如下产权交易规则：(1) 转让方应当在产权转让公告中披露转让标的基本情况、交易条件、受让方资格条件、对产权交易有重大影响的相关信息等内容。在产权转让信息公告期满后，产生两个及以上符合条件的意向受让方的，由产权交易机构按照公告的竞价方式组织实施公开竞价；只产生一个符合条件的意向受让方的，由产权交易机构组织交易双方按挂牌价与买方报价孰高原则直接签约。（2）为了保证交易资金的安全，要求产权交易机构实行交易资金统一进场结算制度，开设独立的结算账户，组织收付产权交易资金。（3）受让方应在产权交易合同约定的期限内，将产权交易价款支付到产权交易机构的结算账户。产权交易合同约定价款支付方式为分期付款的，首付交易价款数额不低于成交金额的30%。

（四）采用信息监测系统对全国国有产权交易实行动态监管

在中纪委的大力支持下，国务院国资委已建成全国企业国有产权转让信息监测系统，并于2006年8月投入运营。监测系统在每个省（区）、直辖市、计划单列市实时连接产权交易机构。国务院国资委和各省级国资委可以通过监测系统，及时检索产权交易机构交易系统中的关键数据，全面监管企业国有产权交易，对违规交易提出预警，实时交易信息进行统计分析。

（五）场外交易和违规交易必须查处

明确规定了场外交易产权和违规交易产权的法律责任。为落实法律责任，特别强化了对产权交易的监督检查，要求各级国资监管机构牵头，会同财政、发展改革委、监察、工商、证监等部门，对企业国有产权是否进场交易、产权交易机构是否规范操作、职工合法权益是否得到有效保护、违规行为是否得到纠正、违规责任人是否受到应有惩处等进行专项检查。

三、我国企业产权交易制度的发展

（一）建立健全企业产权交易特别法

进行企业产权交易特别法建设，对企业产权转让的原则、主体、方式、价格、收入管理及中介机构等作出明确的立法规定，使产权转让行为法制化、规范化，对提高产权交易的科学性和有效性意义重大。

1. 明确企业产权交易原则。企业产权交易的基本原则是规范企业产权交易过程中调整产权交易双方法律关系的根本法律准则，其效力贯穿整个产权交易过程，对企业产权交易规则的制定和运行起着凝聚和统率作用。[①] 所以，企业产权交易特别法应明确企业产权交易的基本原则，包括：（1）公开、公平与诚实信用原则；（2）坚持平等互利、切实维护交易双方合法权益的原则；（3）有利于促进资源合理配置、优化国有资本结构的原则；（4）切实维护国家权益、实现国有资产保值增值原则，等等。另外，由于产权交易比一般的货物贸易、技术贸易和房地产交易复杂得多，各种违法行为发生的概率也比较高，并且它通常涉及多方当事人和利害关系人，故利益冲突的可能性也比较大。因此，我们在制定法律规则时，要特别注意坚持利益平衡原则，不但要注意对所有者权益、第三人权益、劳动者权益的保护，而且要采取相应的防范措施反不正当竞争和抑制投机。

2. 确定企业产权交易合同条款。应统一交易规则、交易流程、交易保证金的收缴、退还、交易价款结算、违约责任、交易佣金收费标准、交易鉴证过户等。

3. 进一步严格规范中介机构以及交易机构的执业行为。严格规范评估、审计等操作程序及其质量要求和责任，包括交易鉴证的质量要求和责任。加大对产权交易中所存在的欺诈、违规操作、虚假鉴证、无交易鉴证过户等行为的处罚力度。同时，应对机构从业人员的职业道德和学业水平、技术资格提出具体要求，对进入产权交易市场取得经济会员资格的条件也应该有相应要求。明确会员代理交易事项的责、权、利，包括建立保密制度等。

4. 强化产权交易价格形成机制。我国现行立法规定产权交易价格一般由国有出资人确定和委托评估机构进行资产评估，该结果经其批准或者备案后作为形成交易价格的依据，但交易价格可以在此基础上上下浮动。最终的交易价格既可以拍卖招投标等竞价方式形成，也允许采取协议的方式确定。尽管这些规定，尤其是竞价方式更有利于发现企业产权真实的市场价值，避免在交易中滋生腐败，但除国有资产出资人外，法律未授权给他人对产权交易价格提出有效的质疑，监管显然存在缺陷。可借鉴法国的做法，首先，在依法评估的基础上再设置一个价格形成程序，授权由产权转让委员会综合转让标的和企业各方面的情况，确定一个不低于评估价格的最低价格值；其

---

① 李明弘：《产权交易市场法律问题研究》，北京，法律出版社，2008。

次，要求产权转让委员会将确定的最低价格公布于众，并通过立法赋予社会公众对产权转让价格的监督权，以保障交易价格的合理性。

5. 提高交易过程的透明度。在公开交易上，我国现行立法仅规定企业国有产权交易应在产权机构中公开进行，在省级以上公开发行的报刊和产权交易机构网站上公开披露有关转让信息，公开征集受让方。而法国法律规定由产权转让委员会确定的最低价格要在政府公报上公布，转让运作具体办法也要在政府公报公布，通过招标选择受让方和形成交易价格的全过程也要公布于众，接受监督。相比之下，法国国有股权转让的法律程序更有利于提高其交易的透明度，值得借鉴。

（二）完善一般法对国有产权交易的配套

综观国外企业产权交易法律制度，其法律框架大致有三个支点，即公司法、反托拉斯法或竞争法、国有产权转让特别法等。此外，如果产权交易涉及上市公司或者需要向公众公开发行股票募集资金时，还应当受到《证券法》的规制。因此，我国法律不但要加强《公司法》的相关规定，更应当通过反垄断法对限制竞争的产权交易行为进行管制。

1. 公司法的规制。公司法在企业产权交易的法律制度中居于基本法的地位，故其内容应当包括对诸如股权转让、公司合并等常见的产权交易行为的规范。首先，我国现行《公司法》对于非上市公司股权转让的规定，主要涉及股东向股东以外的人转让股权时的决策程序，以及对某些具有特定身份的股东在转让股份的时间上作出限制。对于国有独资公司的股权转让和公司制企业中国有股权的转让既没有原则性的规定，也没有直接援引的其他法律法规作为依据。但是，国有股权转让的大量性、经常性和相对重要性决定了其应当获得法律的重视。其次，我国现行《公司法》关于公司合并的规定更为简单，只涉及合并的种类、合并的股东会决议程序、合并各方原有债务的履行和承担等。如果被合并的公司是国有独资公司或者是含有国有股份的公司，显然应当受到更严格的程序管制，包括审批程序、所持股份的转换方式、职工的安置、税务责任的承担等都应当有明确的法律依据。由于公司合并是一个涉及面广、利益体多的复合经济关系，即使是非国有公司之间的合并，也同样需要完备的法律程序以保障顺利实施，否则，很有可能由此引发大量的经济纠纷，而《公司法》对这些方面尚没有作出任何规定，甚至远不如美国一些州公司立法详细、严密，故亟待加强。

2. 反垄断法的规制。反垄断法的立法宗旨主要是通过法律来制约各种限制竞争的经济行为，以维护自由、秩序、诚信、公平的市场经济秩序。我国目前《反垄断法》已经出台，但现行的《反不正当竞争法》所规定的几种限制竞争的行为并未包括其中，更没有关注在企业产权交易中所隐藏的对于原有的市场竞争环境的破坏。我国的许多国有企业长期以来都占据了行业垄断地位，在日益高涨的企业并购浪潮中，国有企业很有可能通过产权交易密集对某些行业的资本投入，从而形成新的垄断或者进一步加强原有的垄断，这无疑对于整个国民经济的和谐和健康发展是非常不利的。从国外产权交易及其法律制度的发展中也可以看到，建立和完善反垄断法体系以对可能影响竞争的企业产权交易行为实施管制是必然的立法选择。我国的企业产权交易法律制度应将其纳入视野之中。

3. 财税金融立法的规制。目前，国有企业产权重组中一个重要的难题是跨地区、跨行业重组困难，而这一难题的产生又缘于财税体制和金融体制改革的力度以及财税立法和金融立法的缺陷。

在财税立法方面，我国对涉及企业产权交易的收益税法和财产税法的规定基本处于空白状态，不同地区执行不同政策，制约了产权重组的发展。而隶属税的问题也使地方政府的经济利益受影响，在不同程度上影响产权重组的顺利进行。对此问题的解决方式是深化财税体制改革，废除按企业行政隶属关系缴纳所得税的做法，使征税权与产权分开，不论产权主体如何改变，纳税主体不变，并在进一步改革税制的基础上实行彻底的分税制，使企业所得税成为中央、地方政府间的共享税。为了推进资产重组，在立法中还应制定一些扶持措施。可以规定对出让方的产权转让收入免征有关的营业税和增值税，企业产权受让方经财政部门核准可以享受所得税减免或返还政策。资产重组中涉及的土地增值部分不纳入土地增值税范围，对契税应下降和免征。

在金融立法方面，通过深化金融体制改革，发挥信贷资金的杠杆作用，逐渐改变现行信贷规模切块分配体制，按照效益原则、偿债能力原则、规模投资原则、企业组织结构调整原则重建新的借贷体制。具体做法是将现行的贷款规模按地区切块分配方法，改为按照国家产业政策对重点支持产业配置配套资金的方法，使国家有限的资金能够用在重点产业的发展上。在立法中还应对资产重组在金融政策方面给予一定的扶持，如扩大免息、停息的范围，适当放宽产权抵押信贷范围，对资产重组中的企业酌情提供产权抵押贷款等。

（三）加强促进产权交易机构发展的立法

经过多年发展，产权交易市场已形成了稳定的规模和体系，在国有资产监管和地方经济发展中发挥着重要的作用。但与快速发展的市场相比，相应的法制建设未能同步，产权市场至今仍缺乏一部统一的产权交易法律的规制，使得产权交易中众多新业务、新领域的服务缺乏充足的法律法规作为依据，产权市场定位模糊、管理水平参差不齐，是内幕交易、各类欺诈等现象屡有发生的重要原因。因此，促进产权交易机构的发展应成为法制建设的重要内容。

1. 明确产权交易市场的定位和法律地位。产权交易市场不仅只是为企业国有产权转让服务，还为包括除国家已经建立监管的证券市场、货币市场、房地产专门市场以外的整个社会不同性质的资本权益性交易资源配置服务的基础要素市场，其法律地位应为事业法人，其基本职责是为产权交易提供场所、设施和信息服务，不但具有交易和融资服务功能，还具有监控职能，要负责产权交易的鉴证和监控。

2. 产权交易市场的管理和业务指导。按照我国“二元”财政经济管理体制，明确产权交易市场实行国家统一监管、中央和地方实行分级指导的实施建设原则，产权交易机构建设实行企业化，走自主经营、自负盈亏、自我发展之路。

（1）在市场监管体制建设方面，我国已基本形成了国家相关部委和地方政府联合监管的组织架构。但由于目前的产权交易机构绝大多数都是由地方政府部门批准设立的，所以，宜采取分级监管的方式：①在国家制定的规范产权市场发展的指导意见中，对产权交易机构的设立条件、批准程序、业务范围等作出统一的要求。②产权交易机构的设立采取分级授权批准的方式，全国性产权交易机构由国务院或国家相关部委审批设立，地方性产权交易机构由省级人民政府批准设立。③对产权交易机构的监管以“谁批准谁监管”的方式进行，即由批准机构按照国家制定的规范产权市场发展指导意见对所批准产权交易机构进行监管。

（2）鉴于产权市场交易品种的多样化特点，在业务监管方面适宜采取分类指导的方式进行，即根据产权市场不同业务种类的不同特点，分由相关的政府部门进行指导和监督。以国有产权交易业务为例，由国有资产监督管理部门根据3号令及其配套文件的要求，对产权市场所从事的国有产权交易业务进行指导和监督，重点监督国有产权进场交易情况、产权市场从事国有产权交易的规范化程度等。产权交易市场从事的其他业务，按照归口管理的原则，金融资产处置业务由银监会进行指导和监督，知识产权交易业务由知识产权局进行指导和监管，非上市股份登记托管及转让服务业务由证券监督管理部门进行指导和监督等。

（3）产权交易机构应根据《企业国有产权转让管理暂行办法》和其他相关法律法规及政策的规定，制定相应的产权交易规则以达到规范产权交易行为，保障产权交易相关各方的合法权益，维护产权交易秩序的目的。产权交易规则应包括：转受让的条件和申请程序、信息披露的标准和程序、产权交易审核的主要内容、产权交易成交方的确定程序、产权交易过程中的竞价规则、产权交易的结算与交割程序等。产权交易规则的内容应尽量详尽，要针对各个程序和工作环节，制定格式化的表、单，以促成标准化的工作流程。

（4）产权交易纠纷调解应依据国家有关法律、法规、政策以及产权交易机构相关规定进行。产权交易机构应遵循公平、公正、客观的原则，制定产权交易纠纷调解制度。产权交易当事人之间在产权交易过程中产生的纠纷应由产权市场公平交易审核委员会进行调解，并要求进行调解的产权交易纠纷应符合下列条件：发生纠纷的产权交易是在产权交易机构进行的，有明确的纠纷对象，当事人任何一方尚未提请仲裁或诉讼。

3. 做好信息披露以防范产权交易机构风险。加强对信息披露的管理，是建立健全产权市场风险防范机制的一项重要内容，对于规范产权市场发展，促进国有产权有序流转，防范和化解金融风险有着十分重要的现实意义。

3 号令及其配套法规文件对国有产权转让过程中信息披露的方式、内容、时间等有关问题提出了明确的要求。但由于 3 号令（对《企业国有产权转让管理暂行办法》的简称）和 268 号文（对《关于国有产权转让有关问题的通知》的简称）都只是对信息披露作出了原则性的规定，缺乏具体操作规程，各地产权交易机构都按所在地政府或机构自己的理解和规定处理，暴露出许多亟须解决的问题，如信息披露格式不统一、信息披露内容不完整、信息的真实性难以保证、信息披露影响面小、披露的信息权威性不够、交易机构在信息披露中的风险较大等，降低了企业产权交易信息披露的有效性，使国有资产在交易过程中出现隐性流失的可能性仍然很大，同时也加大了产权市场的风险。

借鉴成熟证券市场的做法，可以从以下几个方面进一步完善产权市场信息披露制度：

（1）统一信息披露的格式和内容。制定国有产权转让信息披露的统一格式，对产权市场公开披露的信息进行分类管理、分级披露。如将市场主体交易信息分为四级，包括提供给一般交易会员的、提供给一般公众的、提供给投资人的、提供给执业会员的；交易机构交易信息分为三级，包括提供给产权交易机构的所有产权交易信息、提供给经纪人的与报价有关的交易信息和提供给市场监管部门的产权交易重要信息。

（2）明确相关市场主体的权利和义务。在国有产权转让过程中，应充分调动各市场参与主体的积极性，明确各方的权利和义务，使其各司其职，各负其责。国资监管部门负责出台相应的规章制度和规范性文本，并实施有效监管；转让方应提供交易机构所需的各项材料，并保证所提交材料的真实性、准确性和完整性；其他中介机构包括经纪机构、审计评估机构、律师事务所等，应做好尽职调查，根据转让方的实际情况独立出具相关意见书，并对出具的意见书承担相应责任；产权交易机构负责对提交的资料进行审查，监督交易各方按相关规定及时披露相关信息，拓宽信息披露渠道，确保信息披露的及时性、广泛性。

（3）拓宽信息披露的渠道。国内外主要证券市场信息披露的方式有三种：一是通过纸媒体进行披露，二是使用专门的信息披露系统，三是通过互联网的电子化信息披露系统。这三种方式并不互相排斥，可以共同使用，其中，通过互联网进行信息披露是国内外证券市场信息披露的发展趋势。借鉴国内外证券市场的经验，在纸媒体上披露公开信息摘要，在指定网站上披露公开信息全文的做法比较适合于我国产权交易市场，具体可由国务院国资委指定专业纸媒体发布企业产权转让的公开信息摘要，由国务院国资委或产权交易机构设立专门的网站并开发电子信息收集检索系统，作为企业产权交易信息披露的主渠道，为市场参与者提供市场及挂牌项目的公开信息。

目前，企业产权转让过程中随意撤牌和变更披露信息的现象时有发生，在相当程度上损害了投资者利益、降低了产权市场的权威性和公正性，不利于产权市场的规范、健康发展。虽然 3 号令和 268 号文对撤牌和变更转让信息的做法作出了原则性规定，但操作性不强，建议对国有产权转让过程中撤牌和变更转让信息的条件、审批权限、操作流程等作出更加明确、更具操作性的规定。

第四章　促进企业信息公开，消减信息不对称程度

企业信息公开制度的价值不仅仅在于告诉企业什么时候该公开什么信息、上报什么文件，还包含着对市场效率理论、对政府在市场中行为尺度的评价，对信息接收者权益保障等的理性平衡和选择，有助于消除人们行为中的不确定性，是防治企业道德风险的重要制度选择。

第一节　强制性企业信息公开法律制度概述

一、强制性企业信息公开制度是遏制企业道德风险的有效制度

（一）企业信息公开制度基本概念

企业信息是指企业依法应向企业信息使用者公开的，以各类申请文件、报告、会计统计资料、产品标识广告等形式表现的，反映企业资金、产品、生产经营状况等各类信息。这些企业信息是国家实行宏观调控、社会公众和利害关系人作出决策的依据，是社会经济有效运行和社会秩序稳定的基础，所以，强调企业承担信息公开义务，一直是各国立法的重点。企业信息公开是企业依照法律规定或约定，采用报告、通知、公告等方式，全面、准确、及时地向信息需求者提供企业相关真实信息的活动。企业信息公开法律制度是调整企业信息公开过程中发生的社会关系的法律规范，具体调整两大类社会关系：（1）信息公开监督管理机关和信息公开者在信息公开监督管理过程中产生的监督与被监督、管理与被管理关系。（2）信息公开者和信息接收者在信息公开过程中产生的具有等价交换性质的关系，即信息质量责任关

系。其主要内容包括企业信息公开义务、企业违规公开信息的惩罚机制、对企业信息公开行为的监管等。

对企业信息公开的要求来源于国家立法、自律性监管机构（如证券交易所）的规定、企业内部文件规定和司法判例四个方面。尽管这四个法律渊源在调整企业信息公开关系中的重要程度存在着差异，但均是企业信息公开制度的组成部分，并以国家立法为核心。国家立法应包括信息公开的原则、信息公开的内容和种类、信息公开的时间、信息公开的程序和方式、信息公开的质量保障、违法公开信息的法律责任等内容，是法律在衡量各方利益的基础上，从切实保护信息接收者权益的基础上所作的强制性规定。其中，对应当公开的信息种类、信息量和公开时间的类型化规定，具有指引和防范欺诈的作用；对信息公开违规者法律责任的明确，可以起到归责和威慑的作用，在企业信息公开制度中占据重要位置。

（二）强制性企业信息公开制度可有效遏制企业道德风险

在防治企业道德风险中，企业信息公开制度不仅是一种必然存在，更是遏制企业道德风险的有效制度。

企业是连续、稳定地从事经济活动并依法享受权利、承担义务的营利性经济组织。在现代社会条件下，作为社会经济活动最主要的承担者和最活跃的市场主体，企业的活动无处不在，已成为社会经济生活的主导力量。企业在设立和运营过程中会产生诸多信息，这些企业信息具有如下价值：一是决策的基础和依据。现实世界多姿多彩，具有其自身的内部规律和复杂性。市场主体在寻利过程中的任何决策都面临风险，而“风险来自于不确定性，信息的获取可以消除不确定性，从而避免决策中的风险性。[①] 二是一种监督工具。由于社会分工的发展以及个人能力、精力的限制，市场主体寻利往往要委托他人代为进行市场交易。由于委托人无法观测到代理人的代理行为，只能观测到代理结果，因此，代理人在代理过程中就可能有偷懒行为或投机行为。委托人如果没有掌握代理人有关代理活动的信息就难以监督代理人是否勤勉，而掌握了代理活动的有关信息就可以及时、有效地监督代理人勤勉

---

① 郑玉波：《公司法》，70页，台湾，台湾三民书局，1980。

工作，忠实于委托人的指示，确保委托人的利益最大化。三是信息本身是一种资源，这是因为信息是蕴涵着事物内部以及事物之间关系的知识，人们掌握了信息也就把握住了事物的本质以及事物发展、变化的方向，从而能利用信息获取、创造利润，实现利益最大化。所以，市场有得到充分、可靠、真实的企业信息的需求。

然而，在现实的经济生活中，受社会分工、利益、成本和信息收集、处理者的能力差异的影响，信息是稀缺的、不充分的。[①] 在信息无法获取的地方，秘密助长了不信任。[②] 在企业投资者与经营者之间，由于经营者处于信息优势，投资者对经营者的行为不能进行有效监督，经营者因此可以欺骗投资者，获取不法利益；在经营者与消费者之间，经营者由于处于信息优势而获得欺诈消费者的机会，并使消费者的弱者地位因此而加剧。要改变这种状况，必须实现公众对企业信息的广泛接触和获取，从而增强他们对不当行为的谴责能力，强化监督管理机构和社会公众对企业行为的监督管理，有效地制止违法、违规行为。同时，也需要有一套标准让企业管理者自己能够客观地评价同样的事实，形成一种健康的自我约束机制。很显然，让企业遵守公众可接受的信息公开监管标准，将会比任何司法或准司法制度更为有效。企业信息公开制度立法的直接目的就是解决信息失灵以及信息接收者与信息供应者（含提供者与生产者）之间的权益冲突，通过解决这些现实矛盾来实现国民经济的发展、国家经济的安全以及社会整体利益的平衡，并最终增进社会公共利益的最大化。

二、中外企业信息公开法律规定

（一）国外企业信息公开法律规定的特点分析

经过多年的发展，国外企业信息公开法律规定已形成规模，并主要集中在产品信息、证券市场信息、环境信息和缔约信息公开等方面，其基本特点如下：

---

① 应飞虎：《从信息视角看经济法的基本功能》，载《现代法学》，2001（6）。

② J. Crispo，The Public Right to Know Accountability in the Secretive Society，1975.

1. 立法层次多样，形成了全面规制企业信息公开行为的法律体系。西方发达国家普遍重视企业信息公开的法制建设，并注意采用多种形式，通过多种渠道建立相应规则，形成了包含国家立法和国际组织规则在内的法律体系。以证券市场信息公开为例，该类法律规范体系主要由三种不同层次的规范组成。第一层次为最高立法机构制定的证券基本法，如美国的《联邦证券法》、英国的《公司法》和《金融服务法》等。这一层次的其他相关法律对上市公司的信息披露行为也可能产生影响，如为保护环境，多数国家在环境保护法中要求经营业务可能涉及环境污染的企业，应在有关的信息披露材料中披露有关项目与环境保护的关系。第二层次为证券监管部门制定的各类法规。有必要指出的是，有的国家这一层次的立法比较复杂，如美国证券交易委员会为规范证券信息公开行为，除发布有法律效力的条例和规则外，还专门就某些问题发布解释性说明和建议以指导发行人履行信息披露义务。第三层次是自律规范，主要包括证券交易所的一线监管规范、各类行业协会的行为守则以及上市公司的内部制度等。在证券市场着重自律监管的国家，这类规范较为发达，尤以德国证券市场的自律管理为典范。①

值得注意的是，一些国际性组织也积极参与到企业信息公开行为的规制工作，出台了一些相关规定。比较典型的如欧共体在 1979 年发布的《食品标识说明及广告法指令》、1979 年北美证券管理者协会制定的《统一特许经营公告》、1990 年欧共体理事会通过的《关于自由获取环境信息的指令》、1998 年欧洲经济委员会环境政策委员会通过的《关于在环境领域的信息公开、公众参与和诉诸司法的奥胡斯公约》、2002 年欧洲理事会和欧洲议会通过的《关于对转基因生物及其制品实施跟踪和标识的议案》、国际统一私法协会于 2002 年 9 月颁布的《标准特许披露法》、欧盟于 2005 年通过的对欧共体的 1989 年《可转让证券公开发售的公布上市说明书起草、审查、分发要求协调指令》等。上述规定，对许多主权国家的立法都产生了积极影响。如在世界银行发展研究部的帮助下，印度尼西亚国家污染控制机构于 1995 年设计了 PROPER 计划，根据企业的环境行为归纳出一个便于公众理解和

---

① 在对内幕交易未进行立法管制前，德国对内幕交易的控制主要通过行业自律规范进行，即上市公司与证券交易所签订协议来约束内幕人的行为。

接受的单一指标，并把该指标的级别用5种不同的颜色表示出来，定期将评级结果公开曝光，通过信息公开制度影响企业的环境行为。

2. 企业信息公开制度健全、系统、成熟。各国以保证交易安全为立法目的，普遍强调了诚实信用和公平交易原则，逐步建立起了较完备的制度体系。以证券市场信息公开的法律规制而言，其起源于英国1845年的《公司法》，逐步完善于从美国1933年的《证券法》和1934年的《证券交易法》开始的过程中，已成为当今世界各国证券法的核心制度。

美国的信息披露制度起源于各州政府制定的《蓝天法》。1929年股灾之后，美国先后在1933年、1934年颁布了《证券法》和《证券交易法》，对发行市场和交易市场的信息披露制度作了全面而系统的规定。《证券法》规定公司在出售新证券时，必须真实、详细地提供本公司的财务状况、经营成果和证券销售条件及其他有关资料，资料中要尽可能包括公司过去、现在以及未来的全部情况。同时，《证券交易法》也进一步坚持了充分披露的原则，要求公司证券在交易所上市时，必须提交年度报告和中期报告，以保证投资者对信息的充分了解。① 另外，这两部法律还强调信息的真实性，明确规定了企业披露虚假信息应承担的法律责任。此外，美国交易委员会（SEC）制定了《S－X条例》和《S－K条例》，分别用于规范公司财务信息和非财务信息披露的具体内容和格式。在SEC的推动下，美国的会计职业界还制定了会计和审计方面的准则，进一步加强和规范了强制性信息披露制度，形成了较为严密的信息公开制度，但这种规制的着眼点是基于历史成本信息的强制性披露信息。近来，随着发达国家资本市场上市公司的增加，以及机构投资者的兴起和专业证券分析师的增加，公司自愿披露的前瞻性信息对投资者决策具有日益重要的参考价值。为适应这种变化，美国的监管机构越来越重视自愿性信息披露。1994年，美国注册会计师协会（AIC）发表报告，从10个方面总结了投资者对上市公司自愿信息披露的需求。1995年，SEC公布了“安全港”条款，对上市公司盈利预测信息披露可能面临的股东诉讼提供某种形式的保护。2001年，美国会计准则委员会（FASB）发表了题为《改进财务报告，提高自愿性信息披露》的研究报告，对美国

① 黄世忠等：《美国财务舞弊症结探究》，载《会计研究》，2002（10）。

上市公司的自愿性信息披露状况进行了评价，提出了改进财务报告过程、增加自愿性披露的政策建议。在 FASB 促进自愿信息披露的研究报告发表后，为了强化公司治理和社会责任，SEC 表示将采取具体措施鼓励上市公司的自愿性信息披露，并列出了 20 个需要自愿披露的方面。① 今天，美国的证券信息公开立法已成为各国仿效的样板，并随着科技的进步、信息传播手段的增加以及利益相关者保护意识的增强而日趋成熟、完善，呈现出信息公开内容的统一化和格式化、信息公开载体多样化、信息公开管理简化的特点。②

3. 企业信息公开的内容要求细致具体。为统一规范企业信息公开行为，各国立法普遍确认了及时、充分、有效、可读等为企业信息公开的基本原则，并对企业信息公开内容进行了细致而具体的规定。如美国 1938 年颁布的《联邦食品、药品、化妆品法》，要求食品外包装标识必须包括产品的名称、净重、生产制造商或供应商的名称、地址，某些特殊产品还要包括配料清单，禁止在标识中陈述假的或误导性的信息，并要求生产者应当对产品所具有的特殊性质、使用方法、可预见的使用危险，包括可预见的误用导致的危险和预防方法等予以指示。1975 年生效的美国《自主性营养标识》，对食品的营养标识作了严格规定，要求在食品说明标识中必须标明所有可能导致过敏的成分，甚至包括仅含微量过敏原成分。在证券市场信息公开方面，SEC 要求公司季度报告和年度报告中必须包括至少 12 项详细而具体的财务数据和进一步财务陈述，并展示其他一些不会对投资者产生误导的必要的信息和图片资料。在全国证券交易商协会（NASD）全国市场上市的公司，除向投资者提供年度报告、代理人的陈述季度报告及 SEC 所作的其他要求外，还必须按照规定的格式，在登记日 10 天前向 NASD 报告相关信息；当公司发行购股权证时，若在登记日 10 天前公告无法进行，公司必须在 SEC 其他组织注册生效前，向 NASD 进行汇报；当公司要改名或 5% 以上股票持有人股份发生变化时，最迟 10 天前要向 SEC 和 NASD 进行汇报。

4. 监管机制严格，法律责任相对较重，以最大限度减少虚假信息。各国立法一直致力于建立严格的信息公开监管机制，以最大限度减少虚假信

① 朱海林：《美国施乐财务欺诈案分析》，载《会计研究》，2002（9）。
② 齐斌：《证券市场信息披露制度法律监管》，28 页，北京，法律出版社，2002。

息。如为加强对上市公司的监管，保证信息能够充分传递，使投资者获得相同的机会，美国法律确立了暂停交易制度：一是要求对纳斯达克全国市场上市的公司在通过有关报刊资料向社会披露有关资料信息前，必须先向监管部门报告，监管部门可以从有利于公司利益的角度出发，考虑是否暂停股票交易，在暂停股票交易期间，NASD的会员单位禁止进行该股票交易，不能在计算机终端报价，也不能在上面发布任何信息。二是SEC有权对NASD审查的资料进行重新审查。如果审查出现错误和遗漏，SEC将在财务报告中给予指正，并暂停交易，直到改正。SEC有权暂停交易的期限为10天，10天后，如果问题仍未得到解决，还可以延期。三是对财务报告不清楚的公司，NASD可暂停股票交易。另外，各国普遍重视对法律责任的规定，如美国《证券法》对证券机构与从业人员提出了非常高的诚信要求，强调虚假陈述和沉默都是违反义务的。德国在1976年7月29日颁布《第一部反经济犯罪法》时，将企业履行信息公开义务有瑕疵，如对法定有重大意义的事实作不正确或者不完整的说明或者轻率地不公开，列为严重犯罪予以严惩。

（二）我国企业信息公开法律规定

基于我国的实际情况和客观需要，我国的《民法通则》、《全民所有制工业企业法》、《公司法》、《产品质量法》、《广告法》、《消费者权益保护法》、《会计法》、《统计法》、《证券法》、《刑法》等法律和《公开发行股票信息披露实施细则（试行）》、《公开发行股票信息披露的内容与格式准则》等法规，具体规定了企业信息公开义务，要求企业必须依法及时向信息使用者提供各类真实、全面的企业信息。

1. 现行法律规定

（1）企业信息公开的约束性规定

第一，企业信息及其公开方式。企业信息使用者主要是国家、利害关系人和社会公众。因他们对企业信息的不同需求，企业需公开的信息内容和公开方式稍有差异。

企业对国家承担信息公开义务，是为了满足国家实现社会管理目的。因此，公开义务多发生在企业的设立、变更和终止、企业为获取某种特定权利（如商标权、专利权）和企业承担社会责任（如纳税）等行为过程中，主要公开企业的自然条件、财务状况等信息。如企业向社会公开募集股份时，需以招股说明书、公司章程、经营估算书、发起人身份证明、验资证明等文件，向国家证券管理部门如实公开有关企业发行股份资格、股份发行数量、方式等方面的信息。公开方式为向主管机关报送法律规定的各类资料。

利害关系人主要指企业的投资者、债权人和合同相对人。同为平等民事主体，企业与他们发生经济关系时，必须尊重对方利益和自主选择权利，依约如实告知企业有关信息。如在企业发生变更、终止等事宜时，企业应如实向债权人提供企业会计报表、资产明细表、财产处所等资料以表明企业财产状况；在订立和履行合同过程中，企业应以营业执照、企业资产现值的评估报告、产品质量检验合格证、专利证书、生产许可证等法律文件，如实向对方告知有关自已权利能力和行为能力、履约能力、标的物状况等信息。公开方式为通知、公告和依约提供各种信息资料。

社会公众是企业产品或服务的接受者、企业潜在的投资者等。为使他们有平等机会充分了解企业的真实情况，确保其决策的理性化并实现预期收益，企业应如实向他们公开信息。这些信息主要包括商品（或服务）信息和经营信息，具体表现为产品标识、说明、广告、依法公开的上市公司募股说明书、年报、财务报告等。

第二，企业公开信息应符合真实性、合法性、完整性、及时性和有效性等基本要求。

真实性指企业所公开的信息，不论涉及什么内容、以何种形式表现，都应如实反映企业的实际情况，不得存在粉饰、虚假、误导等内容。

合法性的基本要求是：一是企业公开的信息必须具有相关性，能够充分满足信息使用者的需要。二是企业公开信息的内容和种类应符合法律要求。三是信息的形成应合法。如《会计法》第十条规定："会计报表、会计账簿和其他会计资料必须符合国家统一的会计制度的规定。"四是信息公开程序合法。如《证券法》第六十四条规定，企业公告"应当在国家有关部门规定的报刊上或者在专项出版的公报上刊登，同时将其置于公司住所、证券交易所，供社会公众查阅"。

完整性指企业提供的信息资料应当全面、充分、客观地反映企业真实情况，不得遗漏、隐瞒重要信息，不能因提供资料不充分而使信息使用人误解。

及时性要求企业必须严格遵循信息公开的时间规定，保证有关信息资料能够被相关信息使用者及时获得并适时加以利用。

有效性指信息资料的表述应简单明了，保证信息使用者易得易解，不得恶意选用晦涩难懂的词句，不得大量使用专业术语。

(2) 企业信息公开的禁止性规定

法律严厉禁止以下企业信息公开行为：

第一，虚假公开行为，指企业记载于法定公开文件中的信息不真实，与企业的实际情况不相符，具体表现为：企业登记中虚报注册资本、提交虚假证明文件或者采取其他欺诈手段隐瞒重要事实；发行股票或者公司债券时制作虚假的招股说明书、认股书、公司债券募集办法；向股东和社会公众提供虚假的或者隐瞒重要事实的财务报告；清算时对资产负债表或者财产清单作虚假记载或者未清偿债务前分配企业财产；伪造、编造会计资料，利用虚假会计资料偷税；在商品中掺杂、掺假，以假充真，以次充好，或者以不合格产品冒充合格产品；伪造产品的产地，伪造或者冒用他人的厂名、厂址，伪造或者冒用认证标志、名优标志等质量标志；销售的商品应当检验、检疫而未检验、检疫或者伪造检验、检疫结果；虚构、隐瞒事实真相或者伪造申请文件及有关文件进行商标注册或专利申请；贷款时编造引进资金、项目等虚假理由，使用虚假合同、证明文件、产权证明等；虚报、瞒报统计资料；伪造篡改统计资料等。

第二，公开不充分。记载于法定公开文件的内容不完整，故意遗漏属于重要内容的信息，如隐匿、擅自销毁账簿、记账凭证，在账簿上多列支出或者不列、少列收入；清算时隐匿财产；商品标识缺乏法定要件；上市公司年报缺乏对关联企业之间交易的说明、企业偿债能力的揭示及资金投放去向和利润构成等信息。

第三，误导性公开，指在信息公开文件中虽然对重要内容均加以陈述，但该陈述存在缺陷，容易被信息使用者所误解，可能据此会作出错误的判断，如利用商品标签、广告或者其他方法，对商品质量、性能、用途、生产者、有效期限、产地等进行夸大宣传。

第四，不适时公开。如企业在合并、分立、减少注册资本或清算时，不按法律规定通知和公告债权人；持有一个上市公司已发行股份的5%时，未在该事实发生之日起3日内，向国务院证券监督管理机构证券交易所作出书面报告，通知该上市公司，并予以公告；拒报、迟报统计资料等。

（3）企业违反信息公开义务的法律责任

企业违反信息公开义务必须承担法律责任是相关立法的基本要求，并形成了以行政和刑事责任为主要调控手段，以民事救济保护被害人合法权益的责任体系。以提供虚假财务报告行为为例，早在1986年，《民法通则》就原则性地规定除法人承担责任外，对法定代表人可以给予行政处分、罚款，构成犯罪的，要追究刑事责任。1993年《公司法》在强调对直接负责的主管人员和其他直接责任人员处以罚款的同时，对因此造成他人经济损失的，公司应承担赔偿责任。1997年修订后的《刑法》第一百六十六条设置了提供虚假财会报告的罪名，对直接负责的主管人员和其他直接责任人员，处二年以下有期徒刑或者拘役，并处或单处2万元以上20万元以下罚金。1999年《会计法》第四十三条进一步明确提供虚假财务报告构成犯罪的，应依法追究刑事责任；不构成犯罪的，由县级以上人民政府财政部门予以通报，对单位处5 000元以下的罚款，对直接负责的主管人员和其他直接责任人员，处3 000元以上5 000元以下的罚款，形成多种责任形式的有机结合。2005年《公司法》第二百零三条规定："公司在依法向有关主管部门提供的财务会计报告等材料上作虚假记载或者隐瞒重要事实的，由有关主管部门对直接负责的主管人员和其他直接责任人员处以三万元以上三十万元以下的罚款。"

2. 我国企业信息公开法律规定的特点

（1）企业信息公开规范散布于诸多制度与规则之中。我国没有出台专门的企业信息公开立法，对企业信息公开行为的规制散布于诸多制度与规则之中，如《产品质量法》规定了产品信息公开标准，《证券法》及其相关法规对证券信息披露的内容与格式标准进行了详尽规定。这种以一种包容诸多制度与规则的系统性综合规范形式存在的立法格局，保证了专门立法法律结构的完整性和对企业信息公开行为的较强针对性，发挥了一定的指引和防范欺诈、归责和威慑作用，但会在一定程度上弱化对企业信息公开行为的调整，可能导致信息公开标准模糊且各标准间缺乏内在统一性，配套和衔接不良，如此一来既增加了立法成本和法律适用难度，又使企业有了较大的信息操作空间。如目前主要是满足国家管理和财务、税务上要求的会计制度的设计，与国际会计管理不协调，从而造成所计算的公司净利润差异较大，使企业具有较大的信息操作空间。

（2）对企业信息公开义务作出了相对具体和明确的规定。一方面，法律对企业信息公开行为提出了总体要求，强调企业公开信息必须遵循真实性、合法性、完整性、及时性和有效性等原则。另一方面，针对国家、企业利害关系人和社会公众等信息用户对企业信息的不同需求，法律对企业信息公开的内容和方式作了区别规定。为了满足实现国家社会管理目的的需要，法律将企业对国家承担信息公开义务的场合安排在企业的设立、变更和终止以及企业为获取某种特定权利（如商标权、专利权）和企业承担社会责任（如纳税）等行为过程中，以要求企业向主管机关报送法律规定的各类资料的方式，就企业的自然条件、财务状况等信息予以公开。对企业利害关系人的信息公开，主要是基于尊重对方利益和自主选择权利的需要，当发生企业变更、终止以及订立和履行合同等事宜时，采用通知、公告和依约提供各种信息资料的方式如实告知企业有关信息。但总的来讲，现行立法特别强调企业信息公开的政府监管和对政府的信息报告，公众获得企业信息的渠道不畅。

（3）形成了完整的企业违法公开信息的法律责任体系。我国法律严厉禁止企业实施虚假公开、误导性公开、不适时公开和不充分公开等信息公开行为，形成了以行政和刑事责任为主要调控手段，以民事救济保护被害人合法权益的责任体系，并呈现出对违法犯罪行为规定得较全面、涉及范围广，处罚手段多种多样、有较强的调控能力，有加大处罚力度趋势①等特征。如《公司法》、《会计法》、《统计法》、《产品质量法》等经济法律共罗列了近40种违法行为，而《刑法》则设立了虚假注册资本罪、提供虚假财会报告罪、贷款诈骗罪、假冒注册商标专利罪、虚假广告罪等19个罪名，几乎覆

① 如1993年《消费者权益保护法》明确规定，经营者提供商品或者服务有欺诈行为的，应当按照消费者要求，增加赔偿消费者购买商品的价款或者接受服务的费用的一倍的损失。到了2009年的《食品安全法》，则规定食品经营者以假充真或者销售不安全食品，除赔偿消费者实际损失外，消费者还可以要求其支付价款10倍的赔偿金。

盖了企业自设立到终止的全过程，涉及企业活动的基本方面。但即便如此，仍存在有处罚力度不够，过分倚重行政处罚，民事、刑事责任适用面太窄等问题。如《证券法》第一百七十七条规定的虚假信息披露行为的罚款额度为35万元以上60万元以下，此处罚相比上市公司因违法所获利益明显过轻，大大降低了法律的作用。

3. 国外企业信息公开法律规定的启示

（1）确定诚实信用为企业承担信息公开义务的首要准则。企业不履行信息公开义务，说到底是信用问题。因此，要保证企业切实履行信息公开义务，必须确立诚实信用原则，要求企业：一是一切信息公开行为必须遵守法律、法规、自律规范和交易习惯；二是禁止一切欺诈、误导或其他致人损害的行为，在当事人之间的利益关系中，信守诺言，尊重他人权利；三是协调个体利益与社会利益之间的关系，不得为自我权利的行使和利益的获得而损害他人和社会的利益，禁止权力滥用；四是以诚实信用的态度科学地认识法律、解释法律和执行法律，不得规避法律规范，不得为实现个人利益而曲解法律本意。

（2）修订现有立法不严密之处，减少企业操作信息空间。尽管法律对企业信息公开有多方面规定，但除上市公司信息披露制度较完备外，其他信息公开的规范化程度较低。因此，必须针对企业信息公开的盲点进行立法，进一步明确应公开的信息种类，并对公开信息的形成程序、表现形式和内容、公开程序进行标准化设计。如修订《会计准则》，规定落实真实、公允的会计报告标准的具体措施，对可选择的不同会计处理方法明确规定适用范围，以减少企业随意选择有利于自己的会计处理方法的机会。

（3）完善企业信息公开法律责任，着力于加大惩罚力度。目前应努力做好以下工作：一是以处罚应该重到事前就能遏制企业实施信息违法行为的动机为原则，进一步加大惩罚力度。二是增设新罪名，如虚假陈述罪、伪造统计罪、恶意隐瞒企业重大事故罪等，并主要采取行为犯罪构成模式。三是适当完善犯罪构成，使犯罪构成更加明确具体，不同犯罪构成间的界限更清楚。四是针对企业违法的获利动机，提高行政处罚尤其是罚款额度，更为普遍地采用罚金处罚。五是实行市场清退制度，对情节特别严重的，坚决予以吊销营业执照或取消企业上市公司资格。六是为体现法律对弱者的保护和提高法律的运行效益，在明确企业有高度的注意义务、保证公开信息的真实性和完整性的基础上，更广泛地适用民事赔偿，并建立切实可行的制度和操作规则，对民事责任形式、举证责任、诉讼主体资格、赔偿数额的计算方法等作出明确规定，将民事赔偿落到实处。

三、建立我国统一的企业信息公开立法的设想

（一）建立我国统一的企业信息公开立法意义重大

企业信息公开行为是一个持续性行为，对其监督和执法需要的是持续性、经常性和一贯性。完善现行立法，以最明确、最简洁的立法语言规定所有场合下信息公开要求达到的统一标准，以保证信息的有效化和可比性，并对企业须公开的信息、信息的形成程序、表现形式和内容、公开程序进行标准化设计，建立由相对精细的信息公开标准和有效的信息传输机制组成的统一制度，对法律调整企业信息公开关系过程中发生的社会关系作出原则性规定，既可弥补法律漏洞和不完全等立法政策和技术上的缺点，又可通过明确当事人的权利义务，最大限度地提高社会经济活动和民事活动的运行效率。这种做法可以实现公众个体选择权、效益与公平、市场自由与国家干预的和谐平衡，使信息充分进入市场，从而保证以较小资源损耗为代价，最大限度地提高市场的有效性，促进市场的发育和成熟；使公众通过对信息的广泛接触和获取，增强他们对企业不当行为的谴责能力；提高企业自我约束能力，预防并减少企业不法行为发生的可能；以明确的法律制度和责任促使企业遵守现实的监管标准，使与公众有关的企业信息公平地传递给公众，实现机会公平，并有助于法律执行。

（二）统一立法的切入点：以产品质量模式监管企业信息公开行为

1. 企业所公开的信息具有产品性质。企业须公开的信息具有产品性质，决定于企业公开信息产出的方式和过程、信息的功能和特性等与企业产品的高度一致性。

（1）企业信息是对企业运营中产生的诸多消息的忠实记录，符合国际标准化组织所定义的“产品是某一活动和过程的结果”，属其所列明的硬

件、流程性材料、软件、服务等4类产品中的软件之“书写的和其他手段记录的信息”。①

（2）产品的本质特征是有用性，如菲利普·利特勒认为产品是为留意、获取、使用和消费以满足不同欲望和需要而提供给公开市场的一切东西。企业公开信息的有用性在于消除信息用户关于企业运动状态和方式的不确定性，以满足国家实现管理职能的需要，为社会公众和企业交易的相关人员作出正确决策提供依据。

（3）尽管在对产品的界定范围上存有差异，但加工、制作和销售，② 是各国立法对产品特性的认同。企业公开的信息是按照特定的信息载体，遵循特定的规则和程序制作，以特定的形式传播的，凝聚了企业一般劳动，并且生产的目的是为了让渡而非自我服务。只是与其他产品相比，由于企业信息公开义务产生于法律的强制性规定并具有权利义务单向性特征，信息需求者在获得信息时无须支付代价。但企业公开信息的目的在于促使信息需求者与其交易，并通过这种交易获得相应的公开信息成本的补偿，是使其价值最大化而为的促销行为。

2. 企业公开的信息可用产品质量标准量化。为满足信息用户的需要，法律应明确企业信息公开标准。各国对企业信息公开标准目前尚未有一个统一的定论，但通常认为须从形式、内容和范围③上把握，要求企业必须对公开信息的真实性、准确性和完整性承担责任，而这与国际标准化组织所概括的产品质量的适用性、安全性、可靠性、有效性等指标特性④相吻合。

3. 将企业须公开的信息赋予产品性质具有重大意义。

（1）产品化可借鉴成熟的产品质量立法。在世界范围内，产品质量立法不但历史久远，而且产品标准、产品缺陷、产品责任和产品质量宏观管理的法律制度已趋于成熟和完善，并且基于日益频繁的国际贸易的需要，各国法律间呈现出一定的趋同性，有关产品责任的国际公约陆续产生。1993年

---

① 马国柱：《新编质量管理和质量保证》，北京，机械工业出版社，1996。

② 王翔：《产品责任法中产品概念的比较研究》，载《上海交通大学学报》（社会科学版），2002（2）。

③ 齐斌：《证券市场信息披露法律监管》，北京，法律出版社，2000。

④ 马国柱：《新编质量管理和质量保证》，北京，机械工业出版社，1996。

第七届全国人大常委会第30次会议通过的《产品质量法》，在我国原有产品质量监督管理法律、法规的基础上，吸收西方关于产品责任立法的原则精神和具体内容，形成了具有中国特色的产品质量法律制度，并取得了良好的实施效果，对建立统一的企业信息公开制度有较强借鉴意义。

（2）以产品质量规范企业的信息公开行为是一种低成本高效率的做法。企业为信息公开行为、公众获得有效信息、政府对企业信息公开行为的监管都须投入一定成本。降低成本的有效方法之一，是信息公开标准的简单化和相对统一。简洁明了的产品标准无疑是帮助实现这种简单化的有效途径。同时，以产品质量指标规范信息公开行为，企业易接受和操作，必然促使企业注重信息质量的提高，并援引它们得心应手的全面质量管理做好信息质量管理工作，对提高信息公开质量有重大意义。

（3）有效解决信息公开责任问题。我国现行规范企业信息公开行为的法律规定多属行政立法性质，易使企业误解自己的信息公开义务只对政府负责，信息用户不能认识到公平获得准确无误的信息是其一项法定权利，受害时应得救济实现困难。在概念上将企业公开的信息看做产品，公开信息的企业视做生产者，企业信息需求者视做企业信息的消费者或用户（包括实际用户和潜在用户），要求企业必须对公开信息的瑕疵、缺陷以及由此造成的损失负责，一是可强化企业对市场、社会负责的责任意识和用户的权利意识；二是采用产品责任形式，以信息满足用户需要的能力为标准确定企业责任，可简化受损害的信息用户为取得民事救济所必须经历的复杂的司法程序；三是充分利用《消费者权益保护法》、《产品质量法》对买方的特别保护规定，平衡企业与信息用户之间的权利义务关系；四是改变目前由于分散立法而不得已采用的类似于刑事犯罪那样的违法形态类型化规定，适用构成要件标准法定方法，实现执法统一；五是有助于解决企业不当公开信息中信息审核者、信息发布媒介的责任认定、归属问题。

（三）基于企业须公开信息的产品性质的统一立法设想

1. 立法的基本思路是实施全面质量管理

尽管各国立法有一定差异，但其基本内容和指导思想是一致的，即要求信息公开者对公开的信息在质量上对接收者负责到底，能够稳定地、长期地公开合格信息。所以，必须要有明确的指导思想，要以系统理论为指导，对影响信息公开质量的有关因素进行统筹安排，从信息文件的形成到发布等，建立起一套有效的控制办法以保证信息质量，即使接收者对公开者产生一种信赖感，又可做到信息在使用中一旦出现质量问题，并被认定是公开者的责任时，能迅速对接收者进行补偿并能积极采取矫正措施。要做到这一点，就要对产品质量形成的全过程进行控制，只有以全面质量管理为基础才能取得满意的效果。

全面质量管理的概念，是在20世纪50年代末，由美国通用电气公司的费根堡姆和质量管理专家朱兰提出的，他们认为“全面质量管理是为了能够在最经济的水平上，考虑到充分满足客户要求的条件下进行生产和提供服务，把企业各部门在研制质量、维持质量和提高质量的活动中成为一体的一种有效体系”。60年代初，美国一些企业根据行为管理科学的理论，在企业的质量管理中开展了依靠职工“自我控制”的“无缺陷运动”（Zero Defects），日本在工业企业中开展质量管理小组（Q. C. Cycle）活动，使全面质量管理活动迅速发展起来。今天，全面质量管理被认为是一个组织以质量为中心，以全员参与为基础，目的在于通过让顾客满意和本组织所有成员及社会受益而达到长期成功的管理途径，其核心特征是全员参加的质量管理、全过程的质量管理和全面的质量管理。

由此可见，以全面质量管理思想为立法基本思路，突出了管罚并用、严管胜于严罚的立法理念，通过对企业公开的信息的形成、发布责任的追究进行全过程监控，可以建立起更为科学的企业信息公开质量监控制度，实现对信息质量的全方位、全过程的管理与监督，并具有事前控制、事中监督、事后追罚相结合的优点，而不是单纯依靠事后追罚来解决信息问题，可以有效提高企业信息公开质量。

2. 企业信息公开立法原则

（1）公开、公平、公正原则

公开、公平和公正是贯穿于企业信息公开法律制度的基本原则，也是统领企业信息公开制度的准则。公开原则要求企业对所有与企业利害关系人有关的重大事项均依法以一定方式公开；政府监管机构与自律组织应及时公布其所获得的，依法应予披露的企业信息，如企业产品抽测结果。公平是指各市场参与者在交易中既有平等对待他人的义务，又有获得平等对待的权利。在信息公开上，公平原则要求法律在市场主体权利义务的设计上体现平等。企业既然要从其利益相关者那里获得利益，就应依法承担公开信息的义务，与此相对应，利益相关者应具有获得信息的权利。公正表现为对立法者、司法者和管理者权利的赋予与约束，表现为社会对市场行为的评价，即市场行为的社会公正性。[①] 在信息公开中，公正原则要求信息公开的监管者应根据法律法规和管理规章的规定公正地行使监管或管理职权，在缺乏可资参照的规定时，应根据社会正义性处理问题。

“三公”原则是一个有机的体系，是社会经济健康发展的必要条件。公开原则是公平和公正原则得以实现的前提，是最首要的核心原则。如果说公平、公正与诚实信用是一种理想的市场状态和权利分配格局的话，公开原则则是实现上述理想的最重要的方法。因为没有公开，信息接收者的权益难以得到保护，难以实现市场主体之间权利义务的公平；公平原则是公开和公正原则所要追求的目标，公开是手段和途径，公平是目的；公正原则是贯彻公开原则和公平原则时所必须坚持的行为准则，监管者不公正执法或行使管理职能，公开原则将难以实现，也无法实现市场主体间权利义务的公平和平等。公开原则的法律规则化便是信息公开制度，它以法律的具体规定细化了公开原则并借助法律的强制力执行了公开原则。

（2）诚实信用原则

诚实守信是一项古老的民法基本原则，它起源于古罗马裁判官采用的一项司法制度，即在审理民事纠纷时考虑当事人的主观状态和社会所要求的公平正义，后来逐渐扩展适用于债务履行、债权行使乃至一切民事活动，成为民事主体在从事民事行为中应予遵循的一项基本准则。[②] 在企业信息公开制度中，诚实信用原则要求当事人在行使权利和履行义务时应诚实善意，讲求信誉，恪守诺言，不规避法律，不怀有欺诈企图，即一是一切信息公开行为必须遵守法律、法规、自律规范和交易习惯。二是禁止一切欺诈、误导或其他致人损害之行为，在当事人之间的利益关系中，信守诺言，尊重他人权

① 杨志华：《证券法律制度研究》，32 页，北京，中国政法大学出版社，1995。

② 佟柔：《民法总则》，19 页，北京，中国人民公安大学出版社，1990。

利。三是协调个体利益与社会利益之间的关系，不得为自我权利的行使和利益的获得而损害他人和社会的利益，禁止滥用权利。四是以诚实信用的态度科学地认识法律、解释法律和执行法律。不得规避法律规范，不得为渗入个人利益而曲解法律本意。五是企业公开信息应客观陈述有关情况，不作虚假、误导性陈述，或遗漏重要事实，确保其陈述内容的准确性、真实性和完整性。

(3) 适度干预原则

企业信息公开失灵是国家强制企业公开信息的经济逻辑起点之一。市场调节自身所具有的不可克服的盲目性和局限性，使得其最优资源配置的作用在企业信息公开领域受到了限制，这就使政府干预成为必要。但我们不难发现，政府对信息公开的管制由于其固有的不能确定资源是否最优化的弊端，以及管制成本的大小及负担问题的存在，单一形式的强制公开和严格管制终非长久之计。随着经济条件的变化和社会环境的变迁，对信息公开管制的最佳之举是在政府适度管制的基础上引入市场机制，将信息公开融入市场运作，同时发挥政府调控管制和市场导引、配置的双重作用。政府的职责是提供一个清晰的、具有连续性和可预见性的法律框架，使企业在政府制定的框架内，通过自律、协议、自制经营规则和自我寻求联系与保障来适当履行信息公开义务。

(4) 效益原则

一般认为，经济立法与民事立法的一个主要目的在于明确有关当事人的权利和义务，提高社会经济活动或民事活动的运行效率。信息公开制度在提高社会效率方面的特别意义在于：一是在一定程度上克服市场主体的有限理性，既增加了市场主体的有效信息拥有量，弥补市场不能提供充分信息的缺陷，又降低了市场主体所需承担的信息成本，从而降低市场的不确定性，对市场交易形成强有力的支持，促进市场体制的发展；二是政府运用公权对信息产权进行直接保护，一方面可以降低信息主体对其所拥有信息的排他成本，另一方面也可以增强信息主体对其所拥有信息的安全感，从而促进信息交易，增加信息产出。

要使企业信息公开制度产生良好的效益，制度建立时应注意：一是应在研究市场规律和借鉴外国实践经验的基础上，制定出切实可行的法规和管理规章，增加规则的可操作性；二是信息公开制度应适当权衡保护接收者与降低公开者公开成本之间的关系，在保护信息接收者利益的前提下，减少不必要的信息公开要求，提高信息公开制度的整体效率；三是特定的信息公开者应及时公开信息，以便信息接收者及时据此作出交易判断，加快市场对信息的吸收速度，提高交易效率。

(5)“顾客”满意原则

社会生产力的发展促使人类供求关系发生了本质的变化，从供不应求走向供求平衡，再走向供过于求，从而带动经济生产和生活模式从短缺型转向过剩型，促使市场属性从卖方市场转变为买方市场。在不同的供求关系背景下，企业经营贯彻不同的指导思想，传统的利润最大化的经营宗旨必须让位于以经济、社会和环境三大利益有机统一的最大化，而其归根到底可归纳为让消费者满意,① 因为只有这样，才能完成产品实现，再生产过程才能畅通无阻，企业才能持续生存和主动发展。而要让消费者满意，必须要做到让消费者喜欢、让消费者放心、让消费者参与。就信息提供而言，让消费者喜欢就是要求企业提供消费者需要的信息；让消费者放心就是要讲信用、重商德，提供可靠的信息；让消费者参与就是通过信息公开增加经营的公开性和透明度。

为切实实现顾客满意，立法者要注意：一是接收者的需要是什么，从而有针对性地制定信息公开标准；二是对信息公开主体的信息公开行为予以控制，防止其从事欺诈或不公平的公开行为；三是创设诉讼上的权利，以保证信息接收者在其权益遭受损失后获得求偿渠道的畅通。

3. 企业信息公开立法框架

对企业信息公开进行法律调整的具体范围应当根据信息公开领域的客观运行规律以及法律调整需求来设计。正如并非所有的经济现象都能够或都有必要由法律来规范一样，企业信息的内在特性受技术、社会需求强度、文化因素以及政治选择等多因素的影响，其动态发展的规律不仅要求我们要从实际出发来认识、把握企业信息的现实表现与种类，更重要的是需要国家从本国的实际国情、发展阶段出发，综合考虑国家的经济实力、技术水平、民生

---

① 林擎国：《面对新经济形式的企业经营宗旨调整》，载《中国经济问题》，2000（6）。

需求、社会福利、分配公平、利益均衡以及经济安全等因素，将那些全局性而非局部性、整体性而非部分性、常态性而非偶然性、普遍性而非特殊性的企业信息公开行为纳入法律调整的框架，明确其调整的价值取向，以及各方主体的权力（权利）、义务、责任，从而进行相关法律制度设计以规范企业信息生产与提供的决策、实施程序，确保其质量与安全，保障信息接收者依法享有企业信息的相关权益。

企业信息公开制度是为了满足信息接收者决策对信息的需要而制定的，目的是保障公共利益的实现。因此，信息公开制度应就以下事项作出明确规定：一是通过类型化方式规定应当公开的信息种类、信息量和公开时间、程序和方式；二是违法拒绝公开信息或信息公开不当的法律责任追究制度；三是信息公开违法或不当而导致公众损失的救济制度；四是企业信息公开监管制度。这四部分构成了企业信息公开制度的基本框架，并主要体现在《企业信息公开法》的立法原则和目的、对企业信息公开行为的监督管理制度、企业信息公开义务、企业违法公开信息的责任等规定之中。

4. 企业信息公开制度与相关法律制度的关系

企业信息公开制度并不是现行各相关规定的替代物，而是为调整企业信息公开行为过程中发生的社会关系提供一种原则性规定。

（1）企业信息公开制度与现行相关法律法规的关系。它们之间是普通法和特别法的关系。制定企业信息公开制度的目的不在于取代现行法律法规，而是为调整企业信息公开行为过程中发生的社会关系提供一种原则性规定，并力图通过这一制度的原则性规定，使目前散乱的企业信息公开规定获得内在统一性，从而提高法律运行的效率和效益。

（2）企业信息公开制度与信息公开法。信息公开法是调整一国公民行使获取有关信息的权利的法律规范的总称。信息公开法确立了公民根据法律规定获得信息的基本权利。信息公开法的出现起源于“公开是当代国家政治健康之根本”的理念，是“政治来源于民众”思想的必然要求，是国民行使参政议政权利的保障。

企业信息公开制度与信息公开法是既相互区别又相互联系的概念。从区别上看，前者包括的主体范围较为广泛，涉及企业、政府部门、社会组织和企业利益相关者，后者所包括的主体主要是一国国民和政府部门；前者的根本目的在于保护信息接收者的交易安全，后者的主要目的在于保护国民的信息权；前者所包含的信息主要是影响与企业有关的交易信息，而后者主要是指在政府备案的任何信息。从联系上看，信息公开法的理论可以为企业利益相关者使用，籍此获得影响交易的在政府备案的材料。

第二节　企业信息公开义务及责任

企业信息公开义务的核心是确立企业信息公开者的自我说明义务，要求它们以最大的诚信标准为公开行为，并承担保证义务、更新义务和谨慎注意义务，以确保它们公开的信息是符合质量要求的，并能够准确地传达给信息接收者。这是对企业信息公开行为形成有效约束，促进企业信息公开质量提高，切实改善信息不对称状况的保证。

一、企业信息公开义务确定的依据

（一）满足企业信息接收者的信息需要

企业信息接收者的信息需要具有广泛性、社会性、发展性、多样性等特征，其对信息的需要，大体表现为如下方面：

1. 对信息本身的需要。对信息本身的需要是信息接收者的最终目标。人们在从事各种社会活动的过程中，为了解决所遇到的问题，就需要了解情况，增长知识，及时作出有效的决策。信息需要从本质上说表现为人类对于信息、知识的追求。由于信息本身的诸多属性，信息接收者对信息的需要也涉及许多方面：一是对信息内容的需要。无论接收者信息需要的表现形式如何不同，其本质都是要求获得有助于问题解决的特定信息。二是对信息类型的需要。信息接收者可能需要不同类型的信息，如知识、消息、数据或事实资料，口头信息、文字信息、图形图像信息，图书、期刊等类型的文献等。三是对信息质量的要求。接收者需要的是准确、可靠、完整、全面的信息，而不是模糊、错误、零散、片面的信息。四是对信息数量的要求。信息接收者需要的是数量上适度、能够有效消化吸收的信息，而非超过其信息处理与利用能力限度的信息。

2. 对信息服务的需要。在当代社会信息数量急剧上涨、质量不断下降、内容交叉重复的情况下，信息接收者个人满足自己信息需要的能力是十分有限的。所以，信息接收者需要信息服务机构的帮助，要求信息服务机构通过开展信息服务来满足自己的需要：一是对服务方式的需要。信息接收者需要不同的信息服务方式，如检索服务、咨询服务、借阅服务、复制服务、翻译服务等。二是对服务设施的需要。信息接收者需要便利的信息服务设施，如检索设备、阅览场所和设施等。三是对服务质量的要求。信息接收者对信息服务的质量有许多方面的要求，如适时性（对传递时间的要求）、针对性（对传递方向的要求）、连续性（对服务环节的要求）、经济性（对服务效果的要求）、可近性（对信息源的要求）、易用性（对信息系统的要求）、可得性（对原文献信息的要求）、方便性（对信息服务的总体要求）等等。

（二）企业信息的质量特征

企业信息公开行为是一种经济管理行为，这种行为的结果是提供企业信息产品，以满足社会各层次不同使用者的需要。能否满足这种需要、满足这种需要的程度如何，不仅取决于信息的种类和数量，更取决于信息的质量。企业公开信息的质量特征是指信息的使用者对企业信息按照决策有用性的基本目的而提出的质量要求。由于产品质量具有以下特征：一是整体性。产品质量是内在质量、外在质量的统一，是实体产品质量与延伸产品质量的统一，是个别产品质量与全部产品质量的统一。二是相对性。产品质量高低具有相对性，必须以信息使用者的需求为参照系确定，质量过剩或质量不足都会影响需求，导致供求矛盾失衡进而影响经济效益。三是产品质量应以消费者（用户）满意为最高标准，所以，企业信息公开标准的确定应该充分考虑到信息使用者的决策需要和特点，以最大限度地满足信息使用者可理解性、决策有用性和决策有效性的基本要求。

（三）信息公开的成本与收益

企业公开信息是有成本的。信息公开成本是信息公开者为进行信息公开而可能发生的一切支出项目，以及由于某一公开行为可能为企业带来的损失（机会成本），主要由公开信息的成本、行为约束成本、诉讼成本、政治成本等项目构成。[①] 企业是逐利的“经济人”，只有当其从信息公开行为中所获取的收益大于其披露成本时，才会主动进行信息公开。而企业一旦公开了信息，就将信息公开成本转移给了信息接收者。从信息接收者的主观愿望看，他们对信息公开的需求是无限的，当然是越多越好，但是从他们有支付能力的需求看又是有限的，并且太多烦琐、细致、微小的信息进入市场，也会加重他们甄别、分析信息，并从中寻找真正有用且重大信息的负担。在一定社会生产条件下，以尽可能少的资源生产出尽可能多的符合市场需求的产品，实现既能使该制度能够不折不扣、尽心尽力地保障信息接收者的利益，又不要因此而走得太远导致公开成本过高而抑制了该制度功效的发挥，这二者之间精细且微妙的平衡是确定企业信息公开义务时必须考虑的问题。

众所周知，现代社会的很多产品都没有做到百分之百的绝对安全，人们总会发现不安全、不尽如人意的地方，或者是在事后发现，或者在设计当时就知道。美国法学家通过对产品更安全以避免可能的事故所需的设计成本与这个设计产生的收益（或者说可避免的损失）的比较，确定了制造商的严格责任。法学家威德教授提出了被广泛采用的、在成本与收益或风险与效用之间进行综合分析的七个因素：产品的有用性和合意性——对使用者和作为一个整体的公众的功能；产品的安全性——导致伤害的可能性及伤害的大致严重性；一种符合同样需要并且没有那么不安全的替代产品的可得性；制造商消除该产品的不安全性并不损害其有用性或者不使它为维持其功用而过于昂贵的能力；使用者在使用产品时给予注意以避免危险的能力；由于公众对产品显而易见的状况或合适的警告、指示的一般知识，使用者对产品危险及其可避免性的预感；制造商以确定产品价格或投保责任险来分散损失的可行性。这对我们确定企业信息公开义务具有很好的借鉴意义。

（四）企业公开信息与企业商业秘密的保护

企业公开信息的有用性主要通过完整性表现出来，而完整性与企业商业

---

① 朱丹、曲腾龙：《影响会计信息披露的供给因素分析》，载《财经理论与实践》，2000(21)。

秘密的保护之间存在着矛盾。因为企业信息公开制度是以公开理念为理论依据的，必然与商业秘密的保密理念产生冲突，并最终表现为法律在社会公共利益保护与经营者个体利益保护之间的价值冲突，因此必须很好地协调。

1. 以社会本位为指导思想协调信息公开与商业秘密保护的冲突。法律从某种意义上说是调整利益关系的工具，法律公平与否，取决于利益平衡与否。法律应当树立社会公共利益的观念。法律的公平价值能否实现，不仅要看个体利益是否得到保障，还要看社会公共利益是否得到保障，并在平衡二者利益冲突时，坚持社会本位的指导思想，努力维护社会公共利益。就信息公开与商业秘密保护而言，因为信息公开制度主要是维护社会公共利益，而商业秘密保护主要是维护企业个体利益，所以两者发生冲突时，应该坚持社会本位指导思想，信息公开优于商业秘密的保护，任何商业秘密的持有者不能借口商业秘密拒绝履行法定信息公开义务。

2. 通过具体制度来协调信息公开与商业秘密保护的冲突。“在一个多元化利益的社会中，利益的冲突或者失衡在所难免，而立法者的职责是要通过立法价值选择把利益的冲突或者失衡控制在公平的范围内，使多元化利益的结构实现有序化。”[①] 为求得利益关系的平衡，有必要通过立法对利益的分配进行价值选择。具体到信息公开与商业秘密保护，在进行利益分配及价值选择时应注意以下三项原则：

（1）兼顾原则。当不同利益处于一定矛盾状态的时候，立法者的价值选择应当兼顾利益分配所涉及的各个方面，尽管其中有轻重、主次、先后之别，但都应当予以合理兼顾。就信息公开制度与商业秘密保护之间的利益冲突而言，为维护社会公共利益并兼顾企业个体利益，强调最低限度的知情，做到既能确保商业秘密的关键部分不被泄漏，又能保证信息接收者可依据公开的信息作出合理决策是最低要求。

兼顾原则的具体实现可通过法律列举允许不予公开事项的明确规定，对于涉及商业秘密的，应当具体指明哪些事项属于商业秘密，并且限制对所列事项的过度解释与增加。在商业秘密与重大事件交叉的情况下，应该

---

① 李林：《论立法价值及其选择》，见张文显主编《法理学论丛》（第一卷），87页，北京，法律出版社，1999。

在分析该信息重要性的基础上作出取舍。需要指出的是，这种取舍不应由企业或政府监管部门单方面作出，而要由企业与政府监管部门通过听证等准司法程序进行，以保证社会公共利益与企业个体利益的兼顾。《股票发行与交易管理暂行条例》第十条“上市公司有充分理由认为向社会公布该重大事件会损害上市公司的利益，且不公布也不会导致股票市场价值重大变动的，经证券交易场所同意，可以不予公布”的规定，就是利益兼顾的一种表现。

（2）公平原则。立法者要在诸种利益之间求得平衡，就应当引入公平原则，用公平来确定各种利益的归宿，使利益的分配达到各方基本能接受的程度。

（3）保密原则。保密原则是指因交易或合作的需要，双方需互知其商业秘密的也应承担互相保密的义务，知情者不仅在现在而且在将来一定时期乃至永远都要严守只有自己知道的商业秘密，不得对外泄露和利用其为自己盈利，否则就构成侵犯商业秘密并因此承担责任。保密原则为知情权与商业秘密之间的协调统一提供了又一处理准则。对企业而言，任何秘密都会在特定情形下使他人知悉，否则商业秘密就变得如同自然界的可怕神秘物一样毫无法律意义。保密原则不是拒斥知情，而是拒斥无关的知情，是应当的知情与应保护的商业秘密的有机统一。保密原则既将必要人员的知情权行使置于可接受的程度，也使商业秘密具有其应有的市场价值。

二、企业信息公开义务

义务是义务主体为满足权利主体的要求，必须为一定行为或者不为一定行为的责任。其基本含义有三：一是义务主体必须依照经济法律、法规、合同、协议的规定，为一定行为或不为一定行为，以实现权利主体的利益和要求；二是义务主体履行经济义务有其法定、约定范围的限制，对超出规定或约定的要求有权拒绝；三是义务主体应当自觉履行义务，如果不履行或不适当履行，就要依法承担法律责任。所以，企业信息公开义务的规定应解决公开什么、如何公开和不公开及公开不当的法律后果等问题。

（一）企业信息公开的范围①

完整是企业信息公开的重要标准之一，但它并不是要求有关企业的所有烦琐细小的信息都应公开，因为这样的公开既不经济，也不可行。法律应以保护公共利益与保护个体利益相协调为原则，明确规定企业信息公开的范围。

1. 企业信息公开义务范围。

（1）界定企业信息公开义务范围的方式。在具体界定企业信息公开义务的范围时，通常采用的方式主要有三种：一是明确排除不需说明的事项，如涉及企业商业秘密的事实不应在说明之列，如果在特定交易中必须予以说明，则应同时规定对方的保密义务。二是明确必须予以说明的事项。在立法技术上，可以采取列举式和概括式相结合的方法。列举式的规定，可以使信息公开者的义务更为清晰明了，是最佳的立法选择。但在现实生活中，各种情形都有可能发生，人的有限理性往往无法列举出所有的情形，所以，列举式规定必须辅以概括式规定。《消费者权益保护法》在对企业应予公开的商品的名称、规格、质量、产地、性能、用途、有效期限等事项列举之后，又要求企业对有可能产生消极影响及其他必须予以说明的事项向消费者作出准确、充分、及时的说明的规定，就是一个范例。三是一般法对企业信息公开义务范围只能作原则性的规定，具体的规则由实施细则或地方性法规、其他相关规定加以明确。

无论采取何种形式，立法时都必须充分考虑到信息不对称在时空、不同公开对象的需求上所存在的重大差异，这种重大差异应该在企业信息公开制度中有所反映，这就要求在制度设计时应该做到两点：一是区别对待，以降低社会总的信息成本。在设定信息公开范围时，应区分不同信息接收者的信息需求以及信息对决策的影响程度，明确规定强制公开、鼓励公开、限制公开、豁免公开的情形。二是确保制度的动态性。动态性在企业信息公开制度

---

① 由于信息需求具有多样性、差异性和层次性特征，尤其是政府的信息需求较其他需求者而言对社会公共利益的保护更为重要，并且国家权力使其较一般信息接收者而言，能轻易得到按惯例不向他人提供，或者在难以公开的前提下不向他人提供的信息。因此，我们在这里只研究企业信息公开的通例，个体公开差异或对特别主体的公开义务，由各专门立法予以调整。

中特别重要，因为有关信息不对称的情势处在不断变动之中，如果对信息不对称已不会产生实质影响的企业还设定严格的信息公开义务，则不仅对信息公开者不公平，还会有损交易；而若对信息不对称已产生实质影响的公开者不设定严格的信息公开义务，则会使信息接收者的利益得不到保障。

(2) 原则上应予公开的企业信息范围。从满足企业信息接收者的信息需要角度看，法律需对公开的企业信息内容作出的原则性规定大体包括两部分。

第一，关于企业自身的信息。这是指因企业本身的行为可能影响信息接收者决策而须予公开的信息。其内容包括：①企业概况，包括企业名称、地址、电话、传真、邮编、企业性质、业务范围，员工总数等。②历史背景，包括成立日期、注册机关、注册资金及营业执照号码、历史沿革、股东及其所持股份、上级主管部门等。③管理人员，包括企业最高权力机构、法定代表人、董事长、总经理、副总经理等的基本情况。④财务状况，包括资产负债表、损益表、财务比率分析等。⑤银行往来，包括企业开户银行及账号等。⑥经营状况，包括主营、兼营范围，主要产品及产量，原材料采购，产品销售区域，购买及销售付款方式，企业商业信誉，主要供应商的名称、电话、附属企业基本信息、员工状况、办公环境及面积等。⑦企业资信和产品质量信息，如一般企业注册、年检、资金规模、生产能力、信用评级、产品质量等。⑧关联企业的名称、所在地、主营业务范围、本企业持有该关联企业所有者权益的份额、从属公司与控制企业或其他分、子企业之间所进行的一切法律行为以及因控制企业或为其利益而从事的一切业务或不作为。⑨重大事件，主要包括企业公开发行的债务担保或抵押物的变更或增减，企业营业所用主要资产的抵押、出售或报废一次超过该资产的30%，更换承担企业审计事务的会计师事务所，股东大会或监事会的决定被法院依法撤销，公司的合并或分立，重大的诉讼事件，企业的生产经营环境发生重大变化，公司进入清算、破产状态等。⑩中介信息。

第二，与企业有关的信息。指尽管有关事实的出现非因企业的行为所致，但为维护信息接收者利益，法律规定应由企业予以公开的信息，如澄清与企业有关的谣传。另外，国家大的经济战略规划、产业政策等宏观政策面信息；国际、国内市场统计信息；为交易对象提供可预测性的法律、法规和程序等规则体系信息，如违约责任、行业市场准入、行业管理、产品质量标准和统一的工艺技术规程信息等，因与企业的活动密切相关，并可能直接影响到企业利益相关者的决策，也属应当公开之列。

2. 明确限制公开、豁免公开的情形，主要有：（1）涉及国家利益和公共安全保护需要不宜公开的信息；（2）因公开使该企业在竞争中的地位、财产权及其他正当权益受到损害的信息；（3）会给信息公开者造成过重负担的信息，如过多的访问要求或所提要求涉及比较陈旧的信息等。这里要注意，对于涉及公众切身利益的信息不准限制公开，如关系国计民生和人民群众生命财产安全的重要产品的质量状况信息。

3. 不予公开信息的申请与审查。如果企业认为对某项重大事件立即披露会对企业利益造成损害，企业可以以保密文件形式向监管机构报告，并且在报告中说明为什么须保密的理由。这类文件及信息可以暂时不向社会公众公开，但今后是否要公开由监管部门作出决定。为避免信息不公开可能带来的负面影响，在信息保密期间，监管机构可视不公开对市场可能产生的影响，要求企业作出声明或者暂停营业；企业必须制定内部规则，防止在信息保密期间对重大信息的非法使用；企业应及时报告由于信息保密可能引发的问题。

（二）企业信息公开的方式

企业信息公开的方式主要有三种：一是以法定形式在特定的媒体上公开，如企业产品标识、政府对企业产品质量抽查的结果、上市公司依法应予披露的信息等。二是虽不要求公布，但须以其他方式主动公开，并方便公众查询和复制的信息，如企业登记事项、企业经营方针和计划、企业的重大诉讼事项及裁判、企业受处罚记录等。三是非公开前提下的公开，包括两种情形：（1）不主动公开，可由信息需求者提出申请，由信息公开者酌量公开的信息。这主要发生在个体间进行交易活动和收集诉讼证据时。如企业与他人订立专有技术许可合同时，尽管专有技术的内容属豁免公开内容，但为公平目的实现，企业应当对交易当事人公开。（2）依据诚实信用原则，为维护交易相对人的合法权益须予公开的信息，如企业遭受不可抗力事件影响，不得已中止合同的通知等。

（三）企业信息公开标准

标准是衡量信息公开质量的尺度。没有高水平的标准，就不可能有高质量的信息公开行为。确定企业信息公开标准，可以对企业信息公开行为提出一个总体性要求，既便于公开者遵照执行，减少信息的“杂音和模糊性”，又便于监管部门结合信息权内容的规定判断企业信息公开行为的合法度，以提高实务操作和司法实践的效率，达到统一和获得最佳秩序和社会效益的目的。因此，立法应遵循整体最优、统一实用、协商一致、实验验证、稳定扩充的标准编制原则，① 科学合理地确定企业信息公开标准。

西方大多数观点认为，企业信息公开质量标准应包括内容标准和表述标准两部分。企业信息内容的标准是决策有用性，而表述的标准是充分披露。② 其中，决策有用性以可靠性和相关性为主要质量特征，并要求具有清晰性。借鉴国际惯例和我国实际，我们认为从内容标准和表述标准两个方面来确定信息公开标准是适宜的。内容标准可表现为可靠性、具备能满足他人明确和潜在需要的使用性能和不得含有可能危及他人决策安全的不合理危险；表述标准为易得、可读、完整和格式规范，从而形成一个层次分明的企业信息公开质量特征框架。

1. 企业信息公开的内容标准。

（1）可靠性。企业公开的信息要对信息接收者有用，其反映的内容必须真实可靠，这是信息的灵魂和生命，是信息有用的基础。不可靠的信息不

---

① 朱庆华、杨坚争：《信息法教程》，217 页，北京，高等教育出版社，2001。

② “关于会计信息的质量特征”，最具代表性的是美国财务会计准则委员会（FASB）和证交会（SEC）的论述。FASB 将对决策的有用性作为最重要的质量特征。决策有用性是以相关性和可靠性为主要质量要求而构建的会计信息质量特征的层次结构。SEC 前任主席 Arthur Levitt 在《高质量会计准则的重要性》演讲中则是以保护投资者的利益为目标，提出诚信、透明、公允、可比和充分披露等特征为主要的质量要求。而在美国最成熟的论述莫过于 Jonas & Blancher 提出的建议框架。它以 SFAC No. 2 为基础，“代表迄今为止关于财务会计目标和质量特征的最先进思想并提出了概念框架的一个很好的起点”，同时它又吸收了 SEC 模式及西方会计文献中有关评估标准。它的核心仍是以可靠性和相关性为主质量特征的决策有用性，而相关性又包括预测价值、反馈价值与及时性；可靠性包括可稽查性、中立性和如实反映，同时又规定会计信息应该具有清晰性。这样形成了一个层次分明的会计信息质量特征框架。

但对其使用者毫无用处，而且会产生误导，使人们的规划失灵、决策失误，反而会有害无益。

所谓信息的可靠性就是指信息的内容应当具有真实性、合理性、中立性和可验证性等特性。① 真实性要求企业信息的来源和所描述反映的经济业务事项都是真实的客观存在，是对企业活动状况的如实描述和反映；合理性要求对客观事物中内在关系的表述是相对合理的；中立性要求企业信息公开者应站在公允的立场上提供真实的、不带任何个人意志和偏向性的信息；可验证性要求企业信息公开者生成的信息，能由外部独立的第三者采用相同的方法得出相同的结论。总之，无论是通过书面还是通过口头陈述，也无论是借用语言形式还是借用行动方式，也无论采取明示还是默示，公开的信息应当是以客观事实和具有事实基础的判断与意见为基础的，以没有扭曲和不加粉饰的方式再现或反映真实状态和企业活动的本质特征，是值得信赖的。

要使企业信息具有可靠性，必须做到：①表述企业信息的语言、概念等必须规范、明确，严格遵循有关法律法规和规则的规定；②所有内容及数据都应该真实反映企业各项经济业务事项的运作情况，禁止杜撰和篡改；③企业信息中各种数据必须准确无误，使用的计量单位必须科学，符合标准化的要求。

（2）有用性。有用性即信息具备能满足他人明确和潜在需要的使用性能。产品的本质特征是有用性，如菲利普·利特勒认为产品是为留意、获取、使用和消费以满足不同欲望和需要而提供给市场的一切东西。经济学认为，产品质量就是产品的使用价值，各国的法律都是把能满足他人明确和潜在需要的使用性能作为质量的重要内涵。② 信息是事物运动的状态和方式以及关于这种状态和方式的广义知识，它的作用是用来消除信息用户关于事物运动状态和方式的不确定性，它的数值可以用它所消除的不确定性的多少来度量。这就要求企业公开的信息与信息接收者的需要和用途相关联，提供有

① 葛家树、林志军：《现代西方会计理论》，108页，厦门，厦门大学出版社，2001。

② 美国把产品质量定义为“该产品在使用时能成功地适合用户目的的程度，即适用性。”在联邦德国，产品质量被定义为“满足使用目的的合格程度”。英国的质量观念是：“产品或服务的全部特性和特征，能满足给定要求能力的总和。”这些都证明了一点，产品质量的核心是能满足他人明确和潜在需要的使用性能。

益于信息接收者消除决策中的不确定因素，并对其决策具有高度相关性的信息。因此，具有有用性的信息应具有相关性、适用性和及时性三个特性。

相关性是指信息内容与信息接收者提问的关联程度，它要求在企业信息流中挑选出与信息接收者提问有关的信息，并排除无关信息，使信息使用者通过对企业信息的阅知、研判，可用来进行科学分析，预测和推断发展趋势规律，能对企业有一个准确的理解和判断，进而作出正确交易决策。

美国质量管理专家朱兰博士认为，适用性是“产品在使用时能成功满足用户需要的程度”。由于信息接收者及其信息需要的多样性，信息的适用性在很大程度上是随机多变的，它受信息接收者所处的自然与社会环境、科技与经济发展水平、人的因素、资源条件以及组织机构的管理水平等很多因素的制约。不注意这些方面的差异，就很难使信息达到适用性的要求。因此，在对信息进行优化选择时要密切注意信息接收者信息环境的发展变化，立足当前需要，兼顾长远需要，综合考虑信息的适用性问题。

及时性是指信息应在失去影响决策的能力之前公开给决策者。及时性是附属于相关性的，因为同一信息在不同时间对其使用者具有不同的使用价值，是使用者决策的关键要素之一。因此，公开信息必须在其收集、整理、加工、传递上都依规定时间进行，以保证信息的时效性。对企业信息公开在时间上的要求包括三个方面：首先，该信息须反映当时的客观事实，不能给社会公众以过失的和陈旧的信息；其次，信息公开者应毫不迟延地公开其信息。除非在特定的限制条件下，有正当的商业理由、判断或市场管理部门的许可；最后，当信息公开者已经公开的信息由于客观因素不再具有真实性、准确性和完整性的时候，公开者有义务及时发布相关消息修改、更正或澄清这些信息。

（3）安全性，即所公开的企业信息不得含有可能危及他人决策安全的不合理危险。保证安全是信息公开者天经地义的义务，因为信息的准确性与信息接收者决策判断的准确性之间具有内在联系，误导性信息必然导致决策判断的错误偏差。为避免可能给接收者带来的决策失误，信息公开者公开信息时必须用精确不含糊的语言表述其含义，在内容与表达方式上不得使人误解；以适当方式表达并伴有充足的陈述以便信息使用者能据此作出自己的判断；对可能误解的，应在可能影响信息问题的潜在和现实因素等方面，作出具有针对性和良好事实基础的有意义的恰当性的警示性语言。另外，必须遵循谨慎性原则，只能预计可能的损失，而不预计可能的利得。

美国债券交易委员会委员史蒂文·沃尔曼在《财务报告的未来：彩色方法》中指出，传统财务报告模式是以能否确认为基础的，只有确认才能进入报告，否则就不能进入，这是一种黑白模式，已经不能满足信息使用者的需要。他建议用彩色报告模式，把财务会计准财委员会（FASB）第五号概念所确定的四项确认标准一项一项加以考虑，同时把相关性列为必不可少的有用性来建立五个层面的彩色报告模式：第一层次，满足现有确认标准的项目；第二层次，可能存在可靠性问题的项目；第三层次，可能存在可靠性和可定义性双重问题的项目；第四层次，不符合定义要素标准的项目；第五层次，存在定义、可靠性以及可计量性问题的项目。根据沃尔曼教授的思路，我们可以将企业信息载体按其可靠度和信息公开者所认可的安全度进行标记管理，以提醒信息接收者在使用该信息时加以注意。

企业信息的上述三个质量特征缺一不可。失去有用性的信息，为取得它而耗费的成本等于白费；离开可靠性的信息，它的利用价值等于零；有安全缺陷的信息对信息接收者的决策则是致命的。因此，企业应最大限度地使其公开的信息符合这三个质量特征。

2. 企业信息公开的表述标准。信息功效的发挥依赖于可靠的信息表述。企业信息必须通过适当的表述实现充分披露，并使信息接收者易得、易解。

（1）完整性。公开的信息在内容上应达到实质上的完整，即所有可能影响信息接收者决策的信息都应得到披露，因为只有完整才能可靠，遗漏会造成资料的虚假或令人误解，从而使资料不可靠并且在相关性上有缺陷。

第一，完整性的基本要求。完整性要求对重大事件和可能影响信息接收者决策的信息公开应当符合以下要求：一是具有全面性。即企业信息应反映出企业在一定时期内或某一特定活动各方面的全部情形，在时间上是连续不断的；在空间上包括企业各方面信息，包括对企业有利的和不利的信息；在内容上包括法律所要求的要素的各方面，以便使人们能对企业活动有一个全面的认识。二是具有系统性。企业信息不是零星的、个别的、紊乱的，而是由若干个具有特定内容和同类性质的信息在一定时间内形成的企业信息体系。在信息的加工、存储、传递过程中，要防止片面性，力求完整、系统。

三是具有连续性。由于经济活动和资金运动是连续不断地发生和进行的，因此导致了前后各期的企业信息也应是具有连续性的，各期的同一指标往往是具有密切联系的。公开的企业信息应注意对信息资料的历史分析和对未来走向的预测，在时间和空间上考虑信息的全面性、连续性，既要包括可靠的历史信息，还要有估计和预测性信息、叙述性信息。四是不得有任何遗漏、删节和欠缺等内容，致使信息需求者无法获得有关决策的全面信息。

第二，重大性规则。在完整性规则里，重大性是“承认质量的起端”或“确认的门槛”，对于确定公开义务的履行程度，确定不当公开人的民事责任和受害人可获得的民事救济有重大影响。

重大性是指那些如果不单独揭示，将足以影响信息接收者决策的信息。在美国，重大性标准是通过 SEC vs . Texas Gulf Sulphu（1986）、TCS Industries Northway（1976）和 Basic Inc. vs. Levinson（1988）三个典型案例得到发展与修正的，[①] 其基本判断取决于以下两个因素之间的平衡：事件发生的可能性和该事件对企业行为整体影响的程度。这种影响取决于理性投资者会如何看待未公开或者不实公开的信息。由此可见，美国采取的是投资者决策标准。我国立法中的重大性标准具有明显的二元性特征，即交易本身的重大性，和有关尚处在讨论中的交易的相关信息是否已经泄露到市场上，并由于猜测的存在影响了交易价格。[②] 我们认为在选择重大性标准时，应采取与我国现在采取的二元性标准稍有不同的标准：以信息接收者决策标准来考虑各种可能出现的重大事项并将其详细列举，而当需要考虑某件未经规定的事项是否重大时，不妨给信息公开者一个客观的标准，让他们依据对交易的影响程度来衡量其是否重大，即在法律、法规中列举应公开的重大信息时，依据信息接收者决策标准选择应公开的信息逐一列举；信息公开者衡量未经列举的信息是否重大时，由其依据对交易的影响程度进行筛选。这样的规定在保证信息接收者得到决策所需要的信息的同时，减轻了企业的公开负担，从而在客观上避免市场充斥过多噪声，避免使信息接收者陷入众多细小琐碎且无关紧要的信息之中。

---

① 覃宇翔：《浅议证券法信息披露义务中的“重大性”标准》，载《商业研究》，2003（4）。

② 齐斌：《证券市场信息披露法律监管》，147 页，北京，法律出版社，2000。

(2) 格式性。格式性就是要求信息公开必须按照统一的内容和格式标准公开。法律通过确定相应准则明确必须公开什么和如何公开这两个问题，使企业信息公开具有统一的要求和可比较性，可以避免由于企业对于公开的内容和格式因可选择性而导致的混乱和缺乏可比性，避免在企业信息公开中因加入了人的主观意识而造成的信息偏差，影响信息接收者作出合理化分析和决策，并且使任何可能出现的变通某些公开事项的企图变得不现实。

格式性标准要求如下：一是公开文件的种类齐全且不得有所遗漏。二是企业公开信息的内容的表述和应当包括的事项、信息公开的格式等都由法律统一规定，企业应将其作为一项法定义务遵照执行，不得随意改动。三是信息的形成和公开方式、程序合法。如《证券法》第七十条规定，"依法必须披露的信息，应当在国务院证券监督管理机构指定的媒体发布，同时将其置备于公司住所、证券交易所，供社会公众查阅"。这是必须予以遵守的，否则将可能导致公开文件不被接收或者要求重新公开。四是在提供能影响信息接收者作出决策的重要信息时，应该予以特别提示，以使信息接收者引起注意。

(3) 可读性。建立企业信息公开制度的目的在于使信息接收者及时了解有关信息，从而作出有根据且理性的决定，而不仅仅在于公开信息。如果企业公开的信息晦涩难懂，没有被接收者理解，这在事实上与没有公开信息没有差别，并且将在很大程度上降低信息本身的价值，影响信息接收者作出决策，降低信息公开制度的价值。因此，企业公开的信息必须清晰、简明地反映企业状况，并容易为人们所理解，可读性准则的确定是必需的。

可读性准则要求：一是法定公开文件所使用的语言文字应以平易语言陈述，不要使用那些高深莫测的法律用语和术语，以保证信息接收者更容易理解和掌握有关信息，并且公开的信息容易为一般公众所获取。二是公开的信息内容简明扼要，精益求精，严格控制表征一个信息记录的数据项数量，做到有分析、有比较、有选择、浓缩度高，在质量和数量上都符合用户的需要。三是最大限度地消除表述性语言的多义性和含混性，尽量避免数据项的内涵和外延间的交叉重复。

为使信息接收者能够更好地理解信息，公开信息时还应当预留充分的理解时间。

3. 企业信息公开的禁止性规定。企业除应按上述标准积极为信息公开行为外，还不得有虚假公开、公开不充分、不适时公开和误导性公开等行为，以保证企业信息公开质量。

三、违反企业信息公开义务的法律责任

缺乏法律责任的法律规范使法律的强制性很难体现，实质上与道德说教并无多大的差异。由于行为人违反它并不会带来法律上的不良后果进而导致行为人成本结构的改变，该行为模式就不会进入行为人的成本视野，从而对其原有行为和现有选择也不会有任何影响。[①] 因此，设置对企业不履行强制公开义务的法律责任至关重要，这是通过增加违法成本的方法改变企业的行为选择的重要途径。

（一）企业信息公开法律责任的基本框架

1. 责任形式的选择。现代法律责任区分为刑事法律责任、行政法律责任和民事法律责任三种。这三种法律责任性质不同、承担责任的方式不同，在法律的实现过程中担负着不同的功能。所以，法律责任的设定问题就具体为违法行为应该承担民事责任、刑事责任和行政责任中的哪一种或哪几种，或者应该以哪种责任为主，才能有效地惩罚和威慑违法行为。在企业信息公开责任形式的选择上，应实行以民事责任为主，民事、行政、刑事责任相结合的责任形式。

（1）企业信息公开法律责任应以有限民事责任为主。以民事责任为主的原因在于，“市场经济是建立在各经济主体之间具有自主性和平等性并且承认其各自物质利益基础之上的，而各经济主体之间的矛盾绝大部分又都属于民事责任的范畴。这就要求我们必须以民事法律来规范、引导、制约、保障各主体的经济利益”。[②] 但民事责任应是有限的。有限的民事责任是指企业不公开或不适当公开并不必然承担民事责任，只有当不公开或不适当公开在实质上影响到信息接收者决策的作出时，企业才承担相应的民事责任。强

---

① 应乙、顾梅：《论后果模式与制度遵循——基于经济分析的视角》，载《法学》，2001（6）。

② 李若山：《我国会计问题的若干法律思考》，载《会计研究》，1999（8）。

调民事责任的有限性，是为避免产生过多的、不必要的诉讼所导致的资源浪费。

（2）企业信息公开法律责任应是系统存在的，除民事责任外，仍要与行政责任和刑事责任相配合。由于企业不公开或不适当公开并不必然损害所有信息接收者的利益，受损害的信息接收者也并不一定会行使权利使企业承担民事责任，所以，仅有民事责任设置还不足以激励企业履行公开义务，这就使公权干预成为可能和必要。通过对不履行义务或不适当履行义务的信息公开者处以罚款等行政处罚，情节严重者要求其承担刑事责任，以增加其违法成本和克服过强的负外部性，从而引导其正确履行公开义务。

总之，通过对法律责任形式的合理配置，是可以达到既激励公开者履行义务，从而预防纠纷，又使利益受到损害的信息接收者得到赔偿，从而解决纠纷的目的的。

2. 确立民事赔偿优先原则。一项法律事实或法律行为可能同时产生两种以上的法律责任，这种情形在法学上被称为责任竞合。遇到此种情形，立法或司法实践中必须决定何者优先考虑，因为具体责任人的责任能力不一定能够同时承担所有的责任。企业信息公开中出现多种财产责任相竞合时，应适用民事赔偿责任优先原则，这是因为：（1）违法者即使被判刑也往往可以通过假释、保释等方法很快获得自由，可是他们一旦染上民事官司，面临的则可能是倾家荡产的命运。美国当局对小股东民事诉讼持保护和支持的态度，法院除了要求违法者向股东进行损害赔偿外，还课以巨额精神赔偿费，违法者的下场常常是破产兼身败名裂，不但会变得一穷二白，而且连东山再起的可能性都不再有。所以，小股东的民事诉讼成为美国证券监管的强大力量，是对证券违法者最具威慑力的重磅炮弹。[①]（2）在经济活动领域，法律调整的目的是通过设定和保护每一个市场主体的合法利益来鼓励社会财富的创造，实现社会资源按照社会需求配置。民事责任是消除违法行为的后果，使当事人之间因违法行为而失衡的利益得以恢复原状，使受害人的利益得到救济的责任形式，因此，可以有效动员广大信息接收者参与监控，积极同不法行为作斗争，揭露各种违法行为。可见，民事责任是一种成本很小的监控

① 郎咸平：《建立有威慑力的证券法律制度》，载《财经》，2001（44）。

措施，政府不用投资，便可以调动大量的信息接收者尽心监督，从而有效地提高监管的效率，及时纠正违法违规行为。李鸣和昌忠泽①的研究表明，经济处罚相对监禁等其他惩罚形式具有突出的优点，它既能节省社会资源，使执法者可以减少用于监禁方面的投入，又能通过转移支付的形式补偿社会。(3) 法律的最高境界是公正。民事赔偿优先原则所隐含的价值理念是市场主体的权利救济高于政府的罚没收入。

为使民事责任的追究落到实处，立法应建立起切实可行的制度和操作规则，对民事责任形式、举证责任、诉讼资格、赔偿数额的计算方法作出明确规定。

3. 提高法律责任的确定性与严厉程度。从犯罪经济学的角度出发，决定制裁的威慑效果取决于两个变量，即法律责任的确定性程度和法律责任的严厉程度的最佳组合。实现这种最佳组合的基本要求是必须真正做到有法可依、有法必依、执法必严、违法必究。因此：

(1) 提高法律责任的严厉程度。以处罚能有效改善违法信息公开者的利益结构，事前就能产生以遏制企业实施违法公开信息行为的动机为原则，进一步加大惩罚力度。一是增设新罪名，如虚假陈述罪、伪造统计罪、恶意隐瞒企业重大事故罪等，并主要采取行为犯构成模式。二是适当完善犯罪构成，使犯罪构成更加明确具体，不同犯罪构成间的界限更清楚。三是针对企业违法的获利动机，提高行政处罚尤其是罚款额度，更为普遍地采用罚金刑。四是实行市场清退，对情节特别严重的，坚决予以吊销营业执照。

(2) 提高法律责任的确定性程度：一是在相关法律上充分明确有关违法主体法律责任的认定问题，不要出现“替死鬼”、不要避重就轻；二是改革现行的司法制度，让应承担法律责任者确实受到应有的处罚，不让违法者有任何的侥幸心理。

(二) 违法公开企业信息的民事责任

民事责任具有调动有关利害关系人起诉的积极性，加重违规者的违法成本，提高对违规者威慑力等方面的优势，是一种非常有效的激励措施。因

---

① 李鸣、昌忠泽:《证券执法的经济学分析》，载《经济研究》，2001 (7)。

此，企业信息公开制度中必须对违法公开企业信息的民事责任制度作出规定，充分发挥民事责任制度的作用。

1. 我国应实行企业信息公开法定民事责任制度。对企业违法公开信息民事责任的性质，国内主要有侵权责任、契约责任和特别法定责任三种观点。

以吴志攀等[①]为代表的侵权责任说，认为违法公开信息者因过错侵犯了受不实公开信息行为影响而交易的信息用户的权益，理应承担侵权责任，并以我国原《证券法》第六十三条及《关于审理证券市场因虚假陈述引发的民事赔偿案件的若干规定》对民事责任主体的规定为立论依据。王泽鉴等学者则认为，“为规范纯粹经济上的损失，采取侵权行为法的解决途径虽属简便，然依契约法则较合理”[②]，且针对侵权责任说对其责任人范围太窄的指责，认为“特定当事人之间虽无契约存在，但具有一定信赖关系时，亦得依‘契约原则’，使有过失的一方对他方所受的纯粹经济上的损失，负赔偿责任”。[③] 侵权责任说或契约责任说都有值得称道的地方，但实际操作中，无论采用何种方式，受害人在获得救助方面都存在一定障碍。契约责任说的“软肋”在于，契约责任一般应发生在合同当事人之间，但企业信息公开中，受不实信息引诱的受害人最终达成的交易对象可能并不是违法信息公开者，这就使得追究违法公开信息企业的契约责任失去了法律依据。尽管采用侵权责任说会缓解上述问题，但法律对侵权行为主观过错举证责任的苛刻要求，会严重阻碍受害人成功维权。因此，曹顺明[④]等学者提出了特别法定责任说，认为应当独立使用一种责任形式，当信息用户权利受到企业的违法公开信息行为侵害时，可以直接援引法律规定要求被告承担民事责任。相对而言，特别法定责任说既有利于在事前阻止违法信息公开行为的发生，促使所有参与信息公开的人更为谨慎地履行其职责，以减少不实信息的披露，又有利于在违法公开信息行为发生后更好地实现对受害人的救济，现已成为许多国家企业信息公开的

① 吴志攀、白建军：《证券市场与法律》，350 页，北京，中国政法大学出版社，2000。

② 王泽鉴：《民法学说与判例研究（8）》，278 页，北京，中国政法大学出版社，1997。

③ 同注②，275 页。

④ 曹顺明、郎贵梅：《我国信息披露不实的民事责任及其立法完善》，载《当代法学》，2002（4）。

立法例,《日本商法》第266条之3第2款就是采纳此说的典范。在我国，投资者普遍欠缺理性，证券市场尚处于发展欠完善阶段，采用法定民事责任显然是对保护投资者的合法权益的证券立法宗旨的较好体现。

2. 企业信息公开法定民事责任构成。

(1) 企业信息公开民事责任主体及其归责原则。尽管存在信息公开企业往往并非信息用户交易对象的问题，信息公开企业仍是最重要的责任主体，这是因为企业对信息公开内容真实性的担保和信息用户自身对市场正当风险的合理预期，是信息用户决策交易的前提和基础。如果企业公开不实信息，会人为地破坏这种动态平衡关系，将直接影响到信息用户交易决策的基础，信息用户由此而遭受的不利后果，理应由其承担责任。基于对企业在编制信息公开文件时有高度的注意义务以保证信息真实性和完整性的认识，对企业应适用无过错责任，除非它能够证明存在下列情况：一是其所公开的信息不存在瑕疵或缺陷；二是即使所公开的信息存在瑕疵或缺陷，但它们所涉及的事项并不重要；三是原告的损失不可归咎于企业公开瑕疵、缺陷信息的行为，如原告本人在利用信息过程中有重大过失；四是企业对其公开的信息中可能存在的不合理危险已作了适当说明或警示。

公司的董事、监事和经理等高级管理人员，受企业所有者的委托负责管理企业，依法应当对企业负有善良管理人的注意义务和忠诚义务。同时，由于他们在企业中的特殊地位，一般都会参与企业信息公开文件的制作，在很多情况下决定信息公开文件的内容，他们应在重要信息公开文件上签字，担保信息公开文件的真实性。事实上，这些拥有企业控制权、操纵权的自然人往往是企业信息公开种种问题的"始作俑者"。因此，他们已在有关的信息申报和公开文件上签字，或以其他方式对于虚假陈述负有直接责任时，应对企业违法公开信息行为承担责任。事实上，几乎所有的企业信息公开法律都将它们设置为信息公开的责任主体，如我国《证券法》第六十九条规定对公司负有责任的董事、监事、经理应对信息公开瑕疵所致损失承担连带赔偿责任,《股票发行与交易管理暂行条例》第十七条也有类似规定。由于企业重要职员负有保证信息公开文件的适用、真实、及时性的高度注意义务，故其免责情形是他能证明自己对信息公开文件的不实陈述不知悉，并且已对以合理谨慎之人在相似情形下所应有的勤勉谨慎履行了注意义务。

（2）违法公开信息行为。第一，公开瑕疵信息。瑕疵信息指公开的企业信息不能满足信息用户明确的或潜在的决策需要，包括怠于公开和不当公开两种情形。怠于公开指企业违反了信息公开完整性原则要求，对应当公开而且有能力公开的信息故意不履行公开义务的行为。各国立法都将应当公开的信息定义为重大信息，并采用列举加概括的方式详列，强调其必须是在性质上足以影响市场价格变化和交易决策的信息。不当公开主要指企业公开的信息不具有时效性、公开文件的描述含糊不清或晦涩难懂等。非以最快速度公开且不能反映企业当时状态的企业信息，可认定为不具有时效性；信息被接近、利用的简便性及内容公开的周知性，[①] 是信息可利用性的判断依据之一。

第二，公开缺陷信息。缺陷信息指信息内容存在有不真实情形，包括在公开的信息中存在对重大事件作出违背事实真相的虚假记载、误导性陈述或者重大遗漏的情况。

对信息真实性的判断，一般应以客观事实作为衡量标准，即公开的信息反映的事实是企业经营活动过程中发生的，且与客观实际相一致。但人的基本生理限制及由此引起的认知限制、动机限制等会影响到人对客观事实的认知，进而形成对信息这一人工产品真实性认识的偏差。为克服人的有限理性的缺陷，宜引入程序理性思想，确认依据信息公开规则制度以及合约制定权进行加工处理的信息就是真实的。遵循程序理性判断信息的真实性，不但符合人的认知规律，不会形成对信息公开义务人的过分苛求，且与现行立法思想相吻合。如我国法律允许企业公开一些评价性信息和预测性信息（如上市公司盈利预测），这些信息因加入了信息发布者的主观认识，最多是一种逻辑事实，无法用客观事实来判断。

第三，欺诈公开信息。欺诈公开信息是指企业信息公开义务人基于自身利益最大化目的，违反诚信原则和信息公开义务，故意向信息用户公开不实信息的具有广泛社会欺诈性的行为，包括在信息公开时，故意作与企业实际

---

① 我国《证券法》第七十条对此有相应规定，即公开信息的有关公告应在国家有关部门规定的报刊上或专项出版的公报上刊登，同时将其置备于公司住所、证券交易所，供社会公众查阅。

情况不符的虚假陈述；记载于法定文件的内容不完整，故意遗漏属于重要信息的内容；故意对重要内容做误导性陈述；恶意提前或迟延公开信息，甚至于隐瞒不报等。欺诈公开信息与其他违法公开信息行为的质的区别主要表现在主观方面，即欺诈公开信息行为人在主观上存在故意，且具有通过欺诈非法获利的目的和动机。

（3）损害事实及因果关系证明。第一，存在损害事实。信息公开中的损害主要是财产损失，且具有客观性和可确定性特征，是可以通过法律手段予以补偿的。客观性指必须是以一般正常人的认识和现有技术手段可以认定的，已经发生的或将来必定要发生的客观的、确定的事实；可确定性指可依价值尺度衡量出来具体数额，并能作为酌定赔偿数额的依据。① 要求损害具有客观性和可确定性，充分体现了法律公平的本质要求和民事责任补偿性的本质特征。尤其是对于信息损害赔偿而言，信息所具有的共享性和非消耗性特征，决定了信息用户的不确定性和群体性，如果不考虑损害的客观存在，势必会加重企业的责任。

第二，损害后果与原告信赖不实信息②间存在因果关系。《证券法》第六十九条和第一百七十三条均要求原告信赖不实信息与其损害之间存在因果关系，但未规定因果关系的证明方法。美国《证券法》在证明因果关系时，一般推定投资者对不实陈述的信赖存在。③ 这与英美法上事实因果关系与法律因果关系的传统学说④相去甚远，因果关系链条被大大简化，具有鲜明的特别法法律规范的特征。我们可以借鉴它们的司法实践经验，采用举证责任倒置和信赖推定原则确定因果关系，即假定原告在进行交易决策时，已经信赖了被告提供的不实信息，除非被告能证明不实信息的存在和原告受到损失的事实之间没有因果关系，如交易损失不是因该不实信息所引起的，或原告在进行交易时知道信息是有瑕疵或缺陷的，等

---

① 刘士国：《现代侵权损害赔偿研究》，64 页，北京，法律出版社，1998。

② 无论是瑕疵信息还是缺陷信息，都存在有对现在事实的不真实描述的情形，故我们把它们统称为不实信息。

③ 美国 1933 年《证券法》第 11 节及第 12 节第（2）款。核心是投资者对于证券发行时的信息公开材料的信赖可以直接由法律推定，但可由被告举证推翻。

④ 张新宝：《中国侵权行为法》，115 页，北京，中国社会科学出版社，1998。

等。这样的制度安排不但保证了在当事人心理预期难以判断时实现实质正义，并通过诉权上的不平等，平衡了原被告之间因获取信息能力差异而造成的不均衡的权利义务关系。

3. 企业违法公开信息行为的民事法律责任。

（1）撤销交易并返还对价。撤销交易是指原告在受被告不实信息引诱而与之达成交易时，可在获悉事情真相后的合理时间内，主张交易自始无效，要求双方互相返还各自从对方取得的对价。给予当事人撤销交易的救济，其理论基础在于：一是企业公开不实信息会使当事人意思表示具有瑕疵，从而动摇了双方当事人所订立合同的基础与效力，符合《合同法》中关于无效和可撤销、变更合同的规定；二是依据交易自愿原则，当事人拥有主张合同无效或被撤销的选择权。

双方当事人之间存在交易关系是撤销交易得以适用的前提条件。同时，被告还必须实施了使原告发生对交易进行错误判断的信息公开行为。原告撤销权丧失的情形，适用我国《民法通则》、《合同法》规定，一般包括：一是受害人对交易的确认；二是时效的经过；三是恢复原状已不可能；四是善意第三人根据合同已付出价金，并取得合同上的有关利益。

（2）赔偿实际损失。企业因公开不实信息导致信息用户错误决策而遭受损失时，应承担损害赔偿责任，以自己的财产填补受害人的损害以使其权利恢复到受害前的状况。赔偿损失体现了平等、公平的基本要求，应是我国企业信息公开民事责任的首选。

为保持救济原告与不给被告带来过分困难的平衡，损害赔偿范围可确定为从公开不实信息之时起至不实信息被公开纠正之时止可预见到的所有直接财产损失，不包括间接损失和受害人可以采取必要措施减少而没有采取合理行动而扩大的损失。尽管有学者主张应主要以实际损失为依据，系统风险和间接损失均应计入赔偿范围，[①] 但我们认为信息公开立法的目的主要在于维护市场正常秩序与交易安全，功能主要在于预防交易者权益遭受违法信息公开行为的侵害，而不是确保交易者获得利益，亦即交易者风险自负。如果把

---

① 有学者主张应主要以实际损失为依据，系统风险和间接损失均应计入赔偿范围。详见刘俊海：《论证券市场法律责任的立法和司法协调》，载《现代法学》，2003（1）。

可得利益的损失确认为赔偿范围，就等同于把市场风险转嫁给信息公开者，法律对受害人的救济便成为了保险，所以，以直接损失为计算依据更符合立法原意，并与世界上多数国家的做法相一致。①

（三）惩罚性赔偿金

欺诈公开信息行为在性质上的违法性和道德上的不可宽恕性，构成了欺诈公开企业信息者承受较重惩罚的基础。具有国家干预性质的惩罚性赔偿制度，在调整企业信息公开关系中体现了三个积极作用：一是提供了合理预期和可计算性，减少了不确定性，可以在很大程度上强制性地提高企业信息公开者的责任意识，促进信息公开质量不断提高；二是可以增加欺诈公开信息者的违法成本，有益于遏制企业欺诈动机的产生；三是体现了政府对无辜受害者的可信承诺和道义援助，不但可以调动广大信息用户监督信息质量的积极性，而且还会因受害人的利益得到较大程度维护而增强交易者的市场信心，从而降低预防成本，加快交易速度。由此可见，在我国当前信息欺诈行为依然大量存在，欺诈公开信息的企业还为数不少的情形下，增设惩罚性赔偿责任形式意义重大。但是，根据我国的经济社会状况，为避免因滥用惩罚性赔偿出现的威慑过度以保护企业积极性，应限制惩罚性赔偿的适用，严格按责任构成要求确定被告责任，即除要求证明被告主观上有欺诈的故意、客观上实施了欺诈公开信息的行为外，还必须确认原告是因受欺诈信息诱导而发生交易并因此遭受损失，且损害事实是客观存在的。惩罚性赔偿包括附加赔偿金和返还不当得利两种。

1. 附加赔偿金。既不能使被告脱逃责任，又不可以让原告因损失而获暴利，是附加赔偿金确定的原则。可考虑在法律中作出如下原则性规定：欺诈公开信息并造成他人损害的，除赔偿实际损失外，应附加支付受害人惩罚性赔偿金；附加赔偿金数额由法官斟酌确定。这样的规定，是符合我国现实国情和公平正义要求的，并有益于实现民事惩罚目的：一是当前我国经济正处于不断发展和变化之中，企业规模呈现出变化快、不平衡发展的特点，加

① 多数国家以实际损失规则为主。参见陈洁：《证券欺诈侵权损害赔偿研究》，201页，北京，北京大学出版社，2002。

之各地区经济发展和群众生活水平相差很大，因此，用静态的法律限制动态的现实生活将有悖经济的发展和法律对经济的促进作用。二是设立惩罚性赔偿金制度的目的，在于抚慰和救济受害人，教育和制裁不法行为，遏制社会一般人产生违法动机等。法官确定的赔偿数额是对欺诈公开信息企业的否定性评价，既可以加重违法者的违法成本，又可以以此敦促其他信息公开者增强质量意识和重视信息公开质量，防范欺诈性公开行为的发生。如果忘记惩罚性损害赔偿的立法宗旨，盲目追求高额赔偿金，结果将会事与愿违。三是赋予法官对赔偿数额的自由裁量权，可以使法官充分考虑受害人遭受损失的大小、遭受痛苦的持续时间、侵权人的过错程度（尽管不以过错为条件）、获利情况、承担责任的能力以及当地平均生活水平等综合因素，科学、合理地确定赔偿数额，使惩罚性赔偿金既可以充分发挥其威慑作用，又不至于过当。

2. 返还不当得利。在有些情况下，被告通过欺诈公开信息所获利益可能会超出原告的直接损失，例如，被告通过信息欺诈从原告处以 10 元的价格买进价值为 15 元的股票，后来又以 19 元的价格卖出。虽然根据直接损失法，被告应赔偿原告 5 元的损失，但他仍从该违法行为中获利 4 元。如果允许被告享有该利益，将很难阻止他继续违法，而从原告的角度看，也很难讲已经得到了充分的补偿，因为如果没有被告欺诈的话，原告本人同样有机会在高价位将股票抛出获利。因此，为有效阻却欺诈行为，可借鉴英美法之返还法（The Law of Restitution）的基本原理，[①] 将被告从该欺诈行为中所获得的全部额外利益列入应予返还的范围，尽管其数额可能会超过原告的实际损失。但适用该原则时要注意：（1）返还数额仅限于被告利用欺诈获得的那部分利益；（2）原告无权获得额外利益中可归因于被告本人特殊贡献的部分；（3）不考虑被告将欺诈所得的利益处分之后，其价值的新变化。

（四）受害人民事救济的实现

无论理论上对企业信息公开民事责任的探讨有多么深入，如果没有设计

---

① 其基本内容是“凡是一个人有意地以对原告作不法行为使自己得益，就应承担返还所得利益的义务……原告能追还的金额很可能高于他能要求补偿的损失”。

合理恰当的程序机制来实现这种民事责任，那么一切都是不切实际的、虚妄的。诉讼机制缺陷已成为制约我国企业信息公开民事救济效能发挥的最重要因素。[①] 因此，在完善我国信息公开民事责任制度时，必须与设计合理切实的民事诉讼程序制度紧密结合，并着力于增强我国信息损害赔偿的实现力度，切实发挥民事责任在保护信息接收者利益、保障我国市场经济健康有序发展中的重要作用。

1. 程序的完善。对信息公开权利主体的侵害有两种情况：一是涉及某个个人或企业时，对单个个人或企业的侵害；二是对特定群体的侵害。对第一种情况，由权利受损的个人或企业直接依据《民事诉讼法》起诉即可，但对第二种情况，侵害往往源于权力的滥用或误用，组成特定群体的个人在理论上有一荣俱荣、一损俱损的连带关系，而他们又具有分布地域相对分散、人数的稳定性较差、诉讼标的无法预料等特点，使现有诉讼制度在实际操作中存在很多困难。虽然《民事诉讼法》规定了代表人诉讼制度以解决原告人数众多的共同诉讼问题，但由于民事诉讼一旦发生，受害人人数众多，如何选定代表人在操作上仍是十分困难的。现行法律中缺乏合适的诉讼机制，过高的诉讼成本和偏低的诉讼收益，使违法公开信息企业被真正提起诉讼的概率很低，致使受害者的损失事实上得不到赔偿，为此亟须健全民事救济程序。

（1）中级人民法院管辖。鉴于此类集团诉讼案件法律关系往往比较复杂、涉及当事人多、诉讼标的往往较大、案件的审理涉及众多的专业技术问题，审理难度较大、审理结果影响面很广等原因，确定中级人民法院管辖较妥，并由首先提起诉讼的原告所在地法院管辖。

（2）采用集团诉讼和风险诉讼相结合的诉讼方式。所谓集团诉讼就是当标的为同一种类、当事人一方人数众多时，可以推选出代表人，代表其共同意志和利益的诉讼行为。通过集团诉讼可以扩大诉讼标的，减少诉讼成本，提高诉讼效率，但当前亟须做好代表人诉讼制度的完善。风险诉讼则是律师和当事人胜诉后按比例对全额进行分成，也就是将诉讼风险由律师和当

---

① 刘峥、秦瑜：《证券法信息公开义务违反及司法救济研究——兼论证券民事赔偿机制的现行缺陷及补正》，摘自商事法学学者论坛，2008。

事人共同承担以增大诉讼力量。在司法过程中若能将这两种诉讼方式有机结合，将会大大提高受害信息接收者的民事诉讼积极性。

（3）建立国家支持诉讼制度。基于大多数信息接收者的弱势地位，应建立国家支持诉讼制度，由国家设立专门机构，为经济困难或者特殊案件的当事人减免费用或提供法律服务。

（4）改变举证责任，降低诉讼成本。对于举证责任，我国目前仍然适用“谁主张，谁举证”的原则，但信息公开是非常专业的技术性活动，要普通用户举证信息公开者的违法行为难度较大、成本很高。因此，各国普遍采用了举证责任倒置的做法，① 相当于由企业承担全部违法行为诉讼成本。我国也可借鉴这种制度，以降低信息接收者的诉讼成本。

（5）确认判决具有扩张效力。所谓判决效力的扩张，是指判决效力不仅对参加诉讼的诉讼代表人有约束力，而且对那些没有参加诉讼的被代表的成员以及那些未特别授权给代表人的集团成员，也同样有约束力。在信息索赔案中确认判决具有扩张效力，可避免新一轮旷日持久的重复诉讼，并有效减轻法院的负担和当事人的精力消耗。当然，法律应确定这种扩张效力仅及于向同一法院申报的受害人。

（6）判决的执行。判决生效后就进入了执行程序。从执行角度看，如集团一方胜诉，由败诉的一方按判决赔偿相应的损失并不难，困难的是集团一方胜诉后货币财产的分配问题。按照西方国家一般的做法，是由诉讼代表人将赔偿金或返还的金钱按一定的数额，分配给每一个集团成员，这就使得这些金钱往往不能公平地分配给集团成员，或者诉讼代表人直接据为己有，或者诉讼代表人不按公平的比例以及应得份额进行分配。因此，法律必须对这一问题加以明确。可通过补充分配程序的方法，规定首先由诉讼代表人制订分配方案，并交法院审查，然后确定分配管理人执行分配。在分配方案中应确切地规定分配顺序，除了诉讼代表人报酬以及其他一些诉讼开支可优先从赔偿金或返还的金钱中支付外，所有赔偿均应在集团成员中公平分配。

---

① 美国1993年《证券法》规定，个人投资者只要证明财务报表存在重大不实，就可以向法院提起诉讼，注册会计师则需要提供证据证明自己的清白。

2. 增强我国信息损害赔偿的实现力度。

(1) 建立信息用户赔偿金专户。为使受害人得到赔偿，可以仿效银行的呆坏账核销办法，从行政管理机构对违规公开者的罚款中，或者从国家在市场交易印花税中提取一部分资金，建立中小信息接收者赔偿基金专户，在企业赔不起的情况下完成对受害者的赔偿。

(2) 强制企业投保第三人责任保险。责任保险是保险人于被保险人对第三人依法应负赔偿责任且受赔偿请求时，负赔偿责任的一种财产保险。责任保险被广泛推广的原因在于：一是它可以将损失分散给多数社会成员承担，使从事危险活动的人员承担确定的、可计算的、合理的部分损失，避免遭受毁灭性打击，减轻了危险但有益的活动负担；二是由于赔偿来源有保证，受害人也免受加害人经济困难和破产的威胁，社会也因而避免了更广泛、更严重的损失；三是可以为信息责任事故预防作出贡献。由此可见，强制企业投保第三人责任保险是使信息公开企业和信息接收者双方都受益的做法，应当采用，具体可参照产品责任保险的做法运作。

第三节　提高企业信息公开质量的制度安排

一定的激励制度安排，能够通过对资源的再分配来鼓励企业这个经济人正确履行信息公开义务；一套有效的信息公开质量监管制度，可以促使企业准确理解和严格执行各项企业信息公开法律规定。激励和监管共同构成了企业信息公开质量的保证机制。

一、企业信息公开的激励

马克思认为“每一个社会的经济关系，首先是作为利益表现出来的”。[①] 作为经济人的企业，如果在公开信息之后没有任何直接可获取的利益，大多数可能会选择不公开，更何况有时公开真相还可能使其承受不利后果。如产品质量问题信息的披露，可能导致购买者的减少，企业受到政府的处罚等。三鹿集团恶意隐瞒其产品中含有三聚氰胺的信息，主要就是基于此种考虑。

① 马克思、恩格斯：《马克思恩格斯全集》（第18卷），828页，北京，人民出版社，1964。

因此，让企业自觉履行信息公开义务需要有制度的激励，[①] 而企业时刻对自身利益进行最大化的追求，使其行为可以比较准确地被预期，这为激励制度的安排提供了依据。

（一）企业信息公开的正激励

所谓正激励就是当一个人的行为符合社会的需要时，通过奖赏的方式来鼓励这种行为，以达到持续和发扬这种行为的目的。利益是一切经济活动的核心和终极目的，在法律的框架下，企业会不断地在谋取自身利益最大化和遵循法律之间作出选择，且这个选择主要取决于法律对人的利益的改变程度。因此，要激励企业切实履行信息公开义务，首先应从利益奖赏开始。

1. 建立企业利益补偿机制。企业收集、处理、发布信息需要花费成本，并且存在着边际成本递增的情形。要促使企业公开信息，制度安排应着眼于弥补企业成本支出，通过一定的利益补偿使企业信息公开的边际成本等于或小于边际收益。

按照传统责任理论，利益损失者的补偿主体一般是得益者，但在企业信息公开利益补偿中，政府必须扮演重要角色，为公开信息企业提供利益公共补

① 本文没有从激励和约束角度探讨制度安排问题，而是依其性质，将激励分为正激励和负激励两种类型。之所以未考虑约束机制，主要是基于以下两方面的考虑：第一，激励本身也是一种约束，某种因素或机制的激励作用越大，约束作用越大；第二，对于绝大多数因素或机制而言，实际上很难判断只具有激励作用还是只具有约束作用，往往是二者兼而有之，更何况某种因素或机制的激励作用和约束作用是不可分的“连续统一体”。

偿,[①] 其理由如下：（1）企业向社会公开的信息具有公共物品属性。[②] 一方面，“公开”使得排除任何一个消费者都是困难的，进而导致受益对象难以明确界定，因此，信息公开企业通过谈判等途径获得微观经济主体的利益补偿困难重重；另一方面，企业对信息的公开实际上是分担了本应由政府承担的公共物品供给责任，政府作为受益人给予企业以适当补偿是符合公平之义的。（2）强制性赋予企业公开信息的义务，并对义务的履行要求和违法责任作出明确规定，是我国监管企业信息公开行为法律制度的重要内容，《证券法》、《产品质量法》、《消费者权益保护法》等对此都有明确规定。企业必须依法公开信息的强制性义务的产生，主要是缘于社会公共利益和国家经济安全的需要。此时，政府理应分担一部分企业成本。[③]

政府为信息公开企业提供的利益补偿主要有：一是通过中央财政或少量的财政转移支付的方式给企业以直接补偿；二是在确定企业违法公开信息民事赔偿责任时，实行信息使用者承担适度责任制度，选择某些领域由信息使用者自我保护，从而通过责任的均衡来激励企业信息公开；三是担负起疏通信息公开企业的利益补偿表达与诉求之责，保证信息公开企业在为个体信息使用者提供信息时得到相应利益。

2. 实行企业信息公开质量认证。引入国际 ISO 9000 标准，开展企业信息公开质量认证工作，依照企业信息公开质量状况评定 A、B、C 三个信息

---

① 利益公共补偿，就是由政府代表受损者，对受益者提出补偿要求，受益者把补偿交给政府，再由政府补偿给受损者的过程。参见张峰：《国外利益公共补偿的实践及其借鉴》，载《现代经济探讨》，2008（2）。

② 中外研究主要以会计信息为标本研究该问题。会计信息公共物品论又可细分为三种不同的立场：一是认为会计信息产品在目前具有公共物品的性质，等条件成熟时则将恢复其私人产品的属性（见蒋尧明：《有效需求主体的缺失与会计信息失真》，载《会计研究》，2003（8））；二是认为公众公司的会计信息产品具有公共物品的性质，非公众公司的会计信息产品是私人物品（见陈汉文等：《公司治理结构与会计质量》，载《会计研究》，1999（5））；三是认为会计信息产品具有公共物品和私人物品的双重属性，但在分析会计信息市场失灵时，主要从其公共物品属性的角度出发，采取了工具主义的做法（见黄世忠等：《市场、政府与会计监管》，载《会计研究》，2002（12））。三种立场的观点略有不同，但在分析公开信息的公共物品属性时，其逻辑是类似的：当会计信息作为公开信息时，任何人都可以免费获取，且增加一个人的消费不会影响其他人的消费。

③ 莫于川认为，公共利益是国家补偿产生的原因。参见莫于川：《公共利益概念及其判断标准和补偿机制》，载《公民与法》（理论版），2009（1）。

公开信誉等级，对不同信誉等级的企业给予不同的待遇，帮助诚实守信公开信息的企业形成竞争中的优势地位。如对于诚信公开的A类企业，除给予荣誉称号以褒奖外，可将认证结果作为企业社会信用等级确定的依据之一，不但可免予常规性行政检查，还可给予其在银行贷款、工程招标、市场准入等方面以优先权，使其获得更多的市场交易机会。

3. 建立悬赏举报制度。悬赏举报制度是能够以最低的成本获得最多的信息，甚至获得在其他制度下所不能获得的信息的有效制度之一。这是因为它不但可以通过利益激励让知情者说出真相，而且还可以改变各利益联盟主体的利益构成，从而促使其中部分主体说出真相。值得注意的是，我国立法已经开始注重举报制度的引进和建立，如2000年修正的《产品质量法》第十条规定，任何单位和个人有权对违反本法规定的行为，向产品质量监督部门或者其他有关部门检举。产品质量监督部门和有关部门应当对检举人保密，并按照省、自治区、直辖市人民政府的规定给予奖励。这是我国立法中至今为止规定有关悬赏举报最为完整的规定。

（二）企业信息公开的负激励

所谓负激励就是当一个人的行为不符合社会的需要时，通过制裁的方式来抑制这种行为，以达到减少或消除这种行为的目的。负激励之所以能够有效，缘于恐惧是激发人内在潜能和前行力量的特殊因素，也是把外在的行为规范内在化，从而产生有效的自我约束效果的一种重要力量。

1. 促使有效竞争。竞争是通过形成市场威胁机制来对企业信息公开行为施加影响的。企业的存在直接地取决于盈利性，在制度不完善的情况下，如果所有其他的竞争者都严格遵守一定的道德标准，而一些行事相对不道德，法律或者某些具有制裁力的行业准则又不能对其进行有效制裁时，就会使其在竞争中建立优势，随着时间的推移，道德企业就会被逐出市场。所以，优胜劣汰的竞争机制，可能促使企业利用信息不对称而非法获利以增加利润。但在竞争对手环伺和竞争异常激烈的情况下，企业又有可能不敢制造虚假信息，因为竞争对手都是熟悉情况的内行，企业造假随时有被戳穿的危险。我国已初步形成了以《反垄断法》、《反不正当竞争法》为龙头的市场管理法律体系，对维护市场秩序，促进充分有效的竞争格局的形成，减少企业的私人信息，增加市场中的公开信息总量会产生积极影响。

2. 建立违法信息公示制度。在一个分工明确的社会中，企业最惧怕的是市场交易机会的丧失，因为这意味着企业在社会上生存基础的丧失。对违规公开信息企业的违法信息的公示，能够普遍降低社会对违法者的评价，从而使该违法者在与他人交易时受到障碍，并可能会因此丧失应有的交易机会，从而强化企业必须依法公开信息的动机，促使企业基于其生存发展考虑，主动作出合法行为的选择。三鹿产品被曝光有重大产品质量缺陷后，三鹿集团由客户盈门到退货者堵门，直至企业被迫关门的重大变故，向世人昭示了违法信息公示的强大力量。各级政府应加大执法力度，及时依法公示企业违法信息，让以身试法的企业成为过街老鼠。

3. 完善法律责任。法律责任可以改变行为人的成本结构，从而对其原有行为和现行选择产生影响，所以有较强的激励功效。[①] 就企业违反信息公开义务的法律责任而言，我国现行立法列举了近 40 种违法公开信息行为，《刑法》设置了 19 个罪名，几乎覆盖企业自设立至终止的全过程，涉及企业活动多个方面，并普遍采用行政、刑事、民事的处罚方法。但过分倚重行政处罚且处罚过轻，民事救济手段相当缺乏且可操作性不强，刑事罪名有重大遗漏且普遍采用结果犯行为模式易放纵罪犯等问题仍然突出。[②] 因此，加大惩罚力度、平衡法律责任、提高民事救济的可操作性和公平性是完善法律责任制度的重点。

（三）企业信息公开中的个人激励

几乎所有与企业信息公开相关的法律都将企业设置为信息公开的义务主体。尽管企业法人在法律上有独立人格，但其本身只不过是一个名词，没有意志不会行动，更不会弄虚作假违法违规，企业信息公开种种问题的“始作俑者”应当是拥有企业控制权、操纵权的自然人——企业经营者和直接责任人，尤其是企业经营者的意志更为重要。所以，强化对企业经营者和直

---

① 应乙、顾梅：《论后果模式与制度遵循——基于经济分析的视角》，载《法学》，2001（6）。

② 李玉梅：《我国企业信息告诉义务法律规定及其完善研究》，载《郑州航空工业管理学院学报》，2002（1）。

接责任人的激励非常必要。

1. 促使企业经营者职业化。许多经济学家在研究中发现，仅仅用降低成本、完善信息收集渠道的方式并不能较大地减少道德风险，包含价值观念、伦理规范、道德观念在内的职业化思想具有降低道德风险的功能，尤其是职业化对机会主义行为约束具有明显的特点和优势，其不但有助于促进多元相容，具有广泛的适用范围，还因为职业化的实施是在承认人是社会人的基础上运用道德和经济相容的约束手段，从而使企业经营者不敢且不能实施违规行为，淡化人们的机会主义行为，从根本上规避企业经营者的道德风险。促使企业经营者职业化，首先应该建立完善的职业化管理机制，如建立职业化标准体系，确立经营者的责权、重新整合企业资源和调整激励机制等。在此基础上，要共同确立一套行政效率和监督效率同样高的企业治理结构，尝试逐渐放权，让企业经营者按照他们所拥有的专业管理知识和经验去管理企业。这样，规避企业道德风险问题就不再是可望而不可即的空想了。

2. 设置有效的产权制度。产权制度的基本功能是给人们提供一个追求长期利益的稳定预期和重复博弈的规则。企业经营者和直接责任人不惜以自毁信誉为代价追求眼前利益，这其中的一个重要原因，就是现有的产权安排使他们无法依照长期预期进行理性选择，缺少培育企业规范信息公开进而提高经营绩效的激励。所以，必须创造产权明晰的宏观环境，通过产权制度改革，一是形成剩余索取权和控制管理权相分离的、剩余索取权可转让的产权结构，通过赋予企业经营者以企业剩余索取权，促使他们能有一个长期稳定的奖惩、损益预期，并为追求更加具有吸引力的长期利益而注意企业信息公开质量；二是通过利益的再分配，促使股东更为自觉地监督董事、经理认真履行职责，保证信息公开质量；三是对公有企业采取“政府专职管理部门—控股公司—国有企业”的模式，塑造公有产权主体代表，使其真正负起监管国有企业的职责。与此同时，还可引进部分私有产权，形成多元化的产权结构。

3. 完善公司治理结构。完善公司治理结构，可以促使企业管理者和直接责任人诚实履行义务，依法公开信息。

（1）建立企业经营者企业控制权激励机制，通过对企业经营者控制权的动态调整实现对企业经营者的激励监督。企业控制权是为排他性利用企业资产，特别是利用企业资产从事投资和市场营运的决策权。企业控制权与剩余索取权的区别在于，剩余索取权意味着分配和享用企业创造的剩余，而企业控制权意味着企业经营者有权支配企业资源去从事决策性的工作。管理学认为，能满足人的需要的因素都可以作为激励因素。企业控制权之所以成为一种激励机制，其原因在于掌握企业控制权可以满足企业经营者三方面的需要：一是在一定程度上满足企业经营者施展其才能、体现其企业家精神的自我实现的需要；二是满足控制他人或感觉优越于他人、感觉自己处于负责地位的权力需要；三是使企业经营者具有职位特权，享受“在职消费”给他带来正规报酬激励以外的物质利益满足。同时，相对于剩余索取权而言，由于企业控制权更着重于满足权力和精神需要，其激励效果可能更为明显。①

（2）强化企业权力架构之力，加大事前控制力度。科汉（Cohan）② 从董事会如何更有效管理企业内部环境的角度，提出如何在企业道德危机出现之前纠正错误。他提供了如下解决方法：一是公司实施鼓励雇员揭发的政策；二是公司设计某种类型的沟通系统使信息真实地向上传递；三是董事会使每个员工的职责具可行性，使他们能辨识自身行为的本质和理解其他成员的工作；四是董事会定期反省公司是否设立使员工避免冲突、遵守法律的适宜程序；五是实施某些企业审核和制衡系统来减少经理人员造成严重的错误是可能的，实施一项政策来减少不伦理或者非法操作的可能性非常重要；六是增加外部董事在董事会中的比重，最极端的方法是要求公司董事会中包含各种公共利益群体的代表；七是公司内部责任系统一旦崩溃，美国证券交易委员会组建标准规则来迫使公司重建其审计委员会，为新主管进行充分的培训。上述解决方法可供我们借鉴。

（3）实行遵约制度。遵约制度通常要求包括价值观声明、公司行为准则、培训计划以及决策和汇报机制。这一制度是20世纪70年代一些美国跨国公司在不道德行为暴露以后遵照1977年美国《禁止国外腐败行为法》首先提出的。自20世纪90年代末以来，欧洲和亚洲高收入国家的公司以及新

---

① 黄群慧：《控制权作为企业家的激励约束因素：理论分析及现实解释意义》，载《经济研究》2000（1）。

② 转引自高小玲：《现代企业道德风险研究述评——企业道德论争、风险源与风险管理》，载《经济评论》，2008（2）。

兴市场的公司都在普遍实行遵约制度，并把它作为综合风险管理工作的一部分，对于强化对企业经营者的道德约束，激励企业经营者勤勉尽责履行职务意义重大。

4. 加大信息公开违规行为中有关个人的责任。

（1）实行诚信宣誓制度，落实经营者和直接责任人的个人责任，使他们的法律责任更明确并置之于“众目睽睽”的监督之中。诚信宣誓的内容主要是对以下事项作出承诺：一是按照法定程序和要求公开重大信息；二是及时、真实、准确地公布各种信息报告；三是及时公开澄清可能对企业产生误导性影响的传言；四是不会利用内幕信息从事交易活动。

（2）实行个人认证制度。美国 2002 年颁布的《萨班斯—奥克斯利法案》，建立了 CEO 和 CFO 的个人认证制度，[①] 通过加重直接责任人责任的方式以提高企业财务报告质量，非常值得借鉴。

（3）实行以罚为主的法律责任形式。依法追究违规公开信息的企业经营者的法律责任，可以通过剥夺其一定资源的方式激励企业经营者。目前，企业经营者违规公开企业信息的法律责任主要是行政处罚和民事赔偿。以职级为主的行政处罚和民事赔偿固然能使经营者和直接责任人的物质利益或名誉地位受损，但惩前毖后的作用并不大，主要原因在于这些处罚可能未能真正触及企业经营者的痛处，且违规成本较低，难以形成有效的激励。因此，要提高法律责任的威慑力量，除加重行政处分、经济赔偿、刑事制裁外，最重要的是增大经营者和直接责任人的职业风险，采取在市场上公示违规者黑名单，对情节严重或故意违规公开信息者设置市场进入障碍，实施行业除名等措施，使经营者和直接责任人基于其职业安全考虑不敢铤而走险。

二、企业信息公开的质量监管

企业信息公开标准的建立帮助我们了解了企业信息公开的质量特征，但高质量的企业信息公开不仅是高标准的产物，它还要依赖一个具有支持作用的基础结构来运作，以保证这些标准得到准确的理解和严格执行。因此，在完善相关准则、制度的同时，必须建立一套成熟有效的监管机制，以保障企

① 朱弈锟：《后安然时代的信息质量监控》，载《当代财经》，2003（7）。

业信息公开质量。

(一) 建立政府监管和中介机构监管并重的监管体制

斯蒂格勒[①]提出政府有两大特征:(1) 政府是一个对全体社会成员都具有普遍性的组织;(2) 政府拥有其他经济组织所不具备的强制力。因此,企业信息公开管制的主体首先应该是政府机构,并且从我国实践来看,政府统一监管是我国行之有效的监管制度,具有体现监管权威、防止相互扯皮的作用。但从世界各国的监管实践看,虽然大多数的监管活动是以政府为主体来进行的,但是,有些监管活动却是由非政府机构、行业组织甚至是企业性组织来完成的。越是发达的证券市场,非政府监管主体所起的监管作用越大。事实上,只有将政府监管机构从日常的、具体的监管活动中解脱出来,将大量社会管理的职能移交给社会中介机构、社会团体和民间服务机构,才能真正成为整个市场的"主裁判官",提高监管效率和效果。因此,我国应建立起以政府监管为主导,中介机构监管不断强化的监管体制。其中,政府监管主要通过对企业信息公开文件的抽查制度来完成,中介机构则通过对信息公开文件的审核担保制度来体现。

1. 政府对企业信息公开质量的监管。

(1) 政府是最重要的企业信息公开监管主体。企业在设立和运营过程中会产生诸多信息。这些企业信息是国家社会管理目的实现的必要条件,是社会公众和企业利害关系人作出决策的依据,[②] 是人们获取、创造利润,实现利益最大化的前提,[③] 对实现社会经济有效运行和社会秩序稳定意义重大。所以,法律赋予它们以知情权。但企业作为一个独立的市场主体,不但在客观上与其外部的信息使用者之间存在着信息不对称情况,还基于其经济人的自利动机和竞争取胜的需要,普遍缺乏披露信息的自觉性,加剧了市场

---

① 斯蒂格勒:《产业组织和政府管制》,91 页,上海,上海人民出版社,1996。

② 郑玉波认为决策的风险来自于不确定性,信息的获取可以消除不确定性,从而避免决策中的风险性。郑玉波:《公司法》,70 页,台湾,台湾三民书局,1980。

③ 信息是蕴涵着事物内部以及事物之间关系的知识。这决定了信息本身就是一种资源,人们掌握了信息这种资源也就把握了事物的本质以及事物发展、变化的方向,从而能利用信息获取、创造利润,实现利益最大化。

上信息的稀缺和不充分。再加上受社会分工、利益、成本和信息收集、处理者的能力差异，信息失灵必然发生且无处不在。[①] 要解决这一问题，必须借助国家和政府的力量来实现。事实上，也只有国家和政府才能完成这一任务，因为国家和政府拥有“来自于社会且凌驾于社会之上的特殊公共权力”,[②] 使其能够从社会总体利益出发来协调不同社会集团的利益，以法律制度约束企业作为信息优势者的机会主义行为，缓解信息不对称程度，并解决企业和其信息使用者间的权益冲突。[③] 与此同时，政府作为一个对全体社会成员都具有普遍性的组织，拥有其他社会组织所不具备的强制力。[④] 政府可以借助这种强制力贯彻执行促进企业信息公开的法律制度，逐步减少信息传递过程中的障碍，提高公众获取安全信息的可能性。而我国政府对企业信息公开行为实施监管的动因，来自于其实现促进社会主义市场经济持续稳定发展职能的现实需要，因为充分有效的信息对于一个统一、高效的完全竞争的市场来说是不可缺少的。

（2）政府对企业信息公开监管的路径。政府对企业信息公开的监管主要是通过建设监管制度和行政执法来实现的。在宪法和法律授权范围内，依据有关国家立法和社会现实需要制定相应的行政法规、规章规制企业信息公开行为，是政府对企业信息公开监管的重要方面。

第一，强制性赋予企业公开信息的义务，并对义务的履行要求和违法责任作出明确规定。《证券法》、《产品质量法》、《消费者权益保护法》等都是设计相当良好的制度，行政法规、规章则细化了这些法律规定。如中国证监会发布了《公开发行股票公司信息披露实施细则》和《公开发行股票公司信息披露的内容与格式准则》,[⑤] 以公开列举的方法明确规定各类文件必

---

① 应飞虎：《从信息视角看经济法的基本功能》，载《现代法学》，2001（6）。

② 张文显：《法理学》，272 页，北京，中共中央党校出版社，2004。

③ 布瓦索认为，制度代表一种长期的集体投资，可以降低社会交换的信息成本，从而促使企业及时公开真实有效信息。布瓦索：《信息空间：认识组织、制度和文化的一种框架》，189 页，上海，上海财经大学出版社，2000。

④ 斯蒂格勒：《产业组织和政府管制》，91 页，上海，上海人民出版社，1996。

⑤ 到目前为止共发布了十一号信息披露准则，分别规定了招股说明书、年度报告、中期报告、配股说明书、公司股份变动报告、法律意见书和律师工作报告、上市公告书、验证笔录、上市公司发行新股招股说明书等的内容与格式。

须披露的事项，同时允许证券管理机构视情况增列公开事项，并允许发行人对公开文件不详尽或易于误解之处作出额外的披露，从而规范了各类文件的披露标准，保障了信息披露的广度、深度及其及时性、有效性和可比性。

第二，对错误信息予以直接禁止，以促使企业提供真实信息，并直接减少市场中的错误信息。如对于禁止假冒行为，国家工商行政管理总局颁布了一系列行政规章，如《关于禁止仿冒知名商品特有的名称、包装、装潢的不正当竞争行为的若干规定》，禁止企业向交易对象提供虚假商品信息；《欺诈消费者行为处罚办法》，则严厉打击了企业向消费者提供虚假信息行为。

第三，禁止价格扭曲及对扭曲价格的矫正。价格信号是信息的主要载体，且是一种高度浓缩的“关键性的经济信息”，[①] 对微观的效率和宏观的有序影响重大。为避免错误的价格信号的出现，围绕着《价格法》、《反不正当竞争法》、《反垄断法》、《商业银行法》等法律，政府出台了诸多行政法规，如国家工商行政管理总局发布的《关于禁止有奖销售活动中不正当竞争行为的若干规定》和《关于禁止公用企业限制竞争行为的若干规定》、国家发展改革委发布的《禁止价格欺诈行为的规定》、中国证监会发布的《禁止证券欺诈行为暂行办法》，等等。

第四，促使高质量企业信息的供给。这方面最重要的制度设计是中介机构市场准入制度和悬赏举报制度。市场准入制度通过对律师、会计等行业的进入管制，提高从业人员的整体素质和道德水平，改善中介行业的服务质量，并有效减少中介行业中易出现的道德风险发生概率，提高了企业信息供给的质量；悬赏举报制度通过利益激励促使知情者说出真相，有效地增加了市场上企业信息的供给。

（3）作为企业信息公开监管主体的政府责任。作为企业信息公开监管主体的政府，由于其监管权力主要来自于国家授权，并与其国家经济管理者的身份不可分离，所以，政府在此类关系中主要以行政主体身份活动。在履

① 斯蒂格利茨认为当公开与需求的力量可以自由发挥作用时，价格是衡量稀缺的程度，因而成为经济学家眼中的关键性的经济信息。斯蒂格利茨：《经济学》，71页，北京，中国人民大学出版社，1999。

行监管职责过程中，政府不适当的立法行为可能导致恶法出台；因政府及其工作人员的越权、滥用职权等管理行为，会使企业遭受名誉和经济损失（如罚款）；因政府及其工作人员失职、渎职致使企业信息不能及时有效公开，可能让社会公众和企业利害关系人蒙受交易上的损失（三鹿事件就是最好的证明）。此时，受害企业和社会公众当然享有救济权利，要求政府有关部门和人员依据《行政法》的规定承担相应行政责任，并在有足够证据证明符合以下情形时，政府还应当承担经济赔偿责任：一是政府及其工作人员在企业信息公开监管中确有过错；二是基于此过错实施的非法行为是导致企业和社会公众遭受损害的原因。

2. 中介机构对企业信息公开的监督。中介机构是按照一定的法律、法规、规章或受政府的委托，遵循独立、客观、公正原则，在社会经济活动中发挥服务、沟通、监督、鉴定、公证等功能，实施社会性、技术性、执行性、服务性行为的社会组织。以独立、公正、客观、平等为特点的中介机构，在保障企业信息公开质量方面的作用是不容忽视的，这是因为“中介组织所提供的服务，在维护市场公平、公正、公开的秩序，保护交易各方的合法权益，优化决策和管理，便利交易活动，缩短交易时间，降低交易费用等方面都起着重要的作用”。①

在企业信息公开中，中介机构的地位和作用非常类似于政府，是主要通过对企业公开的信息进行专业审核，并出具法律意见书而获得企业信息公开法律关系主体的资格的，其责任来源于它与企业的契约和法律对其执业的义务性规定。实际上，也正是这种契约关系的存在，导致中介机构会出于自身利益的最大化（得到契约）而置职业道德于不顾，与企业串通一气，共同作假，向社会公开不当信息。可以说，从某种意义上来讲，正是不法中介机构在企业信息公开中所扮演的帮凶角色，才使企业的违规公开行为能够得逞，并且由于社会公众对中介机构的信任，使这种信息具有更大的欺骗性。这是因为公众认为它是公正的，具有专业能力的，它出具的报告应当是真实的，因而就不愿再对经其审核的信息仔细确认。所以，要求中介机构诚实履

① 高尚全：《充分发挥社会中介组织在市场经济中的作用》，载《中国工商报》，2003－03－04。

行审核义务，并做到尽责勤勉，是法律的必然选择，要求它承担起相应的法律责任也是理所当然的。事实上，我国的法律也是这样安排的，如证监会发布的第六号信息披露准则详细规定了律师工作报告的内容与格式，第八号准则又对律师的职责进行了划分，《证券法》对律师、注册会计师及其执业机构的法律责任都有明确规定。但我国目前立法主要是追究行政机构的责任结构，不利于从根本上遏制中介机构的违法冲动。因此，须完善责任追究机制，对严重违法者，不但要没收非法利润、处以罚款，还要依法追究刑事责任，对因相信经其审核的虚假信息而受到损失的受害者承担起民事赔偿责任。

中介机构对受害人承担民事赔偿责任，主要基于其所负有的信息公开的担保义务。信息公开担保，是指中介机构必须依法明示保证信息公开义务人报告或公告的信息文件的内容符合信息公开标准，如果有关信息公开文件的内容有虚假、严重误导性陈述或重大遗漏，中介机构要就此向信息接收者承担相应的法律责任。

（1）信息公开担保是一种法定担保，不是基于中介机构与信息公开义务人之间的约定、或者与信息接收者之间的约定而设定的，而是基于法律法规的直接规定而设定的。设定的依据是由于其职务和业务与信息公开者发生了联系，其审核职责要求其对企业提供的信息进行审核，并且中介机构公信力的存在，可以极大提升这类信息的可信度和信息接收者所期望的质量满意度，较企业直接公开的信息而言，对信息接收者的决策和交易行为的影响力大得多。

（2）信息公开担保责任是一种法定责任，中介机构与信息公开义务人承担有限连带责任。信息公开担保人承担连带责任的对象，是受信息公开违法行为损害的信息接收者，承担连带责任的范围，应根据其职务关系和业务关系的性质与内容而定，即根据其在信息公开活动中的地位和作用而定。因为信息公开者要对全部信息公开违法行为所造成的损害负赔偿责任，而信息公开担保人只对与其有关的信息公开文件内容的合法性作担保，即只对所担保的特定信息公开行为的违法后果承担责任，所以，在发生信息公开违法行为时，信息公开担保人都只对与其担保的行为有因果关系的损害与信息公开者一起承担连带赔偿责任。

（3）根据中介机构在信息公开活动中的地位及信息公开担保制度的目的，中介机构承担信息公开担保责任的归责原则应以过错责任原则为宜。因此，中介机构的连带责任是与其过错相联系的，即在发生信息公开违法行为时，如果中介机构有过错，就要对信息接收者因此而受的损失负连带的赔偿责任；如果没有过错，就不负赔偿责任。但是，与信息接收者相比，由于中介机构在信息公开活动中仍处于主导或优势地位，可以预先了解和决定信息公开文件的内容，并且信息接收者只是被动地了解已公开信息，已公开信息的运用结果对信息接收者有重大利害关系，他们对中介机构是否有过错又难以举证，所以，根据《信息公开法》的宗旨以及中介机构与公众在市场中的地位，对中介机构应采取举证责任倒置的过错原则。免责事由是其已尽到恪尽职守，勤勉尽责，仍未避免失误。

（二）鼓励社会监督

从某种意义上来说，政府部门和中介机构、行业自律组织的监督都是来自企业之外，都可称为社会监督，但本书此处所指的社会监督是指对企业信息公开者不负监管责任的社会公众和社会性组织的直接监督。

1. 信息接收者的监督。许多发达市场国家（如美国、英国、澳大利亚等）的证券法律均建立了较为严谨的投资者监督和申诉制度。该项制度的内容主要有：投资者向市场监管机构举报、申诉的程序，投资者的市场监督权利，举报书的形式和内容，监管机构对举报书的评估程序（包括监管机构举报受理部门的建立），评估后对违法行为应采取的行动，监督机构的保密责任及举报者的反馈程序等。通过广大投资者的参与（这是他们的权利），随时随地监督市场主体的信息披露活动，使监管机构能及时查处违反信息披露制度的行为，保护投资者的权益，同时也提高证券监管机构的工作效率。我国可参照这些做法，采取切实可行的措施鼓励信息接收者监督，并用法律将其固定下来。我国《消费者权益保护法》从保证消费者监督权切实实现的角度，赋予了消费者就产品质量问题，向产品的生产者、销售者查询；向产品质量监督部门、工商行政管理部门或有关部门申诉的权利，并要求对消费者的申诉，接受部门应当负责处理。这一规定值得借鉴。

2. 充分发挥媒体监督作用。在社会性监督组织中，各种媒体扮演了不可替代的角色。媒体可以利用其敏感的触觉、究根寻源的职业习惯、无处不在的独特的职业优势以及法律赋予的特别权利，充当监督企业提高信息公开质量和透明度的“别动队”，并把第一时间得到的消息传递给社会以促进信息的对称，特别是把消息传递给社会监管体制的各个层面，使各种制衡机制能紧密地合作并有效地运转，迅速达到约束和控制的效果。同时，法律应明确它们的监督地位。

3. 行业自律。行业协会属民间团体，是行业自律组织。经协会会员选举产生的协会理事会，主要以协会章程和行业管理为依据行使协调会员间的经济关系和监督会员的业务活动的职能。因而行业协会是企业信息公开的重要监督主体之一，应在信息公开制度中明确行业协会的监督地位。

第五章　提高市场监管效能，缩小企业机会主义空间

党的十六届三中全会提出要“完善行政执法、行业自律、舆论监督、群众参与相结合的市场监管体系”。显然，提高行政执法能力、促进中介机构和行业协会的发展，① 对提高市场监管效能，构建良好的市场秩序，缩小企业机会主义空间有重要价值。

第一节　提升行政执法能力

世界银行发展报告②和温家宝总理在十一届人大二次会议的政府工作报告中，都将市场监管规定为政府的主要职能，并认为政府监管在一国市场监管体系中居于主导地位。行政执法是政府监管市场的主要手段，提高行政执法能力，是政府市场监管职能有效实现的核心，对防治企业道德风险的发生至关重要。

一、建立健全市场监管法律体系，为行政执法提供可靠依据

行政执法最能体现行政权的性质和功能。根据法治原则要求，执法机关必须按照立法者的立法意图和具体法律的规定执法。所以，做好行政执法的

---

① 很多学者认为行业协会只是中介机构的一种。考虑到中介机构主要是基于独立、客观、公正的特性，通过鉴证、咨询等行为对企业进行外在监督，行业协会则是本行业企业自愿参加组成的、以自律为主的社会组织，故本书将二者予以了区分。考虑到二者同属社会中介力量并有共同之处，对中介机构的探讨侧重于提高执业质量的整体对策，对行业协会则侧重于促进发展的法律制度的构建。

② 程漱兰：《世界银行发展报告20年回顾（1978—1997）》，北京，中国经济出版社，1999。

基础是市场监管立法的完善，因为市场监管法不仅是市场主体进行市场运营的准则，也是行政执法主体依法监督、持续审慎监管、有效监管的依据。

市场监管法是调整国家进行市场监督管理过程中发生的社会关系的法律规范的总称。[①] 我国市场监管法律体系由市场主体法律制度、市场行为规制法律制度和市场服务法律制度组成。

（一）市场主体法律制度

市场主体是指在市场上从事交易活动，具有一定经济利益，依法核准登记并被赋予法定资格的各类经济组织和个体，主要包括自然人、企业和个体工商户等。其中，企业是最重要的市场主体，是促使社会经济良性运行的重要力量。要使企业规范运作，必须致力于建立现代企业制度，通过合理的权利配置实现激励兼容，促进企业承担其对社会的责任，以及与企业相关利益者之间的信任与合作关系的形成。这就需要法律不仅从实体上合理确定企业内部的产权结构，而且从形式上要保证利益主体维护自己权益的程序科学合理、规范透明，进而促成关于市场主体的组织形态和法律地位规范的市场主体法律制度的产生。市场主体法通过规定各市场主体资格类型及设立条件、法律地位的方式，促使形成平等、自由、活跃的市场主体，并保证其以合法身份公平参与市场竞争，达到维护经济秩序和交易安全的目的。

我国市场主体法律制度建设经历了以所有制为导向到以责任形式为导向的立法转变，形成了包括《公司法》、《合伙企业法》、《个人独资企业法》、《全民所有制工业企业法》、《集体企业法》、《私营企业法》、《外商投资企业法》、《破产法》等相对完整的法律体系，基本适应了市场经济对市场主体的要求。根据我国实际情况和现实需要，当前应注意加强市场准入和市场退出立法和相关法律的修订工作。

市场准入主要是指政府允许具备相应资质条件的企业进入市场。市场准入是国家对市场基本的、初始的干预，是政府通过控制进入某些行业的企业数量，以保障一些特殊市场的运营安全和这些行业的商品和服务的有效供给的重要手段。市场准入制度是有关国家和政府准许具备相应资质条件的个人

---

① 杨紫烜：《经济法》（第二版），198 页，北京，北京大学出版社，2006。

和企业进入市场，从事商品生产经营活动和市场服务的条件和程序规则的各种制度和规范的总称。[①] 广义的市场准入制度涉及产业政策、特殊企业、特许经营、行业标准、企业设立审批、企业设立登记等内容，包括对企业进入市场的名义要件、财产要件、登记要件以及营业要件的设定等，并辅以企业财产独立和意思独立的法律人格要素，从而实现商品交易的安全、效率与秩序价值。从世界范围来看，市场准入的立法模式有以下几种：自由放任、特许主义、准则主义、行政许可（又称核准主义）、混合模式等。我国采取混合模式，即根据市场主体的性质或市场主体拟从事的市场经营活动的类型等具体情况，对一般市场准入采取准则主义，特殊市场准入采取行政许可主义，[②] 即除进入部分特殊市场须经过国家行政机关审批外，法律只要求拟进入一般市场者直接到工商行政管理机关登记注册即可。如何做到既能降低门槛又能保证交易安全和促进行业发展均衡，是我国市场准入制度设计要重点解决好的问题。

市场退出的法律表现就是企业的终止或企业法律主体资格的消灭。在市场经济条件下，充分竞争和优胜劣汰是保证社会资源有效利用和配置的重要途径。因此，明确市场退出规则，建立完善有进有退、进退有序的市场机制，就成为市场监管法律制度的重要内容。市场退出的方式有申请注销登记、被吊销营业执照以及破产、转产、兼并重组等。我国目前对市场退出的法律规制散见于各市场组织法之中，还没有一部完整的市场退出法律。因此，应考虑构建一个综合的市场退出法律体系，对包括退出市场标准、多渠道退出市场的途径及退出不同层次的市场的行为规制等内容作出系统规定，以体现市场经济的法治性。

（二）市场行为规制法律制度

广义的市场行为规制内涵相当广泛，指“一定的主体依据一定的规则对构成特定社会的个体和构成特定经济的市场主体的活动进行限制或鼓励的

① 李昌麒：《经济法学》，185 页，北京，中国政法大学出版社，1999。

② 王全兴、管斌：《市场规制法的若干基本理论研究》，见王全兴编《中国经济法学精粹》，317 页，北京，机械工业出版社，2002。

行为”。[①] 狭义的市场行为规制仅指政府和非政府公共机构在市场经济体制下，以校正或改善市场机制内在的问题（市场失灵）为目的，依法对市场主体特别是企业的活动行为进行直接的干预。[②] 通常所讲的市场行为规制多指狭义的市场行为规制，规制对象包括市场主体损害其他竞争主体或消费者利益，甚至是社会整体利益的行为，主要包括一般性不正当竞争行为、垄断行为、国际贸易中的倾销和专项补贴行为及损害消费者利益的行为等。

市场行为规制法是指国家在市场经济体制下，调整对市场主体特别是企业的活动进行直接规范和制约过程中发生的经济关系的法律规范的总称。市场行为规制法是国家基于维护社会公共利益或全局性利益之考虑而形成的国家干预经济的法律制度，[③] 立法目的在于既限制国家行政干预权力固有的膨胀倾向，保障个体自由竞争，同时矫正市场失灵，规范市场主体固有的个体本性的扩张趋势，维护社会整体利益。目前，我国市场行为规制法律体系主要包括：

1. 竞争秩序监管法。竞争秩序监管法的立法目的是国家通过制定和实施公平竞争的规则，制止不正当竞争行为和限制竞争行为，推动那些不易竞争的领域开展竞争，从而维护公平竞争、资源配置高效的市场秩序，这是调整国家在反对不正当竞争和反垄断过程中所形成的经济关系的法律规范的总称，主要表现为《反不正当竞争法》、《反垄断法》和《公平交易法》等。

2. 市场交易平衡监管法。市场交易平衡监管法是确认和保护合理市场交易行为的法律规范的总称。它通过明确规定交易双方主体的权利和义务，规范市场主体行为，克服不完全信息和交易主体地位悬殊所导致的市场交易行为的扭曲状态，达到维护公平的市场交易秩序的目的。市场交易平衡监管法涉及商品市场、金融市场、劳务市场、智力成果市场等，包括鼓励、支持市场交易行为的规范和限制、禁止某些市场交易行为的规范，具体表现为《合同法》、《消费者权益保护法》、《广告法》、《知识产权法》、《担保法》和《证券法》等。

---

① 王全兴、管斌：《市场规制法的若干基本理论研究》，见王全兴编《中国经济法学精粹》，317 页，北京，机械工业出版社，2002。

② ［日］植草益：《微观规制经济学》，朱绍文等译，1 页，北京，中国发展出版社，1992。

③ 吴汉红：《西方寡头市场理论与中国市场竞争立法》，139 页，北京，经济科学出版社，1998。

3. 审计与统计法。审计与统计法是指调整审计关系和统计关系的法律规范的总称。审计是指审计机关依法对被审计单位的会计凭证、财政收支、财务收支、资产及其有关的经济活动的真实、合法和效益进行审查、评估的一种经济监督行为。统计是指对与经济现象有关的数据进行收集调查、整理计算和分析等活动的总称。审计和统计都可以为宏观经济管理提供决策依据，但其首先直接表现为对具体经济活动主体的经济活动的合法性、合理性和有效性的监管，具体包括：《审计法》、《统计法》等。

4. 产品质量法。产品质量法是调整在产品的生产、销售和消费领域中，因产品质量而发生的生产者、销售者与消费者之间的权利、义务和责任关系以及产品质量管理关系和产品技术管理关系的法律规范的总称。其主要目的是通过规定市场交易主体在产品质量和产品技术方面的权利和义务，保证市场交易标的质量具有可信赖性，从而尽可能保证交易过程所实现的资源配置是有效率的，具体包括：《产品质量法》、《标准化法》等。

（三）市场服务法律制度

市场服务是指政府在调整市场经济运行过程中，为使市场经济良性高效运转和社会整体利益最大化而履行相关经济职能，在外在环境和内在机制上对市场主体进行培育、扶持、协助和引导的行为。市场服务法是指调整政府及市场中介主体在参与市场经济运行过程中发生的市场服务关系的法律规范的总称，[①] 主要包括政府市场服务法及中介机构市场服务法。政府市场服务法包括市场信息公开法、市场信息服务法、市场信用监管法等。政府建立信用资料数据库和实现信用资料的开放，同时由政府等主体协调工商、海关、法院、技术监督、财政、税务、人民银行、证券监督等部门，依法将自己掌握的企业及信用数据通过一定形式向社会开放，提供服务。中介机构服务法包括中介组织管理法、行业组织管理法、会计师事务所服务管理法、律师事务所服务管理法、评估机构服务管理法、个人信用服务管理法等。个人信用服务管理法包括个人信用登记、个人信用评估、个人信用风险预警、个人信

① 卢炯星、郑光忠：《论经济法内容创新——市场服务法一般原理》，载《辽宁大学学报》，2005（1）。

用风险管理和个人信用风险转嫁等法律规定。

二、进行行政管理制度创新，优化行政执法环境

行政执法环境是直接或间接地影响或作用于执法活动的环境因素，包括法制、体制和守法等内部环境，以及经济、政治、社会和舆论等外部环境。执法环境决定了执法的难易程度和最终落实程度，直接关系到国家法律法规的正确实施。进行行政管理制度创新，优化行政执法环境，是提高行政执法质量的重要措施。

（一）深化行政执法体制改革，科学配置行政执法权力

现代行政法治要求作为行政执法载体的行政体制，即行政机关的设立，职责的界定，权力的取得、分配和运作，都必须符合提高行政执法效能的目的和基本价值取向。根据《全面推进依法行政实施纲要》的规定，我国行政执法体制改革的目标为：建立权责明确、行为规范、监督有效、保障有力的行政执法体制，所采取的改革举措包括：

1. 积极推进综合执法，逐步实现行政执法权相对集中。针对目前我国行政执法权分散，部门之间职责交叉、不明确的现状，应进行以集中行使行政处罚权为核心的综合执法体制改革。完全不同于过去的联合执法，综合执法机构应具有独立的执法主体地位，根据政府机构改革的要求，按照精简、统一、效能的原则，经有关国家机关批准组建的集中行使行政执法权的组织，是同级政府的一个综合执法机关。从目前的实际情况看，可以考虑在县级人民政府只设治安、税务、工商、资源、环保等少数直接行使行政执法权的机关，其他行政部门不再独立对外行使行政执法权，其余事项的执法权均由一个类似于城市管理行政执法局的综合执法机关统一行使。

2. 减少行政执法层次，适当下移执法重心。目前，我国行政执法权主要集中在较高层级的行政执法机关，这是影响行政执法效率的因素之一。因此，必须改革行政执法权配置，实现行政执法权重心下移，即通过将中央执法权下移到地方、上级执法权下移到下级或基层等方式，达成行政执法权集中到较低层级的行政执法机关行政执法权纵向配置改革。在现行政府机构设置情况下，执法权重心下移主要是执法权下移到县级，具体的执法活动主要

由县级行政执法机关承担，在乡（镇）一级除治安、税务、工商等由县级各职能行政执法机关设置派出机构履行行政执法职能外，其余事项均由县级综合行政执法局（分局）的派出机构——乡（镇）综合行政执法所履行有关行政执法职能。

3. 积极进行相对集中的行政许可权探索。近几年来，全国各地广泛推行行政审批制度改革，严格清理、废除了大量不必要的行政许可、行政审批事项。为提高行政许可效率，方便人民群众办事，不少地方都尝试建立行政服务中心（行政服务大厅、政务超市等等），将适合集中办理的行政许可、行政收费等事项纳入行政服务中心集中受理、统一监管，进一步简化了办事程序。目前，全国大多数县级以上地方政府和部分中央国家机关已建立了行政服务中心，全国已建立综合服务中心 2 100 个。[①] 但是，行政许可、行政审批的权力长期以来被一些行政机关和公务人员视为能够带来部门利益的好东西，他们只想更多扩张，不会轻易放弃，所以相对集中行政许可权的改革难度很大，但必须坚持探索。

（二）改革行政执法运行机制，提高行政执法效率

相比于改革行政执法体制，改革行政执法运行机制对于提高行政执法效率具有更大的空间，可以有更多的作为。行政执法运行机制改革的目标是建立科学民主的决策程序、准确及时的信息收集反馈程序以及行为规范、简化的执行程序。

1. 建立科学民主的决策机制。第一，要建立完善的决策参谋咨询机制，集中一批专业人才，组建专门的研究机构，针对经济社会发展情况广泛开展调查研究，为领导决策提供参考。第二，要坚持从群众中来到群众中去的思想路线，充分尊重和重视人民群众的实践经验，从群众的社会实践中汲取智慧和办法。第三，要建立广泛的专家咨询网络，经常与高等院校、科研院所保持联系，开阔视野。第四，政府的重大决策要与地方人大代表和政协委员沟通，听取他们的意见和建议，取得他们的理解和支持。第五，实行集体办公制度，对重大问题和紧急问题，共同商讨，科学决策。

---

① 青蜂：《我国政府职能转变的路径分析》，载《行政法学研究》，2008（2）。

2. 建立准确及时的信息收集和反馈机制。准确及时的信息收集和反馈，是保证决策正确的必要条件。建立准确及时的信息收集和反馈机制，及时准确地将行政行为的执行情况反馈上来，可以避免错误决策或不完善的决策越走越远，造成资源浪费，具体方法包括：一是坚持多渠道收集信息，如通过工作人员下基层了解第一手资料和情况，利用现代化的网络技术从网上获取信息，利用各种研讨会、报告会等途径获取资料等。二是畅通信息反馈的渠道，如推行行政执法公示制度，通过设立办公大厅、电子政务等形式，对行政机关的权限责任、办事时限、处理程序等内容予以公示；执法结束后，应对执法结果予以公开，并赋予当事人查阅卷宗的权利以及享有行政救济权利，确保当事人对涉及自身权益的执法实体和程序可以全面了解和监督。

3. 建立健全行政执法协调配合机制。联合执法是充分利用现有执法队伍人力资源，提高执法效率的有效方法。为加强市场监管，提高执法效率，执法部门要树立全局观念，加强部门间横向联系，形成协商解决问题的良好风气，建立健全行政执法协调配合机制。经过多年的探索，工商部门从三个方面建立健全了行政执法协调配合机制，值得借鉴：一是不同级别工商行政管理机关间的联合监管机制，形成了从总局到基层工商所五级贯通，集咨询、申诉、举报、转办、反馈、督办、应急处置、数据分析、信息发布于一体的综合性执法监管体系。二是不同区域间的工商行政管理机关执法协作机制，如推进区域间商标监管联合执法，实现流通领域商品质量抽查结果信息共享，建立打击传销执法协作机制等。三是不同行政执法部门间的协调配合机制。与公安、教育、文化、卫生、广电、新闻出版等部门建立了联席会议、案件联合查办、执法情况通报等制度，在打击传销、整治虚假广告、治理商业贿赂、取缔无照经营等方面，实现了部门间工作的紧密衔接和优势互补，形成了执法合力。

4. 加强行政执法保障。保证行政执法部门必要而充分的经费保障和人力配置，是任何工作开展和事业发展的有效前提。在执法经费保障上，要将执法经费纳入财政预算，对人员工资、日常办公、法制宣传、政策调研、执法装备和执法办案等经费予以保障，推动执法工作正常进行。在执法人员配备上，要配备与行政执法工作任务相适应的各类人员，不断优化执法队伍结构，加大基层执法力量的投入，以满足各项工作的需要。同时，健全对行政执法人员人身、财产保障制度，加大对威胁行政执法人员人身、财产安全的各种违法犯罪行为的打击力度，以使行政执法人员能够放心大胆地投入工作，积极主动地提高行政执法活动的效能。

（三）完善行政立法，规范行政执法行为

加强行政立法工作，提高立法质量，是规范行政执法的基本前提。要尽快出台《行政程序法》、《行政监督法》等行政法律、法规，弥补行政法领域的“真空”，使行政行为从实体到程序、从内容到形式、从执行到监督都有法可依。

1. 完善行政程序立法，规范执法主体行为。“即便是聪明睿智的执法者，他是有感情的，因此会产生不公正、不平等”。[①] 这决定了明确行政执法程序的必要性。行政执法程序能规范行政权的行使方式，以客观标准衡量执法的公正性，会对执法主体行使权力行为产生重要影响。从总体上看，在法律实施过程中我国仍然是“实体优先”，且尚无一部完整的行政程序法，这很容易造成法律之间的反复、疏漏、抵触，造成立法进程不统一，进而导致法制的不统一。[②] 因此，应把分散在行政法律、法规中的行政程序方面的规定，从行政实体法中剥离出来，形成独立、统一、系统的行政程序法，通过对包括行政公开制度、行政告知制度、行政参与制度、说明理由制度、时限承诺制度等的规定，对行政执法行为作统一规范，使行政程序在限制行政执法权的行使和保护相对人的程序权利方面发挥更大的效用。

2. 提高行政立法质量，明确行政权行使边界。一方面，要把现有的行政法律法规加以整理，总结正反经验，同时吸取国外先进立法经验，提高行政立法技术，使法律法规具体明确，易于执行，从而堵塞由于条文本身造成的执法过程中有法不依或执法不严的漏洞。另一方面，行政立法要强调各种利益关系的平衡，既要充分体现权责一致，避免职权滥用，又要特别注意平衡行政权与公民权的关系，确定两权之间的合理边界，避免使公民权遭受任人摆布、受人侵害的潜在危险。

---

① 张宏生：《西方法律思想史》，北京，北京大学出版社，1983。

② 刘帅、徐健：《行政程序法的法律价值》，载《法制与社会》，2009（12）。

3. 完善行政不作为诉讼制度，防止权力滥用。随着经济社会的发展，法治进程的推进，在现有的行政不作为诉讼制度中，相对狭窄的受案范围使诸多权益受损者无法获得救济，起诉主体的过度限制剥夺了部分权益受损者的诉权，行政不作为诉讼的结果使部分权利救济效果不明显。因此，应完善行政不作为诉讼制度，通过扩大受案范围，建立行政不作为公益诉讼制度以拓宽起诉主体，完善行政不作为国家赔偿制度以保障救济效果等措施，防止权力滥用的发生。

（四）建立有效的监督制约机制，防治权力腐败

"一切有权力的人都容易滥用权力，这是万古不易的一条经验。有权力的人们使用权力一直到遇有界限的地方才休止"。[①] 因此，健全的监督制度就成为保证现代国家正常运转的关键环节和手段，是防治行政权力腐败的重要机制。[②] 目前，针对行政执法机关的监督形式有很多，当务之急是完善各个层面的监督使其形成整体合力。

1. 实行行政执法责任制。行政执法责任制是一种行政机关内部以监督行政执法行为为主要内容的层级监督制度。它通过明晰权力内容、权力行使程序，对滥用职权、越权行政的责任追究等，发挥法律控权的作用。建立健全行政执法责任制对于促进行政执法机关及其执法人员严格履行法定职责，提高行政执法水平，保证法律正确实施，维护行政管理相对人的权利具有重大意义。

作为规范和监督行政执法活动的重要制度，行政执法责任制内部有相互联系的三个结构板块，即依法确定执法职权，按照确定的执法职权的标准进行评议考核，根据评议考核追究相关人员的责任，具体包括：一是科学配置行政执法主体的职责。根据法律、行政法规、地方性法规和规章的规定，明确各行政执法机构对外承担的法定职责，并将职责层层落实到每个岗位和人员，做到职责分明、责任到人。同时，统一进行监督和考核，以真正实现权力与责任的统一。二是建立健全行政执法评价体系。行政执法评价分为行政

---

① ［法］孟德斯鸠：《论法的精神》，北京，商务印书馆，1982。

② 尤光付：《中外监督制度比较》，北京，商务出版社，2003。

机关内部和外部评价。除行政机关自我评价外，还应吸纳社会各方面的广泛参与，如专门选聘行政执法效果评议员，或者发放定向测评表，组织基层群众和行政管理相对人对被评议单位进行测评等。行政执法评议内容主要集中在廉政建设、勤政为民、作风建设和依法行政等方面，建立“廉洁、勤政、务实、高效”的执法机关形象也应成为评价要素。三是完善行政执法违法责任追究制。这是行政执法责任制的重点和难点。为此，必须对执法机关的职权与职责进行科学分解，建立起完整的岗位责任体系，并积极采用电子信息化手段来推进行政执法责任制，从而将执法责任制由传统的单纯事后监督并追究责任，转变为事前、事中、事后的全过程动态监督并追究责任，以减少行政损害和社会成本。此外，还必须建立健全行政执法举报、控告、申诉受理制度，逐步完善和推行引咎辞职制度。

2. 完善行政执法监督立法。我国现行的监督法规还不够健全，而且有一些监督法规在某些环节缺乏相配套的实施细则，难以操作。因此，须尽快制定一部统一的《行政监督法》，进一步理顺行政执法监督体制，明确行政执法监督主体的职责权限，规范行政执法监督的程序，强化行政执法监督手段，为行政执法监督提供可靠的法律保障。

3. 改善和加强权力机关的监督。人大监督是权力机关对“一府两院”工作的监督，也是我国各种监督形式中最基本的。人大监督权的强化，必将使我国政治生活中的决策权、执行权和监督权三者之间形成必要的均衡，既能支持政府有效地执行党和国家的方针政策，又能制约执法权力的滥用。就目前情况来看，要从三个方面加强人大监督功能：一是努力提高权力监督机关人员的素质，把具有较高理论修养和专业知识者充实到监督队伍中，以保证监督队伍的精干和高效。二是建立健全行使监督权力的专门机构。可以设立专门的监督委员会，并配备专职监督人员，及时有效地监督检查国家机关及其工作人员执行《宪法》和法律的情况、执法责任制落实的情况。三是不断拓宽监督渠道，加强对行政执法机关廉政建设的监督。

4. 强化行政执法的司法监督。司法监督是一种最直接最有力的国家监督，其监督的依据是国家机关之间的职能分工和法治保障原则。目前，我国司法机关对行政执法行为的监督应该注意完善两个方面：一是扩大司法对行政执法行为审查的受案范围。法院能够审查的不能只局限于行政机关侵犯行政相对方人身权和财产权的具体行政行为。二是增加司法审查的强度。司法审查不能仅限于审查具体行政行为的合法性，还应当审查具体行政行为的合理性。

5. 规范新闻舆论对行政执法的监督。新闻舆论监督在现代社会和民主国家中是一种极为重要的监督力量，它以迅速、敏锐、传播广泛的独特方式对国家实施广泛、及时而有效的监督，从而成为现代民主制度的重要组成部分。新闻舆论监督首先是要保障公众尤其是新闻媒体的知情权，并应以此为着眼点，逐步建立有中国特色的行政执法活动公开制度。另外，舆论监督也需要法律的约束，没有法律的约束，也容易损害公共利益和公民权益。因此，应当加快舆论监督的立法进程，尽快制定和颁布保障和规范舆论监督的相关法律法规。

6. 充分利用其他监督主体和监督形式。一方面，应健全公民监督体系，畅通公民监督渠道，通过行政公开、行政参与、行政听证等制度，使公民参与到行政执法过程中来。另一方面，要发挥各民主党派、社会团体和其他组织对执法机关及其工作人员的社会监督。另外，监督过程中不可忽略网络舆论监督这个平台，应允许监督主体充分利用网络行使监督权。

三、加强队伍建设，打好行政执法基础

（一）培育现代行政法治理念

以现代行政法治理念为指导是提高行政执法能力的根本。法治理念是关于法治的本质属性、基本内涵和根本要求的思想观念，是根植于一国法治实践之中，反映法治现实，对法治实践起指导和推动作用的思想载体，是推动法治发展的内在动力。现代行政法治在本质上要求通过规范和约束行政权力来实现公共利益和社会秩序的维护，实现行政相对人合法权益的维护。

1. 树立法律至上的观念。在实行法治的国家，政府权力是有限权力，在个人权威与法律权威发生冲突的时候，个人权威必然要服从法律的权威，而不是个人权威凌驾于法律权威之上。法律的目的和宗旨要通过执法来实现，法律的权威也要通过执法者的权威来体现。所以，维护法律权威，必须树立执法部门的公信力：（1）执法者应严格公正文明执法，切实解决执法

不公的问题，提高执法部门的公信力，让执法行为令人信服，用公正赢得权威。（2）坚持行政职权法定，没有法律、法规、规章的规定，行政机关不得作出影响公民、法人和其他组织合法权益或者增加公民、法人和其他组织义务的决定。

2. 树立公民权利至上的观念。现代行政法治理念的核心内容在于通过法律对行政权力的有效控制和规制来实现公民合法权益的保护及公共利益和社会秩序的维护。因此，行政机关及其执法人员应树立起公民权利至上的观念，切实尊重和保护行政管理相对人的合法权利，尤其不能将行政执法权视为为自身谋取私利或挟私报复的工具。当前，应积极推崇人性化执法，即执法主体在执法与司法各个领域，在遵守法律的前提下，依照法定的职权和程序，以仁慈、人道、温情的方式进行非歧视的、理性化的执法活动。

3. 树立依法行政的观念。依法行政强调的是行政主体要合法，行政权的取得和行使要合法，行使行政权要承担相应的责任，做到权责统一。这是因为行政权力是一种超越于个人之上的公共力量，是一把“双刃剑”，既可以成为维护公共利益的有效工具，又可能成为侵害公民个人权利的手段。要确保行政权力的设立和运作真正顺民心、合民意，保障人民当家做主，最根本的是要用法律法规来规范和约束行政权力，真正做到依法治官、依法治权。因此，应按照合法行政、合理行政、程序正当、高效便民、诚实守信、权责统一的要求，做到有权必有责、用权受监督、违法受追究、侵权要赔偿。

（二）切实提高领导者的素质和领导艺术

领导者的素质和领导艺术如何，是衡量一个行政单位是否具有战斗力，是否具有较高行政效率的重要方面。现代社会，尤其是在市场经济逐步建立和完善的今天，客观上对一个领导者的要求越来越高，其综合素质也要越来越强。如果自身素质差，作风拖拉，办事优柔寡断，议而不决，决而不行，或者墨守成规，照搬照抄，缺少创新和开拓精神，就不能准确、完整、及时地理解和贯彻上级的各项方针政策，也不可能提高行政效率。

1. 切实提高政治素质。首先，要提高他们的马克思主义、毛泽东思想、邓小平理论和科学发展观的理论水平，提高贯彻执行党和国家方针、政策的自觉性，提高政治敏锐性和政治鉴别能力，增强用辩证唯物主义和历史唯物主义的观点、方法观察世界、改造世界的能力。其次，要增强党性修养，保证在改革开放和现代化建设事业中，在错综复杂的形势下，能够保持清醒的头脑，坚持党的基本路线不动摇。

2. 不断提高业务水平。知识、能力是提高领导者行政效率的基础和前提。当今世界，自然科学和社会科学飞速发展，已经形成了一个多层次、多序列、多学科的综合化、整体化的错综复杂的主体知识网络。谁能掌握这些科学，谁就能掌握主动，赢得时间，获得效益。因此，领导者只有不断地学习（尤其要学习历史、法律、经济、管理等方面的知识），不断地更新知识，拓宽自己的知识面，才能适应新时期新任务的要求，才能不断提高自己的能力和水平。

3. 努力提高领导艺术。从某种意义上讲，领导者的领导艺术体现了领导者的领导能力，直接反映了领导者的综合水平，并且也影响着行政效率。领导者具有高超的领导艺术并善于科学领导，其行政效率就高。提高领导艺术，主要是提高领导者的决策艺术、授权艺术、思想政治工作艺术、待人处事艺术以及管理艺术等。

（三）培养高素质的执法人员

从某种程度上讲，执法比制定法更重要，因为如果法律不能被良好地执行，再完善的制度也会被与之不相适应的观念错位和水平低下所扭曲，甚至失去制度的意义。可见，执法人员素质问题是执法机制良性运行的基石，其素质的高低决定着执法整体功能的发挥。

1. 完善人事管理制度，使执法队伍保持生机和活力。要完善科学的人事选拔、录用制度，把好人员进入关，挑选真正优秀的人才进入行政机关，确保录用人员的高素质。要严格执行干部选拔任用制度，形成择优汰劣的选择机制，真正做到能者上、平者让、庸者下，保证各级领导由有真才实学并且有能力的人来担当。另外，应当严格按照政策来执行考核、辞职、辞退和退休制度，督促行政人员严格要求自己，不断自觉学习，在实践中不断提高自身素质。在政绩考核方面，必须改变过去主要考核经济指标的做法，把考核重点转到严格实施法律、履行法定职责、维护法制统一和政令畅通、创造良好的投资环境和法治环境上来，以促进公务员依法行政的自觉性、积极性和在工作中的创新意识。

2. 加强培训教育，提高基层执法人员职业素质。要通过经常的、制度化的培训考试等方式，教育各级行政执法人员特别是领导干部自觉地在法律之下而不是在法律之外更不是在法律之上提出问题、思考问题和解决问题，始终绷紧法治与责任这两根弦，真正成为对人民负责、对法律负责的强有力的“奉法者”。执法培训内容既包括各有关行政执法部门的法律、法规和规章知识，还要包括行政执法的基本理论和一般原理，从而切实转变和彻底消除行政执法人员的权力本位和特权意识，使之牢固树立执政为民、公正执法和行政执法服务于民的观念，培养尊重公共利益和提供公共服务等意识。另外，必须采取一定的刚性手段和强制措施，严格学习培训纪律，实行学习培训正规化、制度化，并把参加法律知识学习培训的考勤和考试与行政执法上岗资格及行政执法证件的申领、年检结合起来，与行政执法人员的年度考核和工资晋升结合起来，与行政执法机关的机构改革和人员分流结合起来，坚决淘汰那些学习不认真、考试不合格、不适应现代行政执法要求的职业素质低劣者。

第二节 提高中介机构执业质量

作为社会管理与发展的一种基本组织体系，中介机构通过发挥其鉴证、决策支持、自律和监督功能，能有效减少各社会主体之间的摩擦和矛盾，维护各市场主体的利益，加速各生产要素的流动，保证社会经济活动在公平、公正条件下顺利进行，是市场监督的重要力量，在经济发展、社会进步中发挥着重要作用。①

一、中介机构及其企业道德风险防治价值

（一）中介机构的概念及其基本功能

中介机构是指依法通过专业知识和技术服务，向委托人提供公正性、代

① 陆伟明：《试论政府职能转变与社会中介机构的关系》，载《人民日报》，第9版，2004－06－21。

理性、信息技术服务性等中介服务的机构。市场经济发展的理论和实践都已证明，各类中介机构是市场机制运行的最重要主体之一，其在服务市场经济过程中，充分发挥其居间性、服务性、中立性、专业性和自律性等特性，形成以下基本功能：

1. 鉴证功能。中介机构站在客观、独立、公正的立场上，依照法律授权，接受委托，运用其专门知识和智力劳动，根据国家法律、法规规定，审查各方面证据资料和原始凭证，提出鉴证报告，证明委托方的委托事项是否真实、客观、合法、公允。

2. 社会监督功能。中介机构依法对委托单位的经济活动进行审计、评估，并据实作出客观评价，实现对市场主体经济活动的社会监督。

3. 决策支持功能。中介机构接受决策者委托，围绕决策者的决策目标，进行一系列调查研究，制订实现目标的最佳行动方案，为决策部门提供正确可靠的科学依据。

4. 反馈功能。反馈是管理控制职能中的关键环节。中介机构依靠其具有专门知识和技术的专家，以及所掌握的资料齐全的数据库，运用科学的方法，取得反馈信息，并分析、组合这些信息，将有关结论提供给有关部门或委托者，成为其管理、决策的重要参考。

（二）发展中介机构有助于防治企业道德风险

中介机构“可在市场准入、监督、纠纷的解决、公证等多个方面规划企业的行为，使企业做到自我约束、彼此协调、调节和供给市场主体所需要的各个层次的资源”,[①] 对促进我国经济的活跃和发展、市场的和谐运行与发育意义重大，在防范企业道德风险中发挥着“经济警察”的作用。如企业道德风险产生的主要原因是由于交易双方的信息不对称，使拥有强势信息的一方可能在交易中谋取最大利益。尽管目前市场信息收集、传递等功能都非常发达，但信息不对称却仍是客观存在的，这为企业的道德风险行为提供了机会。而中介机构的存在，则可以利用其专业性、中立性和自律性，通过自己发达的信息网络，为交易双方提供比较真实可靠的市场信息，帮助交易

---

① 陈峰：《政府职能转变中社会中介组织的功能》，载《中国机构》，1998（6）。

双方进行科学的、有效的决策，从而达到多方共赢的目的。另外，中介机构具有“政府之所长，即筹集各种资源，通过民主政治程序设定社会需要的优先目标。与此同时，又利用私营部门之所长，组织商品和劳务的生产”，[①]通过为社会提供更多的公益服务和扩大社会自治，在一定程度上弥补政府失灵和市场失灵现象，帮助解决官僚主义、效能低下问题，有助于营造防治企业道德风险发生的良好环境。

二、我国中介机构发展中存在的问题及其成因

（一）市场欠成熟悉，政府多干预

我国社会主义市场经济体系还处于建立过程中，政府职能还未根本转变，政府和市场的关系还没有摆正。政府社会行政管理职能与经济管理职能合二为一，存在政府职能“越位”、“缺位”和“错位”的现象，已严重影响了中介机构的规范健康发展。中介机构由于受到传统体制的影响，其机构设置、人员安排、管理办法等行政化倾向比较严重，还没有形成自己独立的运行机制。大部分中介机构都与相应的行政机构保持着一定的联系，有的是原行政职能的转移；有的是原行政机关出于本部门的利益，如人员分流、机关办实体等而特意设置的；还有的是行政机关的二级单位，每年负责向本机关缴纳一定的管理费用等。这些因素给一些中介机构利用职权搞垄断经营、强行服务、硬性服务提供了便利条件，比如验资、审计、鉴定都要到指定的中介机构，否则影响事情的办理等等。还有一些地方政府和行政部门从自身利益出发，或不顾客观事实变相鼓励中介机构包装企业，或强迫其出具虚假验资和审计报告、鉴证报告，扭曲市场信息，误导投资行为，直接或间接地损害了投资人的利益，严重扰乱市场经济秩序。

（二）立法不完备，管理不规范

法律是规范和监督中介机构活动的依据和准绳，但目前我国对中介机构的法制化管理程度与建立社会主义市场经济的实际需要相距甚远。我国目前

① 戴维·奥斯本等：《改造政府》，6页，上海，上海译文出版社，1996。

有关中介机构的专门法律仅有《仲裁法》、《证券法》、《审计法》、《注册会计师法》、《广告法》、《律师法》等不多的几部，一些重要领域的立法仍处于空白状态，对大多数中介机构的管理主要是依据一些行政规章来进行，这在交易、代理、评估、咨询等业务领域尤为明显。

立法不完备，一方面导致一些部门利用行政权力制定对中介机构资格认定和管理的法规，在中介市场中划分势力范围，甚至还有多个政府部门分别规定进入某一类服务市场的特许权，兼以多种“资格”和“证书”作为确认特许的方式。据不完全统计，目前有18个政府部门或行业主管部门对经济鉴证类中介机构的资格进行认定，资格认证多达26种。其中，必须经过政府主管部门认定才能执业的有18种，必须经过专门考试的有8种。这种多头管理的结果是造成多种中介机构设置的重叠、交叉，业务上的分割，加之法度不一，带来管理上的混乱，将本是统一的市场割裂开，不仅滞缓了交易活动，而且增加了交易费用。另一方面使我国的中介机构监督机制很不健全，缺乏统一有效的中介机构的监督管理部门，各部门协调不够，甚至相互抵触，从而导致对中介机构的监管不力，尤其是在组织形式、组织制度上一时难以对中介机构进行规范。

（三）竞争机制扭曲，服务意识淡薄

按照市场经济的要求，中介机构应该公平竞争，服务质量和服务信誉是其竞争制胜的决定性因素，这是因为中介机构不同于一般性的经营组织，不以利润最大化为经营目标，而是以服务为主的特殊经济组织，需要通过优质服务确立组织的形象和社会声誉，并按照规定的收费标准收取一定的费用，获得相应的收益，以保持组织的正常运转和不断开拓业务、提高经营水平。但由于我国中介机构与政府职能部门保持着千丝万缕的联系，现在中介机构的业务竞争往往不是质量与信誉的竞争，而成了挂靠单位实力的较量。一些政府职能部门为了部门利益，往往垄断与本部门相关的中介业务，给予“嫡系”的中介机构种种优惠和支持，却排斥或歧视其他中介机构；一些中介机构既从事经营性的社会中介活动，又代行一部分政府职能，既当“运动员”又当“裁判员”，严重地影响了同行业的公平竞争，扭曲了竞争机制。再加上对中介机构在总体上缺乏法律方面的规范，中介机构在性质、职

能、经营范围、责任和义务及权利划分上难以准确地加以界定，以至于一些中介机构处理问题时难以保持中立立场，背离了中介机构“客观、公正”执业的服务宗旨，不是为社会、企业提供服务，而是为政府主管部门捞取好处，或为本单位甚至个人谋取私利，从而丧失了客户的信任，影响了中介机构的声誉。

（四）人员素质较差，行为不规范

相当一部分中介机构的业务如会计、法律、仲裁等具有鲜明的知识性、技术性特征，专业知识性很强，这必然要求其从业人员具有较高的文化知识素质，精通专业业务，通晓国际惯例。而我国目前在这方面人才的培养明显跟不上形势发展的需要：首先是人员素质不高，专业人员短缺。中介机构的工作人员大都未经过专业训练，致使中介市场缺乏竞争，难以形成优胜劣汰的机制，限制了专业人员技术水平的再提高。其次是水平参差不齐，人员构成年龄偏大。相当一部分从业人员是已办离退休手续的国家机关或事业单位的职工，人员老化状况十分突出，降低了中介机构的服务质量和效果，制约了中介服务的广泛开展。

上述种种问题的存在，导致许多中介机构自身行为很不规范，有的甚至无视职业道德，违规舞弊，如有的会计师事务所，在企业提供资料不全的情况下，也为其提供验资佐证，不规范验资、人情验资、虚假验资现象普遍存在；有的资产评估机构任意变动评估日期，帮助企业逃避国家的检查；有的中介机构服务质量不高，提供信息不及时，办事不公道，甚至提供过时信息，使被服务的单位或个人蒙受损失；还有的刊登虚假广告，误导、欺骗消费者，给客户或业务介绍人种种方式的回扣等，不但影响了中介机构监督功能的发挥，甚至于成了企业实施败德行为的帮凶，破坏了公正、有效和规范的市场秩序。

三、提高中介机构执业质量的对策

（一）加强宏观调控，促进中介机构有序发展

1. 提高认识，加快中介机构的脱钩改制。《中共中央关于建立社会主义

市场经济体制若干问题的决定》指出，“中介组织要依法通过资格认定，依据市场规则，建立自律性运行机制，承担相应的法律责任和经济责任，并接受政府有关部门的管理和监督”。积极推进我国中介机构的建设是建立和完善我国市场经济体制的重要环节，我们应在政府机构改革的同时，尽快地转换政府职能，实现政府“让位”，即市场能做的事，而且政府不容易做好的事，政府让位于市场，放手让中介机构去做，使各中介机构真正从政府有关部门独立出去，实现其“自主经营、自担风险、自我约束、自我发展”的目标，使其能够独立、客观、公正地执业。政府只侧重于营造市场主体竞争、公平交易的政策及法律环境，保证市场竞争的公开、公正和有序。同时，要彻底消除管理部门的利益驱动机制，使政府的职业管理部门与中介机构没有任何经济联系，保证中介机构公正、公平的竞争和独立的法人资格。

2. 统一规划，积极培育中介服务产业。我国经济深入发展的现状和全面开放的新形势对中介服务提出了更高的要求。政府应尽快制定中介机构发展的统一规划，在税收、财政等方面制定相应的优惠政策和鼓励措施。对覆盖面大、有较大影响的中介机构采取相应的倾斜政策，优先给予必要的经费，积极扶持发展。要简化工商、民政部门开业登记审查程序，尽量免征管理费，推动并扶持中介机构迅速发展壮大，为我国中介机构构建一个公平合理的竞争环境和发展环境。

3. 建立科学、规范的“两结合”的中介机构管理体制。我国中介机构大多实行的是政府行政管理与协会行业自律管理相结合的管理体制。实践证明，这种管理体制是适合我国当前国情的，并适应了市场经济发展的需要。当前的问题是要明确各自的管理任务，政府行政管理的职责主要是对中介机构及执业者之间的职责进行监督指导，制定社会中介行业规则，审查认定行业协会的规章制度，审查批准执业标准，监督查处违法违规事件，建立完善各种监管制度等。行业协会以自律管理为主要职责，建立自律执业行为的规章制度，如行业参与规则、竞争规则、行为规则、职业道德规范及惩戒规则，对行业实行规范化、制度化的管理。

4. 加强中介机构数据库管理，强化对中介机构的全面管理。加强中介机构数据库管理，可以掌握中介机构的全面数据，不但可以使对中介机构的考核评价建立在科学分析的基础上，有助于实现优胜劣汰，还可以为企业择优选择中介机构提供依据，是规避交易中可能出现的道德风险的有效措施。所以，必须建立统计报表制度，要求中介机构将其资质、奖惩、人员变动等信息资料及时报告，对中介机构的设立和资质、运行、日常经营管理、投诉与举报等数据资料进行系统收集与整理，并通过计算机信息管理系统对中介数据库中的信息及时更新，以保证日常管理工作的合法合规、顺利进行。

（二）建立健全法律制度，规范中介机构的发展

“各国都比较重视社会中介机构的法律框架建构，通过法律对社会中介机构发展提供支持是大趋势”。[①] 我国理应借鉴国际惯例，结合我国现阶段的实际情况逐步制定系统的调整中介机构关系的法律法规体系，将中介机构的发展纳入法制化轨道，改变当前无法可依和无章可循的混乱局面。

1. 制定中介机构组织法。内容可包括中介机构的界定，管理体制，与政府、社会的关系，资格认定和资质评定，自律机制，法律责任等等，明确各类中介机构的性质、地位、功能以及资格确认的法律程序。

2. 进行专门中介机构立法。就目前矛盾比较突出、与经济社会生活关系密切的若干类型中介机构，如资产评估机构管理、准行政类中介机构等进行专门立法，建立起一整套有关中介机构的法律和法规，依法对中介机构进行引导、监督和管理。

3. 制定各类中介机构的职责规范和行业规则。内容包括：市场准入、交易规则、中介合同、中介范围核定、成本核算、利益分配、纠纷仲裁和破产管理办法等。这些立法应特别注意：一是反不正当竞争和反垄断，尤其要注意遏制一些中介机构的垄断和不正当竞争行为。只有这样，才能为中介机构的发展创造一个公平、良好的竞争环境，真正做到客观、真实、公正，也才能使中介机构的发展尽快走上正轨。二是加强对中介机构的检查，建立专项检查制度和巡回检查制度，将对中介机构的质量检查制度化、科学化。三是加强质量控制，制定推行最低审计标准和最低质量控制标准，使中介机构的执业质量能有章可循、有目标可参。

---

① 《国外社会中介机构管理的法律法规体系建设》，http：//www. gdbb. gov. cn/detail. jsp？infoid =3621，2010 -10 -02。

（三）强化中介机构的自身建设，提高中介服务水平

1. 依法对中介机构及其从业人员进行相对严格的资格审查和执业登记。要严格中介机构的资格认定，改革现行由业务主管部门分别认定中介机构资格的制度，实行统一归口的中介机构资格认定制度。凡不具备条件，未经资格认定和依法登记的中介机构，一律不得从事任何中介活动。此外，还应该通过必要的立法程序，对中介机构的从业人员既要提出一般的、共性的规范和要求（如职业道德方面的要求），也要根据不同机构、不同专业的特殊情况提出不同的考核标准和培训目标。尤其是对那些运用专门知识为社会提供服务或监督经济活动的中介机构及其从业人员，要进行严格的考核，保证从业人员的水平和质量。

2. 强化自律意识，完善内部机制。所有的中介机构要强化自律意识，自觉遵纪守法，做到合法经营。首先，建立健全责、权、利相结合的经营管理体制，强化经济责任制和财务控制；其次，建立健全各项规章制度，使中介机构的日常活动有章可循，形成一整套自律性运行机制，加强自我管理、自我约束，承担相应的法律与经济责任，保证中介机构的经营服务活动能有条不紊地进行。

3. 加强对从业人员的培训，尽快提高中介机构执业人员素质。中介机构人员老化、业务资质低、职业操守差等问题，严重破坏了我国中介机构的形象。在我国市场全面开放之后，国外规范的中介机构将大举进入我国市场，中国自身的中介机构不仅在资金、操作技术上处于竞争的劣势，更重要的是在信誉上处于劣势，这将是影响中介机构生存的重要因素。所以，首先要加大培训力度，不断更新执业人员知识，提高其业务能力，改善中介机构服务人员的学历层次和年龄结构，提高整个中介机构的素质，以保证提供优良的服务。其次，在提高业务素质的同时，加强职业道德教育和法制教育，引导中介执业人员恪尽职守，提高职业道德水平，切实纠正行业的不规范行为。最后，逐步建立起中介机构内部的激励机制、竞争机制和约束机制，实行人才的合理流动，优胜劣汰，工资收入与效益直接挂钩。

第三节　促进行业协会建设

行业协会是规范市场秩序的重要力量和实施行业自律的主体，行业自律机制比政府管理微观事务更为经济、有效且能为政府市场管理部门提供裁判依据，对维护企业合法权益，实现公平竞争，提高产品质量，保护消费者利益，配合执法部门打击制假售假和商业欺诈等违法行为等有重要价值。

一、行业协会及其企业道德风险防范价值

各国对行业协会的表述不太一致，[①] 但一般都认为行业协会是由本行业内大多数企业自发组成的、介于政府和企业之间的一种民间的社会管理机构。它一方面依据政府赋予的部分行政职能以及企业间缔结的"契约"在行业内行使管理职能，充当行业管理者和协调者的角色；另一方面通过影响公共政策的制定、代表企业应对其他行业和国外同行业所带来的各种冲击等，为企业做好各种服务，维护会员企业或整个行业的利益，充当行业代表者和保护者的角色。

在有关行业协会的价值评价上，存在着如下几种理论和观点：

博弈理论认为，行业协会的价值在于它是行业公共利益的代表者。在自由竞争的市场经济条件下，单个的经济组织为了私利在与其他市场主体（包括同行）和政府管理者的反复博弈过程中，认识到同业联合或跨行业联合对增进利益的重要性，于是利益动力催生了行业协会。行业协会提升了经

① 美国《经济协会百科全书》对行业协会作了这样的定义：行业协会是一些为达到共同目标而自愿组织起来的同行或商人的团体。在英国，行业协会是由独立经营的经济实体联合而成的"非营利企业"，旨在保护和增进其成员的既定利益。在法国，行业协会是介于政府与企业之间，协调、促进经济发展的中介组织，在法律授权下，它们具有政府的某些行政职能，同时又是工商企业利益的代表。日本的《关于禁止私人垄断及确保公平交易的法律》把行业协会称为"事业者团体"，是"事业者"为了增进共同利益而自愿组织而成的同行业团体或商人团体。德国的《反对限制竞争法》则称之为"企业协会"，是作为非官方性质的企业议会组织，起着帮助和保护企业的作用，并以企业代言人的身份沟通企业与政府间的联系。我国将行业协会列入社会团体的范畴，但《社会团体登记管理条例》并没有对行业协会进行界定，而是和其他社会团体一样被统一界定为：中国公民自愿组成，为实现会员共同意愿，按照其章程开展活动的非营利性社会组织。

济组织的地位与优势，增强了博弈实力、扩大了利益。这一观点隐含着一个理论前提，即行业协会的纯粹民间性和市场竞争的充分性，对于由市场经济力量自发组合而成的行业协会具有解释力。

公民社会理论认为，行业协会作为经济领域中的社团组织，其会员自愿入退会原则与行业自律自治功能，是社会民主自由的体现，行业协会的发展必然推动公民权的发展和民主法治的进步。

新制度经济学认为，行业协会是五种经济治理机制中的一种。[①] 行业协会主要通过四种行为方式发挥其治理经济的作用：组织实施成员间的合作行为；与其他协会组织订立集体性合约；变通或影响政府公共政策，以保持和增加其本身和其成员的利益；提供能够影响交易行为和效果的各类信息。这一观点揭示和肯定了行业协会在经济治理组织系统中的地位与作用。

市场失灵论与政府失灵论认为，政府、市场和非营利部门都是满足个人需求的手段，此三者存在相互替代性。当政府和市场不能满足人们对公共物品和服务的需求时，人们就会求助非营利部门。这是作为非营利组织的行业协会产生的主要原因。

综合上述理论，行业协会作为市场管理组织中的内在组成部分和市场规则落实的微观监管者，在国家经济生活和秩序中扮演着重要的角色，发挥着重要的作用：一是协调市场交易，提高市场自我组织能力。行业协会一方面通过制定行业规范和组织实施职业道德准则，对组织内的企业进行约束，另一方面通过建立和完善行业自律性的惩罚机制和争议调解机制，并以其监管的专业性和对成员的熟悉，使监管更有效率。完善的行业自律组织既可缓冲市场失灵造成的负效应，又可抗阻政府失灵对企业的损伤，促使企业行为朝规范化方向科学健康发展，可有效避免无序竞争、自相残杀、假冒伪劣横行等问题。二是在市场的准入、监督、公证、纠纷的解决等方面规范企业行为，在减少不良市场竞争、促进交易活动正常进行、培育和规范市场方面有着政府不可替代的作用。三是收集和掌握经济信息，为政府提供信息咨询和决策参谋服务，同时也为所属的企业和会员提供所必需的信息咨询服务，有效缓解信息不对称程度。

---

① 其他四种机制是市场、企业、国家和非正式网络。

二、我国现行促进行业协会发展的法律政策及其评价

（一）我国现行促进行业协会发展的法律政策发展过程

与西方发达市场经济国家行业协会的发展路径不同，我国行业协会的发展是政府推动的，是一个政策性的过程，最早的尝试开始于1980年。1980年，原国家经贸委派代表团对日本行业管理的情况进行了专题考察，回国后建议有关部门和地方政府进行行业协会试点。1983年，国务院决定对大型经济行业进行由部门管理向行业组织管理的试点，批准成立了一批行业协会。此后，发展行业协会一直是政府决策的重要内容。

1993年召开的中国共产党十四届三中全会，明确了我国通过改革开放要建立的经济体制是社会主义市场经济，同时指出：作为市场经济体系的一个重要组成部分，要“发展市场中介组织，发挥行业协会、商会等市场中介组织的服务、沟通、公证、监督作用”。1995年，在中国共产党十四届五中全会通过的《中共中央关于制订国民经济与社会发展“九五”计划和2010年远景目标的建议》中指出：要把不应由政府行使的职能逐步转给企业、市场和社会中介组织。1997年党的十五大报告指出：要把综合经济部门改组为宏观调控部门，调整和减少专业经济部门，加强执法监管部门，培育和发展社会中介组织。同年，原国家经贸委印发了《关于选择若干城市进行行业协会试点的方案》的通知，决定在上海、广州、厦门和温州四个城市开展培育行业协会的试点。1998年重新制定、修订了《社会团体登记管理条例》、《民办非企业单位登记管理暂行条例》和《事业单位登记管理暂行条例》等三部行政性法规，基本建立起我国规范行业协会发展的法律体系。

1999年10月，原国家经贸委印发《关于加快培育和发展工商领域协会的若干意见》（试行）的通知，对行业协会的性质、功能及其促进措施，作了更为明确的表述。同年，国家税务总局印发《事业单位、社会团体、民办非企业单位企业所得税征收管理办法》。2001年2月中旬，国务院发表公告，撤销原国家经贸委所辖9个国家局，成立包括机械工业协会、钢铁工业协会等10个工业行业协会和商业联合会等协会，并赋予这些协会部分政府

职能。2002 年 4 月，原国家经贸委印发《关于加强行业协会规范管理和培育发展工作的通知》，提出按照调整、规范、培育、提高的工作方针加强行业协会的规范管理和培育发展。2003 年 10 月召开的中国共产党十六届三中全会审议通过了《关于完善社会主义市场经济体制若干问题的决定》，提出了“按市场化原则规范和发展各类行业协会、商会等自律性组织”的新要求。十六届四中全会提出行业协会要“提供服务、反映诉求、规范行为”，明确了行业协会的基本职能。十六届六中全会提出“发挥行业协会、学会、商会等社会团体的社会功能，为经济社会发展服务”，明确了行业协会的社会作用。2007 年，国务院办公厅发布了《关于加快推进行业协会商会改革和发展的若干意见》，对行业协会改革发展的指导思想、职能拓展、体制改革、自身建设和规范管理等方面提出了具体要求，是指导我国行业协会改革发展的纲领性文件。根据上述精神，民政部发布了《关于社会团体登记管理有关问题的通知》。2010 年，为加强对行业协会的管理，民政部颁布施行《社会组织登记档案管理办法》和《社会组织评估管理办法》，尤其是《社会组织评估管理办法》，对评估对象和内容、评估组织机构和职责、评估程序和方法、回避与复核、评估等级管理等作了明确规定，是我国改革社会组织登记管理、鼓励发展和依法监管行业协会的重要机制创新。

在上述背景推动和中央政策的指引下，全国许多省市先后出台各种地方性政策，积极探索推动行业协会发展。这些地方性的政策法规条例，内容涉及社团、民办非企业单位、基金会登记管理的政策法规，以及社团和民办非企业的财务、票据、会费、年检、社会保险等相关政策，对促进行业协会的发展和管理进行了有价值的探索。

（二）我国现行促进行业协会发展的法律政策方面的成就

1. 积极扶持发展行业协会。按照党中央和国务院的有关要求，各地各部门积极采取措施，为促进行业协会发展和发挥作用创造较好的政策条件。一是出台政策法规。据不完全统计，截至 2010 年，已经有 24 个省、自治区、直辖市和计划单列市出台了促进行业协会改革发展的规范性文件，有

20个具有立法权的地方制定了相关地方性法规或地方政府规章。[①] 二是制定发展规划。各地各部门对行业协会功能作用的重视日益提高，许多地方将行业协会纳入经济社会发展整体规划，为行业协会发展和发挥作用提供了更加广阔的舞台。广东将包括行业协会在内的社会组织纳入《珠江三角洲地区改革发展规划纲要》；深圳将行业协会发展纳入建设中国特色社会主义示范市的总体规划；上海、北京等地在制定有关行业和社会事业发展规划时，专门强调发挥行业协会的作用。浙江省、全国供销总社还专门制订了"十二五"期间行业协会发展规划。三是转移政府职能。国务院各组成部门以及河北、重庆、江苏等地，配合新一轮政府机构改革出台专门政策，按照宏观调控、市场监管、社会管理和公共服务的基本定位，转变政府职能，逐步将公民、法人和其他组织能够自主解决、市场机制能够自行调节、社会组织通过自律能够实现的职能转移出去，把行业统计分析、预测预警、信息发布等适合行业协会承担的职能依法赋予行业协会，既充实了行业协会的职能，也促进了政府职能的转变。四是探索政府购买服务方式。上海、天津、浙江、安徽、深圳等地积极建立政府向行业协会购买服务机制，通过项目招标、公开竞标等方式，引导行业协会发挥自身特点和优势，为企业和社会提供多元化公共服务。在地方积极探索的同时，中央机构编制委员会办公室、财政部、发展改革委等中央和国务院部门也着手研究政府向行业协会购买服务的相关政策。五是完善相关配套政策。近年来，民政部配合财政部、税务总局、人力资源和社会保障部等部门出台了关于社会团体收费、财务制度、税收优惠、工伤和养老保险等方面的政策。各地民政部门与其他部门密切合作，共同制定了一些扶持行业协会发展的地方性政策，行业协会发展的政策环境得到明显改善。

2. 创新管理体制改革。广东省于2006年率先对行业协会双重管理体制进行了突破性改革，登记方式上，由经业务主管单位同意后再申请登记，调整为可到登记管理机关申请直接登记；管理机制上，由以登记管理机关和业

① 李立国：《深化改革，科学发展，促进行业协会在国民经济中发挥更大作用》，http://www.chinanpo.gov.cn/web/showHyxhBulltetin.do?id=46337&dictionid=3909&frame=no，2010-10-10。

务主管单位为主，转变为多个相关部门依法各司其职、综合监管。登记管理体制改革后，行业协会发展呈现出新的局面，许多因找不到业务主管单位而无法成立的行业协会现在得以登记，同时避免了行业协会成为政府部门的附属机构，全省行业协会实现了“五自四无”，即“自愿发起、自选会长、自筹经费、自聘人员、自主会务”和“无行政级别、无行政事业编制、无行政业务主管部门、无现职国家机关工作人员兼职”。此外，北京、上海、天津、河北、海南、安徽、湖北、大连等地或整体推进，或局部试点，对登记管理体制进行了不同程度的改革。在探索行业协会管理体制改革的同时，各级登记管理机关按照中央的有关精神，大力推动行业协会从职能、机构、工作人员、财务等方面与政府部门分开。目前，天津、河北、上海、浙江、广东、重庆等6省市完成了行业协会与行政主管部门脱钩工作，另有10个省市正在进行中。登记管理体制的改革和政会分开工作的推进，激发了行业协会的活力和创造力。

3. 切实提高规范管理能力。在培育发展的同时，各地登记管理机关不断加强监督管理的力度，调节和规范行业协会行为。一是法人治理结构不断健全。一些地方根据本地行业协会的特点，制定了行业协会章程示范文本和内部治理指引，指导行业协会建立健全内部管理制度，完善会员（代表）大会、理事会议事和选举制度，扩大民主自治的范围。国资委、商务部、交通运输部等业务主管单位制定了所管行业协会选举、人事等方面的制度，促进了所管行业协会内部治理的完善。二是日常监管得到加强。各级登记管理机关不断完善年检工作，强化执法监察，提高日常监管的效力。2008—2010年，民政部向年检中发现问题的全国性行业协会发出改进建议书或整改通知书193件，处理行业协会违规案件73起，对纠正行业协会不规范行为、净化行业协会发展环境起到了重要作用。各行业协会业务主管单位也认真履行了登记、年检的初审职责和日常监管职责，把好了规范行业协会行为的第一道关。三是监督管理手段不断创新。各地建立了“政府指导、社会参与、独立运作”的行业协会评估机制，研究制定了科学可行的评估指标，组建评估组织，探索第三方评估。一些地方加强对评估结果的运用，将评估结果与政府转移职能、购买服务、税收优惠等政策相结合，较好地发挥了评估的导向、激励、约束作用。到2010年10月，全国已有25个省（自治区、直辖市）开展了评估工作，另有9个省按计划部署了相关工作。民政部已对128个全国性行业协会进行了评估，有效动员了社会监督力量，增强了行业协会的公开性和透明度。四是专项治理取得成效。2007年以来，国务院开展了"清理评比达标表彰活动"、"清理规范各类职业资格相关活动"、"规范行业协会、市场中介组织服务和收费行为"、"治理小金库"、"治理和规范涉企收费"、"减轻企业负担"等专项治理工作。各级登记管理机关与有关职能部门及行业协会业务主管单位密切配合，积极落实各项专项治理工作要求，行业协会行为得到规范。

4. 有力促进了行业协会的快速发展①。政策措施的完善和管理工作的改进，使我国行业协会一直保持着良好的发展态势，呈现以下特点：一是持续快速发展。改革开放以来，我国行业协会每年以10%～15%的速度增长，已从恢复登记时的不足1 000个发展到2009年的近7万个，20年间增长了70倍，大大高于其他社会团体的增长速度。二是产业覆盖面广。伴随产业链的延伸和市场发育的不断成熟，行业协会逐步向细小行业和新兴行业延伸，产生了一些依据产品设立的行业协会。行业协会的分工更加细致、辐射面更广。仅全国性行业协会的分支机构，已由2004年的1 343个增长到2009年的3 459个。三是规模不断扩大。截至2009年底，仅全国性行业协会就拥有会员企业298.2万个，总资产168.8亿元，其中，净资产145.7亿元，总收入达63.2亿元。行业协会会员涵盖了不同所有制、不同经济规模、不同组织形式的企业，绝大多数规模大，在行业内有重要影响的企业都加入了相应的行业协会。四是组织形态多样。在传统行业协会发展的同时，以地缘为纽带的异地商会应运而生，以农产品为纽带的农村专业经济协会大量涌现，这些新型组织在服务地方经济发展和团结带领农民致富奔小康方面发挥了重要作用。

（三）我国现行促进行业协会发展的法律政策的不足

1. 行业协会内部治理还不完善。行业协会转变内部治理的观念和服务

---

① 李立国：《深化改革，科学发展，促进行业协会在国民经济中发挥更大作用》，http://www.chinanpo.gov.cn/web/showHyxhBulltetin.do?id=46337&dictionid=3909&frame=no，2010-10-10。

机制仍不完善，仍有相当部分协会的内部管理和办事程序带有机关痕迹，而且挂靠企事业单位的协会内部治理问题较多。有些协会挂靠在企业或事业单位，人事、住所、财务、活动内容等依附于挂靠单位，企会不分，协会客观上成为挂靠单位的某个组成部门，缺乏独立性，不能公正地代表行业企业的根本利益，也不利于协会自身的发展。此外，内部人控制也影响协会民主自治。个别协会存在内部人操纵、“一言堂”的情况，行业协会的民主性受到了极大的挑战。

2. 行业协会发展的外部环境仍不理想，主要表现在协会和政府之间关系的处理上：一是政府职能转移和观念转变还不到位；二是协会与政府之间缺乏通畅的沟通渠道，协会掌握的行业重要信息无法及时传递给有关部门和领导，与一些部门决策的不一致意见不能送达国务院；三是政府请协会提供服务缺乏规范。

3. 促进协会发展的相关政策措施和管理规定仍有滞后之处。与发达国家相关法律和行业组织发展要求相比，我国行业组织发展需要的法律制度有三个明显不足：一是有关的法律规章过于简略，各种行政规定内容庞杂，透明度低，造成了政府机关在执法中有太多的自由裁量权和暗箱操作的空间，行业组织的法律地位没有得到充分保障。1998 年修订出台的《社会团体登记管理条例》、《民办非企业单位登记管理暂行条例》和《事业单位登记管理暂行条例》等三部行政性法规，主要参照了国家工商总局当时已经起草通过并实施的有关企业登记管理条例或办法，其主要框架、指导思想甚至连具体准入规定、行为规范、登记程序都几乎是完全一致的。再加上客观环境已发生很大变化，在很多方面已不敷用和过时了，这在一定程度上制约了行业协会的健康发展。二是现有法律对行业组织的民事关系调整极为薄弱。现行法规对有关行业组织的内部组织、财产关系等问题极少规定，影响了行业协会在一个稳固的和有灵活性的组织框架下开展活动，无法达到减少可能发生的纠纷并有助于达成目的的法律调整目标。三是扶持行业协会发展的财政税收政策滞后。以办展、培训为例，协会在收到会员的参展费、培训费后，须按营业收入缴纳营业税，其余部分在支付各项开支后再上缴所得税，行业协会完全被当做了经营性实体。据估算，协会上缴的税赋相当于协会收入的 10% ~15% 。这种税收政策给协会造成了不合理的经济负担，不符合党中央和国务院提出的鼓励行业组织发展的方向。此外，对协会公开发行专业出版物实行限制的管理政策、行业组织体系的管理制度、协会资产保值增值管理政策体制也比较滞后。

三、建立健全促进行业协会发展法律政策的建议

健全的法律制度是行业协会良性运行的重要保障，我国目前还没有统一的《行业协会法》，为数不多的立法只是以行政规章形式出现，不能真正发挥法律效力。因此，我国需要本着积极审慎、与时俱进的精神，加强行业协会法律政策体系的建设，除对《社会团体登记管理条例》进行修订外，尽早制定出一部专门针对行业协会或经济类社团的法律，对它们的性质、地位、功能及其实现方式、组织机制和结构、政府对它们的授权范围以及对它们违法行为的处理等加以法定明确。

（一）明确行业协会的法律地位

根据行业协会要介于政府与市场之间，在行政目标框架下协助实现经济调节功能；要介于政府与社会之间，实现政府与民众之间的协调沟通、社会稳定与民生管理职能；在行业内部进行行业自律的规范、治理职能等职能要求，法律上需要为行业协会配置三种类型职权：一是宏观经济管理上的审批权、许可权。为更大程度地发挥市场在资源配置中的作用，《行政许可法》第二十三条规定，法律法规授权的具有管理公共事务职能的组织，在法定授权范围内，以自己的名义实施行政许可。这为行业协会参与相关公共事务的管理、实施行政许可提供了法律依据。二是微观管理上按照章程、行规行约对社会成员的奖励权、处罚权、裁决权。三是中观上的市场协调权、行业指导权，包括发布市场信息，提供法律、管理与技术咨询，组织人才、技术、职业培训，创办刊物开展研究等。为了体现行业协会作为行业共同利益代表的地位，法律需明确行业协会不得利用组织优势，开展与本行业企业经营业务相同的经营活动；不得滥用权力，限制会员开展正当的经营活动，或在会员之间实行歧视性待遇。

（二）健全行业协会内部治理制度

行业协会要加强自身建设，不断完善以章程为核心的内部管理制度，实现会长自选、经费自筹、人员自聘、会务自主。一要建立权责明确、有效制衡的法人治理结构，健全会员（代表）大会、理事会、监事会等制度，做到民主选举、民主决策、民主管理、民主监督。二要建立健全各项管理制度。首先要规范和落实民主选举制度，保证在制度上推动领导层面的政会分离，逐步完善理事会制度、秘书长制度、财务制度等协会内部治理结构，同时规范和建立议事制度以及业务、党建、人事、外事工作方面的管理办法和规章制度。三要建立诚信自律机制。行业协会在运用相关法律法规的前提下，制定本行业的行规、基本准则、协会章程，引导企业按照统一标准约束行为、规范运作，并以此为依据监督会员依法经营。对有违反协会章程和行规行约、达不到质量规范和服务标准、损害消费者合法权益和参与不正当竞争等行为的会员，可在业内采取通报批评、开除会员资格、禁止在本行业从业等惩戒措施，也可建议有关行政机关对会员单位的违法活动进行处理。同时，倡导行业协会充实信息公开内容，鼓励行业协会建立服务承诺制度，向社会公开服务和收费项目与标准，接受会员和社会监督。四要处理好与政府的关系。“政会分开”主要是指决策的分开。分开有助于行业协会独立、自主地开展工作，但行业协会的工作需要政府扶持、政府合作、政府监管则是市场经济国家通行的规则。与政府建立一种良性的互利合作关系，已成为世界各国非营利组织发展的趋势之一。行业协会要结合行业特点关注政府管理的需求，力争在行业发展规划、行业数据统计、行业倾向性问题研究等方面，主动为政府建言献策或做好前期调研、论证等基础性工作，通过作为争取地位，通过服务争得支持。五要加强人才建设，引导行业协会建立健全人才培养、吸引、使用、评价、激励机制，以事业吸引人才、用感情留住人才、依制度使用人才，促进行业协会人才队伍的专业化、职业化、知识化、年轻化。六要加强党组织建设，建立健全党组织，不断提高党建工作水平，提升协会工作能力。

（三）完善登记管理制度

在登记管理制度方面，吸纳英美政府不干预宽松登记注册模式和德法高度统一组织化模式的长处，一是分类划分，设立“公域”与“私域”两类协会。对全国性的、地方性省级的协会定位为“公域”协会，实行“一地一业一会”注册，避免设立上的混乱，以有利于法律授权或政府委托权力给这些组织；对省级以下行业组织及其分支机构定位为“私域”协会，符合行业划分标准即可注册成立，在数量上不设限制，也不授权给这些组织，任其在批准的章程范围内自由活动，从而有利于形成竞争局面，提高协会服务质量与效率。二是分类管理。“公域”协会实行原有的双重管理体制，在登记法规中明确其业务管理单位的审批权力与义务；省级以下的“私域”协会由同级人民政府的社团管理局负责登记年检管理，明确相应的省级协会为其业务管理单位，负责其业务指导与监督，“私域”协会在外地设立的分支机构实行属地管理，由所在地的省级协会为分支机构的业务管理单位。另外，加强登记管理信息系统建设，建立覆盖行业协会登记管理工作各环节的信息化网络，充分运用信息技术为登记管理工作提供决策支持，提高登记管理工作的科学化水平。

（四）明确扶持推动政策

1. 完善财政扶持发展政策。对符合条件的新成立的行业协会，可给予一次性开办费用补助；划拨限定资产解决行业协会最初的办公场所和基本办公条件，鼓励有条件的地方探索设立专项财政基金，建立行业协会孵化基地，切实解决行业协会参与公共服务所面临的资金、场所等困难，帮助行业协会提升能力建设水平。最为重要的是，建立政府购买行业协会服务的制度，明确政府部门委托行业协会承担有关管理职责或经常性的业务，应给予必要的经费补助。政府部门要求行业协会提供的服务，应当通过购买服务的方式，给予相应项目经费。补助和经费标准按照政府授权的工作量及相关成本确定。

2. 进一步完善财政、税收、社会保障等相关政策。首先，鼓励行业协会开展有偿服务，并提高会费标准。目前的会费标准是国家在 1992 年制定的，标准偏低，已不能适应行业协会发展需要，并与我国人力资本水平不相适应，需改进。其次，建立和完善行业协会社会保障制度。行业协会工作人员的养老、医疗、失业、生育和工伤等基本社会保险，应纳入国家整体基本社会保障体系改革和建设进程中，确保协会人才队伍的稳定。最后，完善行业协会税收政策。行业协会具有非营利性，政府应加快制定相应的税收政策和具体监管办法，如对会费、社会捐赠、政府资助收入应当实行免税；对行业协会开展章程中允许的服务所获收入，在税收上应当给予优惠，允许企业退税资金按比例留行业协会使用。

3. 制定鼓励企业加入行业协会的政策。移交部分政府职能给行业协会是最根本的政策，因此，政府必须将行业统计、行业规划、质量认证、行业标准制定、行业资格审查及职称评审、市场准入资格认定、许可证发放等行业管理和部分社会服务职能回归给行业协会。同时，建立政府与行业协会对话、沟通、协调机制以及行业重大决策意见征询制度，畅通信息交流渠道，促进政府各职能部门与行业协会在产业政策、产业规划、行业服务等方面协商合作，通过提高行业协会的代表能力来吸引企业的加入。

（五）强化行政监督

行政监督制度方面，除坚持现行的年度检查制度、重大活动报告制度外，还应建立和完善行业协会进入退出机制和考评机制。进入机制不能只考虑单位或个人会员的绝对数值，而应对其在同行业中所有组织中的会员比例或销售额比例作出下限规定，以提高行业协会在行业中的代表性。对在不同单位“挂靠”的相同相近的行业协会，提出整合基本方案，同时对行业协会每年的活动经费、开展活动的次数、会员单位满意度的下限作出规定，以增强行业协会自立自养、做大做强、服务会员单位的压力和动力。考评机制既要注重协会自身建设，更要注重服务对象的满意度等，经过考评，凡不能代表会员利益，缺乏行业代表性、没有发展前途、运作不规范、长期不开展活动、内部管理混乱的协会，应依法予以撤销。

创新行政监督方式，一是行政机构可以通过财政支持的附加条件对协会的任务及管理方式进行积极引导。二是人员派驻，实行过程监控，行政机构派遣 1 ~3 名工作人员长驻“公域”协会，派驻人员不担任行业组织会长、副会长等领导职务，对派出机构、部门负责，其主要职责为监督行业组织遵守国家法律法规、行使法律授权；督促落实行政委托事务；监控行业组织按照章程开展活动等。三是通过审计对行业组织进行事后监督。可借鉴法国公共会计制度的成功经验，对行业协会全面实行会计委派制，对其财务收支适用司法性审计，促使行业组织认真履行职责，保证资金收入和支出的真实性和合法性。

（六）建立权利救济机制

1. 赋予协会公益诉讼权利。凡行业协会认为政府在经济社会宏观管理与调控、影响国计民生的少数非竞争性市场领域抽象的行政行为，侵犯了行业公共利益的，都可以提起行政公益诉讼。为防止某些行业组织包揽诉讼，还应规定适用条件为该行业组织的公益诉讼行为应在其章程规定的目的与事项范围内，即行业组织提起诉讼应是与其行业事务相关的行政行为。为减少法院的诉累，限定可提起诉讼的抽象行政行为的范围为国务院部门规章及其以下规范性文件、县级以上地方人民政府及其工作部门的地方性行政法规、规章及其以下规范性文件。

2. 赋予会员对协会提起行政诉讼的权利。赋予会员对协会提起行政诉讼的权利，将行业组织依自治权实施的强制性的管理行为纳入行政诉讼的范畴。基于尊重行业自治权的考虑，会员对协会提起行政诉讼的案件的审理，应侧重于程序性审查，并可适用调解制度，以有助于保持诉讼双方和谐融洽，有利于顺利开展后续行业自治管理活动。

第六章 企业经营者道德风险的法律防治

尽管企业法人在法律上有独立人格，但独立人格只不过是一个名词，企业法人没有意志不会行动，企业道德风险种种问题的“始作俑者”应当是拥有企业控制权、操纵权的自然人——企业经营者。因此，要防治企业道德风险，必须切实做好企业经营者道德风险的防治工作。

第一节 企业经营者道德风险概述

一、企业经营者道德风险及其表现

企业经营者道德风险，是指企业经营者利用自己的信息优势和特殊地位，通过减少自己的要素投入或采取机会主义行为来达到自我效用最大化并影响组织效率的行为。在我国，企业经营者道德风险行为主要表现为：

1. 违反忠实义务，侵占企业财产。其主要表现为：一是公款私用、私有。一些企业经营者利欲熏心，采取私立账户、关联交易、造假账、违反规定报销等手段，挪用、贪污企业资产；或虚构虚增成本，转移企业资产；产权转让不规范、不透明，低估贱卖企业资产；或内外勾结，隐匿转移、侵占私吞企业资产。二是公款滥用。一些企业经营者把企业当做自家的钱柜，或肆意挥霍企业财产，过度职务消费；或违反财经纪律，私设小金库，致使国有资产因大量不正当支出而流失。三是索贿、受贿、行贿。在产品定价、销售、原材料和机器设备采购、选择供应商和销售商、投资和融资等方面收受贿赂，损害企业利益。四是信息披露不规范，财务透明度低，甚至进行暗箱操作，虚报收入和利润，以失真报表欺骗股东和政府。

2. 违反勤勉和善良管理义务。其主要表现为：工作中徇私舞弊、玩忽职守；或对企业疏于管理，致使企业资产流失严重；或对企业职员缺乏应有的监督制约，导致企业生产经营秩序混乱；或管理决策非科学化，经营者决策失误比重高，给企业带来利益损失等。

3. 违反竞业禁止和交易限制义务。其典型表现是利用职务之便兼营同业。如前挂国有牌，后开私人店，即让亲属在厂内外开店，经营本厂同类业务，利用职务之便将企业有利可图的业务交由亲友经营，从中截留企业利润，导致大厂亏损，私有小厂赚钱。

除了上述行为之外，企业经营者道德风险行为还表现为偷税、漏税、任意侵犯职工合法权益、私分国有资产等行为。

二、企业经营者道德风险产生的原因

（一）企业内部权力流动是经营者道德风险产生的内因

伯利和米恩斯对全美最大200家公司的调查发现，管理控制型占44%，少数控制型占23%，私人控制型仅占6%，这些数据表明有近一半的大公司的实际控制权是掌握在经理人员手里，被经理人员操纵的。① 之所以会出现此种情况，主要源于现代公司股权日益分散，一个有少量股份的小股东可能毫无兴趣去监督董事和经理，这一事实决定了若要数量众多的小股东们去直接参与公司的决策过程，其监督的成本远高于由此而产生的收益。而向经理人员授予经营管理权，则会降低成本。所以，公司的成长和发展过程，就是一个权力的流动过程，即权力从股东会流向董事会，再流向经理等管理人员，直至公司管理和控制的权力落在全职的职业经理人中。在经理控制企业条件下，因为不确定性，企业的收益是一个随机的变量，经营风险不可避免，因此，如何用分配剩余索取权的方法在企业成员中分配风险成为一个问题。再加上企业是“团队生产”，每个成员对整个收益的贡献率并非一目了然，因此当事人可能有损人利己的行为。董事、经理人员偷懒并在受限制的条件下追求固定报酬外的其他利益是可能的。

---

① A. Berle and G. Means, The Modern Corporation and Private Property, New York: Harcourt, Brace and World, 1932.

（二）企业趋利性是经营者道德风险产生的诱因

企业是盈利性组织，股东设立公司的目的在于盈利，公司的趋利性使经理作为股东的代理人，必须围绕着如何为股东创造最大利润开展经营活动。利润最大化体现了传统《公司法》中的股东至上原则，在这一原则之下，企业存在的最高目标就是追求利润最大化，最大限度地满足股东的回报要求。公司的成员（股东）以其出资委托经理人经营某项事业，并将公司所获得的利益分配给它的社员作为其最终目的，这决定了经理人必须唯利是图，有时甚至以违法和道德风险为代价。在一项对各行各业的238人的调查中，将近65%的人赞同这句话：今天的经理感到的压力是为了争取达到公司的目标，他得放弃个人的道德标准。数据表明，经理们承受着一种（实际的或感觉到的）为了满足公司（股东或董事会）的预期而必须放弃他们个人道德标准的压力。① 大量事实证明，非法的或不道德的活动在工商企业和其他组织中是很普遍的。②《财富》杂志对1970年以来所披露的1 043个主要公司的一项研究表明，11%的公司，即117个公司至少有一次与大的非法或腐败活动有关。③ 这项调查只限于大公司在国内的不道德行为和贿赂（包括佣金和非法回扣）、欺诈、逃税、非法的政治捐助等罪行。

（三）法律不完备为经营者道德风险产生提供了可能性

经营者权力在实践中趋于膨胀，与制度漏洞不无关系。受哈特等人不完备合同理论的启发，卡塔琳娜·皮斯托与许成钢发展了不完备法律理论。④ 他们的理论出发点是：法律内在不完备的问题比合同中的更为深刻。“如果所有可能造成损害的行为都能准确无误地由法律详细规定，则我们认为法律

① ［美］弗莱蒙特·E. 卡斯特、詹姆斯·E. 罗森茨韦克：《组织与管理——系统方法与权变方法》，206页，北京，中国社会科学出版社，2000。

② 同注①，第205页。

③ ［美］罗斯：《大公司如何犯法》，载《幸福》，1980（12）。

④ 卡塔琳娜·皮斯托、许成钢：《不完备法律——一种概念性分析框架及其在金融市场监管发展中的应用》，载《比较》，第3～4期。

是完备的。否则，法律就是不完备的——这或是因为法律存在空白（法律不能处理特定的损害行为），或是因为法律条款的开放性质（法律的边界未清晰地加以限定）”。“在法律中，某些领域比其他领域更不完备”。此外，法律也可能由于有意设计而具有不完备性。“立法者可以决定将法律设计得或多或少不太完备，而且考虑到现有的执法制度及其有效性，他们常常会这样做。由于立法者知晓法庭会介入并且填补法律留下的空白，他们会起草宽泛、开放性的而非详细的条款”。但要明确的是，“即使高度明确的法律也是不完备的，因为它必定会遗漏一些影响裁决未来案件的相关问题”。由此观之，法律的不完备性是内在的。如我国《公司法》对经理的职权作了列举式的规定，① 这个列举是按照公司机关的理论逻辑来构造的。但立法者在设计公司权力构造时，公司的经营决策权归董事会，执行权归经理，经理成为公司常设的业务执行机关，拥有了本应由董事会行使的一部分业务执行权。按照这种权力构造机制，经理成为几乎与董事会并列的公司机关，经理享有在西方国家公司立法和公司实践中多由董事会行使的公司内部规章的制订（定）权，其职权明显大于其他国家（地区）所规定的经理权。法律的粗浅导致在公司实践中，经理在公司内部权力体系中登上了权力阶梯的顶层，行使着公司经营中的几乎所有权能。

（四）部分经营者道德素质低下

部分企业经营者缺乏责任感和敬业精神，使其在处理个人和集体、社会的利益关系时价值取向错位，利己主义、享乐主义滋生；使其经营管理行为偏失，权力滥用，滋生了贪污受贿、公款吃喝玩乐、职务消费泛滥、利用职权侵占企业资产等各种违法腐败现象。

---

① 经理的具体职权见《公司法》第五十条：“有限责任公司可以设经理，由董事会决定聘任或者解聘。经理对董事会负责，行使下列职权：（一）主持公司的生产经营管理工作，组织实施董事会决议；（二）组织实施公司年度经营计划和投资方案；（三）拟订公司内部管理机构设置方案；（四）拟订公司的基本管理制度；（五）制定公司的具体规章；（六）提请聘任或者解聘公司副经理、财务负责人；（七）决定聘任或者解聘除应由董事会决定聘任或者解聘以外的负责管理人员；（八）董事会授予的其他职权。公司章程对经理职权另有规定的，从其规定。经理列席董事会会议。”

三、防治企业经营者道德风险的理论依据

（一）企业经营者道德风险行为的影响因素

1. 企业经营者道德风险行为的直接惩罚成本。对经营者道德风险行为给予直接惩罚的成本主要表现在三个方面：第一是来自《公司法》、《证券法》之类的法律约束及信息披露、会计准则、审计制度等方面的制度约束。用于这方面的开支可称为管理惩罚成本。第二是来自市场竞争方面的监督约束机制。用于这方面的开支可称为市场惩罚成本。第三是通过股东大会、董事会和监事会形成的对高层经理人员的组织监督约束机制。用于这方面的开支可称为违约惩罚成本。

2. 企业经营者的道德、心理成本。经营者道德素质及精神境界的高低直接影响其行为，同时也是产生道德风险的最直接的内在因素。经营者违背道德的可能性随其个性倾向而不同，喜好风险的经营者从事道德风险活动的可能性较大，而具有高度实现自我价值愿望和较强道德观、责任感约束的经营者从事违背道德行为的可能性较小。这种因从事道德风险活动而遭受的心理上的压力和自我道德观的惩罚，称为自我惩罚成本，是一种无形的压力。

3. 企业经营者的名誉损失。追求良好声誉是经营者自我实现的需要，强烈的成就欲以及因事业成功而得到的良好的职业声誉、社会荣誉及较高的社会地位是激励经营者努力工作的重要因素。高报酬在一定程度上体现了其个人价值，但并不能替代良好声誉。声誉机制的激励约束作用是与经理市场的竞争选聘机制紧密联系的。经理市场的竞争，通过能够反映企业财务状况、经营成果、现金流动状况的财务会计公开信息表现出来，从而揭示出经营者的经营业绩与诚信度。良好的经营业绩与诚信度记录使其价值上升，经营劣迹或不良记录将导致其人力资本贬值，影响未来的预期收入，最终会影响其职业生涯。

4. 企业经营者道德风险行为的机会成本。企业经营者从事正常经营活动获取的报酬收益和正常情况下职位的升迁，是其收益的组成部分，但不是道德风险行为收益的组成部分，它应是违背道德行为的机会成本。这种机会成本促使经营者在从事道德风险活动时更为谨慎和稳重，权衡利弊得失。

经营者报酬收入越高，道德风险行为的机会成本就越高。反之，报酬收入越低，经营者就有更大的动机进行道德风险活动。经营者职位升迁与政治前景也是经营者机会成本的重要约束因素。首先，经营者的职位和政治前景与其任期有直接关系，任期越长，升迁的可能性就越大，未来收益就越大，经营者从事道德风险活动的机会成本就越高。这种情况说明年轻的经营者会比较努力工作，而退休的经营者中易出现贪污受贿的现象。其次，任期的长短与经营者未来预期收益的高低紧密相关。未来收益越不稳定，未来收益的贴现率也就越低，从而使经营者更加注重当前利益，有更强的机会主义行为。最后，职位升迁有赖于个人较高的工作能力。真实的工作能力已在以往的工作经历中得到证实，倘若每一次升迁都存在候选人之间的竞争，要想获得个人的晋升就必须努力提高工作业绩，那么工作职位的竞争，对经营者的选择本身就具有激励效果，有利于减少经营者的道德风险行为。

（二）经营者道德风险行为的控制路径

从经济学行为理论角度分析，任何行为都存在一定的目的性，经营者道德风险行为主要取决于因采取这种活动而获得的额外收益和因从事这种活动所付出的代价两个方面。显然，降低从事道德风险活动的额外收益，对过度在职消费甚至渎职消费进行控制，增加其从事悖德、冒险行为的成本，从而降低经营者道德风险行为的效用与满足程度，无疑是减少经营者道德风险行为的一个基本思路，主要方法是提高企业经营者道德风险行为的成本。

对经营者道德风险行为的惩罚成本越高，则经营者从事道德风险行为获得的效用就越小；反之，如果打击力度不够，则道德风险程度就会上升，这就是所谓重典惩治之逻辑所在。对道德风险行为的惩罚首先依赖于对这一行为的识别，所以识别道德风险行为是第一位的。再进一步，对风险行为的识别受制于信息不对称的约束和阻碍。由于信息的不对称，经营者拥有信息优势，使对企业经营者的道德风险行为识别存在着天然的困难。这说明，经营者的道德风险行为的程度与经营者从事道德风险活动时被发现和查处的可能性（亦即对经营者的监督力度）呈负向关系，对经营者的监督程度越高，经营者的道德风险行为越容易被发现，行动成本就越高，因此，谋求私利并损害所有者利益的可能性也就越低；反之，对经营者监督力度低，经营者谋取私利的活动被发现查处概率低，则他从事道德风险活动的动机就会非常强烈。

可见，对经营者道德风险行为进行有效治理，最终目的是为了解决这样两个问题：第一，协调企业所有者与代理人之间的目标利益，消除权利责任的不对等性；第二，改善信息的不对称性，提高信息的完整性与透明度。

（三）防治企业经营者道德风险的方法

柴芬斯深入研究了法律对公司事务的影响，认为法律对企业管理与运营能起到制约作用、保障作用、安全作用和“漏洞补充”作用，从而在大多数时候对经营者的决策和执行能够起到正面的引导与促进作用。[①] 如风险投资计划中常见的“棘轮”（Rachet）安排，会使新企业的经理的股权比例随企业业绩增长而相应增加，从而为经理们提供激励。但这种与业绩有关的权利如果事先不小心地处理，在税务方面会带来不利影响。仅这一点就足以使经理重视法律的规定，在取得股份之前在公司章程中对其详加规定。另外，当所有参与者都有良好的商业信誉时，交易者一般不会担心合同的形式。但当交易者彼此不了解时通常都采用更符合法律的形式，并且相关合同也会要求经营者及时经常地披露信息，并包含允许当投资者觉得前景不妙时只需提前通知经营者就可放弃该项目的条款。这是因为当拟签约的经理人并无很多可供参考的业绩时，股东会怀疑经营者的专业水平和其对企业的投入程度，这意味着股东会比当他们了解经理人时更依赖于法律与合同的保护。由此，柴芬斯得出如是结论：“一项法律计划使公司的参与者无法以其希望的方式行事。”

作为社会规范的一种形式，法律虽然可能是最为重要的一种形式，其作用仍然是有限的，正如庞德所言：“法在调节利益关系中的作用是有限制

---

① ［加］布莱恩·R. 柴芬斯：《公司法：理论、结构和运作》，林华伟等译，29～31页，北京，法律出版社，2001。

的。”[①] 我国法学界也对法的作用的局限性进行了抽象意义上的总结。[②] 法律在企业经营性行为控制中作用的有限性，具体表现为经营者权能中的管理权能与代理权能中的一部分不属于法律调整的范围。虽然现代各国公司立法均从内部、外部来调整公司关系，但实际上，公司法调整与规范的只是公司内部管理关系和管理行为的一部分，另有相当一部分内部管理关系与管理行为采用法律手段规范与调整是不适宜的，如采用法律手段强行干预公司内部经营管理系统中上下级经理之间的职责关系，不仅不可能起到应有的作用，而且往往导致有害的结果。法律在经营者控制中的有限性，还源于很难确定适用法律的客观事实。公司包含的契约除了公司法律架构外，还有其他非法律的和非正式的契约关系，这部分契约与公司法律架构并不完全协调。公司可根据自身的特性，在公司章程等文件中设置自己需要的为法律所不包含的内容，也有可能设置规避法律的内容。在此类情形下，经营者的管理运作可能与法律根本无关。实际上，经营者在具体运营中也并不特别重视法律。“通常，公司参与者不太关注法律的现状。即使当他们关注时，他们也只不过是像遵守教条一样围绕着相关法律制度制定合同。认为法律规定了公司如何经营的想法是不现实和没有太多用处的。相反，法律只能算做影响公司行为的

---

① ［美］庞德：《通过法律的社会控制——法律的任务》，沈宗灵、董世忠译，118 页，北京，商务印书馆，1984。

② 法的作用的局限性主要表现有：（1）法只是许多社会调整方法的一种，并不是唯一的方法。除法律外，还有政治、道德、习惯、舆论等多种方法。在当代社会，就建立和维护整个社会秩序而言，法无疑是最重要的方法，但在某些具体社会关系和社会生活领域，法并非主要的方法，也通常不是成本最低的方法。（2）法的作用范围也是有限制的。在不少社会关系、社会生活领域或很多问题上，采用法律手段是不适宜的，如涉及人的思想、认识、信仰方面的问题，采用法律手段强行调整，往往会适得其反。（3）法律的抽象性、稳定性与丰富的现实生活存在矛盾，法对不断变化的社会生活的涵盖性和适应性必会存有一定的限度。面对千姿百态的社会现实生活，法律本身不可避免地存在漏洞、空隙、缺陷等情况。（4）法律所要适用的事实无法确定。适用法律的前提是确定事实，如果确定事实在客观上不可能，则制定出的这种法律不仅无从适用，而且会损害法律的权威。从古至今，人类曾作出多种努力，但总有些事实在客观上是无从确定的。（5）在法律实施所需的各种条件不具备的情况下，法也不可能充分发挥作用。参见张文显：《法理学》，206 ~ 207 页，高等教育出版社、北京大学出版社，1999；沈宗灵：《法理学》，94 ~ 95 页，北京，北京大学出版社，2001。

一个因素并且在许多时候是并不重要的一个因素”。① 双方在执行合同时，会通过非正式的承诺改变合同条款，君子协定成为他们与合同相对方打交道的主要依据。获取和遵从法律建议并严格地执行协议的所有条款会是费钱又费时的事，即使小心谨慎的商人都很可能认为为获取某种法律地位并逐字地履行合同的努力是不划算的。② 如果缺乏相应的事实，法律的适用就无从谈起，法律并不能自动地调整和规范企业的经营管理行为。公司内部管理行为属于一个企业自主经营的范畴，相关的法律事实往往无从或极难确定，从而导致在此领域内法律适用的困难。在许多场合下，法律并无对公司管理制度及管理行为模式的直接控制力，其影响与作用力往往是间接的、基础性的。③

社会利益关系是复杂、多元的，社会或国家用于调节利益的手段有多种，法律只是其中之一。生活经历在改变一个人的价值观、信仰和态度方面起着非常重要的作用，从而塑造了人的行为模式。某些行为是较为确定和程序化的，另一些行为是有意识的思考和决策的结果。④ 作为具有高智商、高运营能力的经营者，授权、参与、激励和忠诚都可以减缓他们的保守与懈怠，这决定了经营者内在自我控制、法律规制和市场监督都在决定经营者行为中有重要作用，所以，需要综合多种方法才能真正有效地解决经营者道德风险问题。

---

① ［加］布莱恩·R. 柴芬斯：《公司法：理论、结构和运作》，第 31～32 页，法律出版社，2001。另外，20 世纪 60 年代，科斯发表了题为《社会成本的问题》的文章，讨论了法律体系对社会和商业活动的作用的负面外部因素。在科斯提出“社会成本问题”之前，法律学者想当然地认为法律是起作用的，社会大多数成员都会努力地遵守法规且当法律变化后随之改变他们的行为。但科斯教授在其文中指出，当经济活动发生冲突时，那些享有更多信息和能够以低成本进行交易的人很可能进行调整，以获得一个双赢和对社会来讲理想的生产水平。而这种调整可以与法律根本无关。科斯的理论认为，当人们认为法律与其利益并不一致时，他们会就法律进行协商以找到一个共同受益并对社会而言也是合理的解决办法。参见罗纳德·科斯：《社会成本的问题》，载《法律和经济学杂志》，1960（3）。

② E. A. 伯恩斯坦：《法律与经济学和增值的合同结构：一个合同律师对法律和经济学文献的观点》，载《俄勒冈法律评论》，1995（24）。

③ 李建伟：《公司制度、公司治理与公司管理——法律在公司管理中的地位与作用》，356 页，北京，人民法院出社，2005。

④ ［美］弗莱蒙特·E. 卡斯特、詹姆斯·E. 罗森茨韦克：《组织与管理——系统方法与权变方法》，339 页，北京，中国社会科学出版社，2000。

第二节　防治企业经营者道德风险的方法

一、提高企业经营者道德水平

“制止一个重要领导人滥用权力和其他缺点的最有效的保证是个人的道德，特别是该领导人的高尚的精神道德”。[①] 只有品德高尚的企业经营者才能真正做到自我约束，高尚的道德品质是企业经营者自我约束的基础，是提高防治企业经营者道德风险实效的核心。

（一）企业经营者道德及其对道德风险程度的影响

企业经营者道德是企业经营者在其职业活动中应该遵守的道德规范，是企业经营者与社会、所有者及内部职工交往中应遵循的行为准则和规范。企业经营者在其职业活动中形成的道德规范既是对一定道德关系的反映，也是社会对企业经营者提出的一定的道德要求的反映。

1. 企业经营者的道德标准影响其决策行为。在决策过程中，企业经营者一般会有三种主导性道德标准：第一种是功利主义标准，即企业经营者的决策完全是根据经营结果进行的，其目标是最大限度地保证企业的最佳效益，如企业的最大利润、最高生产率等。第二种是人本主义标准，企业经营者在经营中更多地注重人性化，追求员工满意度最大化，尊重人权和保护员工的权利；或者坚持公正和平等，注重公正地执行规则。第三种是利已主义标准，企业经营者追求个人或小团体的效用最大化，或者为了方便自已及减少工作中的困难和麻烦，忽视企业和广大员工的利益。

以功利主义为主导道德标准的企业经营者，会按照出资人的要求，以效益最大化为企业目标，作出的决策与其承担的责任相吻合，心理上不会感到不安，则其道德风险程度就低。如果人本主义标准是企业经营者主导道德标准，企业经营者会更多考虑员工的利益，这与其承担的责任很可能会不吻合，会造成心理上的较大压力，其道德风险程度波动较大。企业经营者以利

---

① 亨利·法约尔：《工业管理与一般管理》，迟力耕、张璇译，北京，机械工业出版社，2007。

己主义为主导道德标准，其道德风险程度会很高。

持同一种主导性道德标准的企业经营者，其坚持该道德标准的强度也在很大程度上影响其道德风险。企业经营者的主导性道德水平越高，则越少受到外界环境的影响，因而更倾向于按照自己的道德方式决策，其道德风险程度就较稳定，容易预测和控制。强度越低，越容易受环境的影响，道德风险程度越不稳定。

2. 高尚道德是企业经营者自觉抵制道德风险行为的激励因素。市场经济中的企业经营者，不但是作为经济人存在的，同时也是作为社会人和道德人存在的。因此，企业经营者既有作为经济人追求财富最大化的经济之欲，也有作为社会人追求自我实现与社会认可的社会之欲，同时还有作为道德人追求名誉、声望的道德之欲。在管理学看来，由于良好的声誉既是企业经营者长期成功地经营企业的结果，也是企业经营者拥有创新、开拓、经营管理能力的一种重要证明，构成了企业经营者的无形资产，增加了他在企业经营者市场上的讨价还价能力，其结果是增加了他的薪资、地位，满足了他的经济之欲、社会之欲。因此，在企业经营者的效用函数中，名誉、声望与货币一样，都是重要的变量，这些变量的增值都会给企业经营者的效用带来增值，从而会成为企业经营者自觉抵制道德风险行为的激励力量。

3. 道德是约束企业经营者道德风险的重要方式。现代市场的竞争已逐步从遵循经济性的原则走向了遵循社会性的原则。在激烈的市场竞争中，企业经营者的道德对其市场行为有约束功能。

（1）职业道德促使企业经营者追求合理功利。被道德和法律所规定了的功利是人的合理功利，超出这个规定就是不合理的功利。对合理功利的追求是义，符合人之所以为人的本性；对不合理功利的追求是恶，是对人性和人的尊严的贬损与玷污。社会主义市场经济体制的健康发展需要企业经营者有一个以追求正当合法利益为荣、谋取不合法利益为耻的心理氛围。

（2）职业道德防止企业经营者走上见利忘义的邪路。企业经营者只有在“以义辖利”这种观念的支配下才能做到依法经营，才能做到正当竞争，在处理企业利益与国家利益关系时，才能够承担一些社会责任，诸如依法纳税、环保、社会公益事业等。只有这样，企业才能被社会所认可，企业才能够树立起自己的良好形象，从而为企业将来的发展奠定一个良好的社会基础。

（3）职业道德为良好的企业经营秩序开辟道路。市场经济的特点之一就是竞争，竞争实现优胜劣汰，故企业经营者必须敢于竞争、擅于竞争。而竞争必须有平等、合理、公正的条件，既包括规则、条例、法规等硬件，又要有道德这一软件。被竞争激起的求胜心理，需要道德去约束、法律去规范，达到君子爱财，取之有道。

所以，日本著名企业家东芝电气公司总裁上光敏夫认为，管理者最大的要求是以自己的德性管理好自己；企业经营者当前面临的挑战是找到适当的方法，以确保道德行为能够成为企业的价值核心，并在决策过程中得到优先考虑。

4. 企业经营者道德有助于效率的提高。从经济学的角度看，企业经营者的职业道德有着特定的经济功能。

（1）强化企业经营者职业道德可以提高企业效益。企业经营者在企业中起着决定性作用。高尚的道德情操、坚定的信念是一个人的力量源泉和前进方向，是激发其对所从事职业的神圣感和荣誉感的源泉。企业经营者道德修养不断提高，就会在本职工作中不计名利，兢兢业业，充分发挥自己的聪明才智；就能提高工作效益，保障物质产品和精神产品的质量和品位；就能革新挖潜、精益求精，创造性地开展工作，从而在行业竞争中立于不败之地。另外，企业经营者的德性、人格魅力能极大地影响企业员工的心理和行为，在企业形成积极向上的良好氛围，这不但有助于命令、政策的执行，还能激发员工们的工作热情，调动他们的积极性，提高企业的效益。

（2）强化企业经营者职业道德可以降低社会成本，提高社会效率。企业经营者的良好职业道德，可以使信息透明化、公开化，继而一则可以降低所有者的监督成本，就如好的品牌代表着好的商品一样，企业经营者如有好的职业道德，所有者没必要花很大代价在选择时考察他，在聘用之后监督他；二则可以降低交易成本。如果每个企业经营者都有良好的职业道德，都诚实守信，不存在欺诈，则会大大降低交易中的信息成本，提高社会效率。

（二）企业经营者道德建设的内容

我国《公司法》、《全民所有制工业企业法》、《全民所有制工业企业厂长工作条例》等法律法规，在综合考察社会、企业需要和人的特性的基础上，对企业经营者提出了政治思想品德、职业道德和个人品格等三个方面的道德要求，这应成为每个企业经营者自我修炼努力的方向。

1. 企业经营者的政治思想品德。企业经营者的政治思想品德要符合社会主义意识形态的要求，具体表现为：一是坚持中国特色社会主义和科学发展观理论指导，坚持政治理论学习，自觉坚持企业的社会主义经营方向。二是时时关注国家出台的新政策和有关法令、法规，能深刻理解，恰当运用，贯彻执行。

2. 企业经营者的职业道德。主要有：一是诚实守信，有强烈的社会责任感。二是清正廉洁，民主公正，管理坚持以人为本。三是深入实际，实事求是，坚持真理，修正错误，有实干精神。四是有远大的理想，有极大的工作热情，勇于创新，有强烈的进取精神。五是工作认真负责，自觉履行职责，责任心强，勇于承担责任。六是模范遵守国家法律，敢于并善于同各种违法乱纪现象作斗争，严格遵守工作制度和劳动纪律。

3. 企业经营者的品格和作风。品格，是品德与性格的总称。性格，是指一个人现实稳固的态度以及与之相适应的习惯了的行为方式。总结中外众多企业经营者成功的经验，企业经营者应具有的品格包括：自信、勇敢、热忱、坚韧、严谨、勤奋、公正、豁达、真诚、谦虚等。

作风是人们在生活、工作、学习等活动中表现出来的一贯态度和行为。总结众多企业经营者的实践，成功的企业经营者大都表现出以下作风：一是实事求是，不浮不夸；二是联系群众，深入基层；三是关心职工，帮助部下；四是民主协商，多谋兼听；五是雷厉风行，注重效率；六是平易近人，不摆架子；七是上下平等，不搞特殊；八是乐闻己过，有错即改。

企业经营者只有具备上述优良的品格与作风，才能有效地克服偏私、自卑、懦弱、冷漠、粗暴、懒惰、狭隘、高傲、虚伪以及浮夸、不深入、不关心他人冷暖、做事拖拉、盛气凌人、刚愎自用等不良的品行，自觉地弃恶扬善，达到高度的自我控制和约束，表现出高尚的道德情操。

（三）企业经营者职业道德的建设途径

1. 塑造重德的大环境

道德建设是一个全社会参与的系统性工程，应当努力在全社会各行各业倡导和建设职业道德，依靠教育和舆论的力量，以优秀的理论教育人，以正确的舆论引导人，以先进的典范激励人，在全社会形成重德的氛围，创造良好的条件建设好企业经营者的职业道德。与此同时，要高度重视对企业经营者的道德激励，以强化企业经营者的道德需要。

2. 加强对企业经营者的道德教育

针对目前企业经营者职业道德意识淡化的状态，要加强教育引导，强化他们的价值观念和道德信念。市场经济要求企业经营者“德”“才”兼备，但从我国目前对企业经营者的培养、培训来看，很少有企业伦理、职业道德等方面的教育培训内容。我们可以在对其进行现代管理技能教育、培训的同时进行正确的道德伦理教育，以提高企业经营者的道德素质，从而引导他们自觉履行自身的职业道德义务，为企业和社会经济的发展作出贡献。

3. 建立企业经营者的职业道德规范和行为准则

职业道德建设不仅要靠教育以统一认识，提高自觉性，也要通过制定一定的标准和行为准则，对人的职业道德进行必要的约束。近年来，许多行业制定了道德规范和行为准则，如证券从业人员职业道德规范和准则、会计人员职业道德规范和准则等，这些规范和准则不仅起到了积极的导向作用，也起到了对不讲职业道德行为的制约作用。鉴于企业经营者的重要地位和作用，更应加紧做好职业道德规范和行为准则建设。

4. 建立企业经营者道德档案

在西方，道德低下的企业经营者是很难找到好工作的，因为竞争激烈的企业经营者市场和发达的资讯传播手段能使所有者很容易了解企业经营者的历史。所以，我们可借助先进的信息技术建立企业经营者道德档案，如对业绩显著、职业道德高尚的企业经营者进行宣传，对那些不讲职业道德损害委托人利益的企业经营者记入档案并曝光，使德才兼备的企业经营者比有才无德的企业经营者能得到更多的报酬和工作机会，使品德败坏的企业经营者受到市场的抛弃，从而激励企业经营者努力工作和约束自利行为。

二、构建企业经营者的激励机制

（一）激励机制对企业经营者道德风险程度的影响

企业经营者承担企业资产运作、市场营销、内部管理、外部沟通等重大使命，作用十分关键。完善企业经营者的激励机制，根据企业的实际情况，建立形式多样、结构多元的物质激励和精神激励相结合的复合激励机制，可以充分调动企业经营者的积极性。

1. 从解决委托—代理问题认识建立经营者激励机制的必要性

企业经营者激励问题的产生源于资产所有权与经营权的分离。在自由竞争资本主义时期，企业家既是资本的所有者，又是企业的经营者，没有激励主体和客体之分，也就不存在激励问题。到西方自由竞争时期，资本主义企业逐渐演化成所有权与经营权相对分离的“经理人企业”，并在20世纪50年代以后发展成为标准化的工商企业模式，即资产所有者将其资产委托给企业家代为经营管理的现代型企业。所有者与企业经营者之间的这种行为关系即称委托—代理关系，它的实质是委托人为实现目标最大化而授予代理人某些决策权力，利用报酬激励吸引代理人，并对代理人进行约束和监督。

两权分离的现代企业制度产生了上述委托—代理关系，形成了企业家阶层，并带来了“内部人控制”[①] 问题。由于委托人利益目标与代理人利益需求存在效用不一致、委托方与代理方信息的不对称性以及市场的不确定性等问题的客观存在，“内部人控制”极易产生代理人在实际操纵控制企业经营活动中损害委托人利益的负面效应，道德风险由此而生。

为了尽可能地消除“内部人控制”的负面效应，针对委托人与代理人“为自身利益行动，目标不尽一致，信息不对称”等问题，国外比较普遍的做法是：让代理人参与剩余收益的分配，以消除其与委托人之间的对立；给代理人提供有效的刺激和动力，使其自觉进入委托人的目标轨道；设计随机调节偏差的约束机制。由此可见，建立“两权分离”的现代企业制度是社会发展的必然产物，而现代企业出现的委托—代理问题，则需要通过建立对代理人有效激励和约束机制来加以解决。

2. 从收益形式分析激励对企业经营者道德风险行为的影响。企业经营者的当期收益既包括年薪、股权分红、提成等货币性收入，也包括住房、医疗、交通、通讯、礼品费、招待费和豪华的办公条件及高标准的旅行等职务

---

① 内部人控制是指作为代理人的企业高层经营人员在受托组织企业经营过程中逐渐摆脱权力主体（委托人）控制，而实际拥有整个企业经营的运作权力。

性收益。企业经营者的延期收益包括延期年薪、期权、补充养老和医疗保险等。

企业经营者当期收益越高，对其的激励程度越高，则其道德风险程度就越低。这是因为收益越高，他们从事道德风险活动可能付出的代价就越大，从而抑制其道德风险冲动。新加坡等国家实行高薪养廉政策，就是基于这样的认识。反之，企业经营者的收益越低，对企业经营者的激励程度越低，则其道德风险程度就越高。如果企业经营者所承担的责任与其收益不对称，其经营的道德风险程度就高。

企业经营者的延期收益对其道德风险程度影响很大。收益和权利是责任的伴生物，企业经营者越接近退休、离任，心理就越不平衡，因为企业经营者离任后，其职务性收益将不复存在，任经理职务的强制权、奖赏权、经济权和监督权等将由继任者接替，个人影响力减弱，心理的落差也会很大。如果其延期收益大，会起到一种安慰和平衡作用，其道德风险程度就会降低，反之，其道德风险程度就会提高。国有企业经营者“59 岁现象”产生的根源之一，就是延期收益很小，离任前后的反差太大。

企业经营者任期的长短与其道德风险的程度呈反向关系，因为任期越长，其未来的收益就越大，升迁的可能性越大，其从事道德风险活动的成本越高，他的短期行为可能性就越低，这就从一个方面解释了年轻的经理工作比较努力，而任期即将结束的企业经营者则会出现大量发放奖金、分割企业资产等行为。

（二）建立企业经营者激励机制应遵循的原则

1. 物质激励和精神激励相结合的原则。企业经营者的生存，需要货币收入及有形、无形的非货币物品等物质利益；而企业经营者事业的发展，则需要良好的社会评价等精神利益。在给定的激励条件下，谋求物质利益和精神利益的合理组合，可以促进对企业经营者的有效激励。

2. 报酬与绩效紧密挂钩的原则。企业经营者的报酬与绩效紧密挂钩，本质上就是解决通过企业经营者努力使利润达到一定水平时，参与对企业剩余分配的问题。一方面，所有者为使企业经营者利益需求与自身追求目标利润最大化趋于一致，在无法掌握企业经营者努力程度这一“私人信息”的情况下，为尽可能地调动企业经营者的积极性，就必须认可企业经营者参与企业剩余索取，并力求使索取剩余的比例尽量体现企业经营者的努力程度。这就是利益激励设计的核心问题。另一方面，只有将报酬与绩效挂钩，企业经营者才会真正关心企业利润，才会体会到要想获得企业剩余索取权，必须尽心尽责地履行代理人义务。实际上，企业经营者在这种状态下，已自觉不自觉地形成了代理人向所有者角色的转换。这样两者之间的目标差距就会逐步缩小，委托—代理问题也得到了缓解。所以，“确切地讲，激励设计问题就是决定报酬该对产量作出怎样敏感的反应”。①

3. 效率优先、兼顾公平的原则。劳动报酬是对劳动差别的客观反映，其本质是智能资本这一经营管理资源要素的投入所获得的产出。这种资源要素不仅应该同土地、资本、劳动力一样参与分配，而且这种劳动的边际产出远非普通员工可比。国外有关研究资料显示：在一个现代企业里，每增加一名合格的体力劳动者，可取得1:1.5的经济效果；每增加一名合格的技术人员可取得1:2.5的经济效果；每增加一名有效的管理者，可取得1:6的经济效果。② 实际上，随着企业规模的扩大，管理者所处层级的升高，以及产品科技含量的提高，企业家与一般员工边际产出的差别倍数还会大大增加。因此，企业经营者的报酬应大大高于普通员工的报酬。对代理成本的认识也不能狭隘地理解为“无非是支出较高的企业人工成本”，而应从广义成本的角度理解，即代理成本中应包含企业经营者对企业剩余的分享。兼顾公平原则往往容易被人误解为是我国公有制企业特有的规律，这是一种肤浅的看法。正如美国管理学大师德鲁克所言：“高层人员的过高工资会使团队产生分裂，甚至会使企业中级别相当高的人也把高层管理人员视为对立者，而不是同盟者。”③ 我们需要一切从实际出发，从客观经济规律出发，尽量在企业中营造一种效率优先，同时兼顾公平，按劳分配与按生产要素分配相结合的企业分配文化环境，以使组织内部形成合力，提高效率。

---

① 哈尔·R. 范里安：《微观经济学：现代观点》（第六版），费方域等译，上海，上海人民出版社，2006。

② 中国科协发展研究中心：《美国“2006年科学与工程指标”》，载《国外科技人力资源研究资料译丛》，2009（7）。

③ 彼得·德鲁克：《管理的实践》，齐若兰译，北京，机械工业出版社，2006。

4. 引导长期行为的原则。注重从利益激励上引导企业经营者的长期行为，是由委托人追求长期利益最大化的必然要求所决定的。国内外企业发展壮大的实践证明，能够战胜强劲竞争对手的公司有两个共同特点，包括高级经营人员具有长远战略眼光和高层领导班子具有长期稳定性。企业经营者对一系列重大战略问题的决策，如公司兼并、资产重组、重大投资、更新改造等，其影响往往是长期的，其效果要在三五年甚至十年后才会显现。因此必须建立起使企业经营者决策行为总是有利于实现所有者长期利益最大化的动力机制，当所有者长期利益目标逐步成为现实时，企业经营者的利益回报才得以逐步兑现。国外对企业家长期利益的激励极为重视，相对短期激励来说，激励权重不断增大，如目前美国企业家各种长期收入的比重已占其年均总收入95%以上。① 我国的企业制度改革，始终把克服企业经营者短期行为作为“两权分离”的关键问题来抓，设计了企业经营者中长期目标考核体系，逐步明确了国有企业投资责任主体的地位，并将资产收益、资产保值等涉及国有经济中长期利益的主要考核指标与企业经营者年薪、任职资格等货币化和非货币化利益需求挂钩，收到了一定的效果。但由于政府或上级部门的行政性干预比较多，人事变动比较频繁，以及引导企业经营者长期行为的激励动能不足，效果不明显，导致国有经济易受侵害的局面没有得到根本扭转，短期化经营问题仍然严重。因此在设计企业经营者激励模式时，必须注重强化长期利益激励功能，以期有足够的动力促使企业经营者利益向所有者利益方向的转化，实现国有企业长期发展的战略目标。

（三）企业经营者的激励方式

1. 企业经营者的权力激励。以社会化大生产为基础的现代企业生产经营，客观上需要权威，这是因为社会化大生产是分工精细、协作密切，生产过程的各个环节、各方面紧密联系、互相制约的复杂系统，必须有一个高度集权的指挥中心，必须服从一个“指挥官”的意志。否则，就难以协调、有序、高效地运转。作为“指挥官”的企业经营者，其主要职责一方面是对外洞察整个市场的变化，适时作出应变决策，为企业指明生产经营方向，

---

① 杨平：《国企年薪制：观念的突破、制度的创新》，载《南方日报》，2005－06－08。

并承担由决策带来的风险，另一方面是对内合理组织各种生产要素，以最小的投入取得最大的产出。这两方面的基本职责，都要求企业经营者必须有充分的生产经营自主权，以保证他对企业各种生产要素调动自如、合理配置，使之发挥高效率，正如经济学家马歇尔所言“让主要承担风险的人、或受到其信任的负责人来掌握主导权，就成为理所应当的一般性原则”。①

权力激励的中心是建立企业经营者企业控制权激励机制，通过对企业经营者控制权的动态调整实现对企业经营者的激励监督。

企业控制权是为排他性利用企业资产，特别是利用企业资产从事投资和市场营运的决策权。企业控制权与剩余索取权的区别在于，剩余索取权意味着分配和享用企业创造的剩余，而企业控制权意味着企业经营者有权支配企业资源去从事决策性的工作。管理学认为能满足人的需要的因素都可以作为激励因素。企业控制权之所以成为一种激励机制，其原因在于掌握企业控制权可以满足企业经营者三方面的需要：一是在一定程度上满足了企业经营者施展其才能、体现其企业家精神的自我实现的需要；二是满足控制他人或感觉优越于他人、感觉自己处于负责地位的权力需要；三是使企业经营者具有职位特权，享受“在职消费”，给他带来正规报酬激励以外的物质利益满足。同时，相对于剩余索取权而言，由于企业控制权更着重于满足权力和精神需要，其激励效果可能更为明显②。

2. 企业经营者的报酬激励。报酬合约是协调企业经营者与股东利益的关键机制。科学合理的报酬契约不仅使企业经营者的贡献得到应有的评价和回报，鼓励经营者从正常的生产经营中获得合理收入，协调与所有者的利益冲突，减少二者在追求目标上的差异性，同时也提高了经营者道德风险行为的机会成本，具有降低经营者道德风险行为的效用。报酬契约不仅应具有充分的数额，而且应具有合理的结构，以尽可能低的成本，从利益导向上为经理人员作出符合股东偏好的决策提供激励。一个典型的收入报酬组合应该是代表保险因素的固定工资与代表激励作用的变动收入的组合，将工资、奖

① 池本正纯：《企业家的秘密》，201 页，沈阳，辽宁人民出版社，1985。

② 黄群慧：《控制权作为企业家的激励约束因素：理论分析及现实解释意义》，载《经济研究》，2000（1）。

金、退休金、职务消费、股票和股票期权等报酬和分配方式有效地结合起来，促使企业经营者更多地从企业长远利益出发来考虑问题，避免短期行为。

企业经营者激励报酬确定的最有效的方式是让企业经营者占有部分剩余。所谓剩余，是指企业经营的最终成果的净剩余，即扣除一切成本支出之后的最终成果，通常称为利润。企业经营者经营管理的一切努力和贡献，包括所承担的风险，最终都要反映到利润上来。利润的强大激励作用，正在于通过让企业经营者占有这种剩余，使他的任何贡献都通过剩余的增加而得到相应的承认和回报，并且当企业经营者成为剩余占有者时，为了获取最大利润，他必然会努力改进经营管理，引进新技术，扩大产量，降低成本，提高质量。与此相对照，任何其他激励手段都难以达到如此全面而强烈的效果。因此，让企业经营者占有部分剩余而责成他对经营管理负全责，是激励理论中的一个重要原则，是一种终极激励手段。近年来，我国在这方面进行了许多有益的探索，年薪制、股份期权得到了较为广泛的运用，取得了很好的效果，需进一步坚持和深化。

3. 企业经营者的声誉或荣誉激励机制。人的需要是多层次的，不仅有物质利益方面的需要，还有精神方面的需要。对于企业经营者而言，一般非常注重自己长期职业生涯中的声誉。强烈的成就欲以及由事业成功而得到的良好的职业声誉、社会荣誉及地位，是激励企业经营者努力工作的重要因素。尽管经济学、管理学研究都以“经济人”为假设条件，但在实际生活中，我们并不能忽视社会道德伦理、意识形态对人的行为的影响与教化作用。在社会转型时期，法律体系、各种管理制度需要不断地完善，道德伦理和意识也需要正确的引导，使经营者重视自己的声誉，尊重职业操守，廉洁自律，维护企业利益和诚实守信，自觉约束自己的机会主义行为。因此，应重视对企业经营者精神激励的作用，通过满足企业经营者的精神需求来调动其积极性，从而控制企业经营者的行为向控制主体所预期的方向发展。

企业经营者行为精神激励的方法有很多，这里着重介绍以下四种：

（1）目标激励，即为企业经营者设置具有挑战性的工作目标，并将这一目标的实现与较高的报酬相联系。企业目标是企业凝聚力的核心，它体现了企业经营者工作的意义，能够在理想和信念的层次上激励企业经营者。实施目标激励，首先，企业应将自己的长远目标、中期目标和近期目标进行宣传，使企业经营者更加了解企业，了解自己在目标的实现过程中应起到的作用；其次，应注意把组织目标和个人目标结合起来，宣传两者的一致性，使企业经营者了解到只有在完成企业目标的过程中，才能实现个人的目标。个人事业的发展、待遇的改善与企业事业的发展、效益的提高息息相关。这样，企业经营者就会对企业产生强烈的感情和责任心，不需要监督就能自觉地把工作做好，就能自觉地关心企业的利益和发展前途。

(2) 工作激励。日本著名企业家稻山嘉宽在回答“工作的报酬是什么?”时，指出“工作的报酬就是工作本身!”表明工作本身具有激励作用。为了更好地发挥企业经营者的工作积极性，必须给经营者以更多的授权，使他将工作本身视为更具有内在意义和更高挑战意义的事情，给企业经营者一种自我实现感。对企业经营者的“工作设计”，应根据经营业绩决定企业经营者企业控制权的授予与否、何时授予、授予多少，从而形成一种激励机制。

(3) 社会地位激励。在企业经营者的效用函数中，社会地位是重要的变量，保持和提高社会地位是企业经营者追求的重要目标。成功的“企业家在社会上的地位上升”可以激励企业经营者的进取心。

企业经营者的社会地位，主要由经济地位、政治地位、职业地位、文化地位等构成。经济地位一般由收入体现，政治地位则由政治权利或在政治生活中发挥的作用来体现，职业地位一般由职业声望作为确定依据，文化地位则由就业所需的文化教育程度来体现。要提高企业经营者社会地位，可从提高企业经营者阶层的收入、政治地位、职业声望及就业需要的教育程度等方面着手。

(4) 营造良好社会环境。必须努力在全社会形成尊重、爱护、支持企业经营者的社会环境。一是要广泛宣传企业经营者改革精神、开拓精神、创新精神和奉献精神，引导人们认识到企业经营者是推动社会经济发展的重要力量，真正在全社会形成一个关心企业经营者、崇尚企业经营者、爱护企业经营者的良好氛围。二是要提高企业经营者政治参与程度。在有关发展规划和重大经济决策的酝酿中，要征询企业经营者的意见，重视企业经营者的建议，要在人大、政协等政权组织和社会组织中，保证有一定比例的企业经营者代表参加。三是开展评选优秀企业经营者活动。对为企业发展作出突出贡献的企业经营者，应由中央或地方政府授予优秀企业经营者称号，并召开表彰会，在各种媒体上进行广泛宣传，使企业经营者真正能从其职业中得到荣誉感。

三、完善对企业经营者的监督约束

（一）监督约束机制对企业经营者道德风险程度的影响

要使企业经营者的才能正常发挥，不仅要对经营者进行有效的激励，还要建立经营者的监督约束机制，通过对经营者的行为过程控制和结果监督、核查和奖惩，达到规范、限制经营者行为的目的，使其向着健康的方向发展。

监督约束机制和制度越健全，对企业经营者的监督程度越高，其道德风险活动越容易被发现和查处，其从事道德风险活动的成本就越高，违背所有者意愿的可能性就越小。如果对企业经营者没有监督，企业经营者谋私被发现和查处的可能性小，他从事道德风险活动的动机就会很强烈。如企业经营者常常为了证明自己最初的决策是正确的，继续投入大量资源给从开始就注定失败的决策，而健全的机制和制度可以及时发现问题，防止错误决策的升级。随着监督和约束力度增大、频度提高，企业经营者从事道德风险活动的机会越少，道德风险程度就会降低；反之，道德风险程度就会提高。对企业经营者道德风险活动处罚程度越高，他从事道德风险活动的效用就越小，反之，如果惩处力度不够，道德风险程度就会上升。企业经营者从事道德风险活动所得到的额外收益越高，从事道德风险活动动机就越强烈，一定条件下会使其铤而走险，其道德风险程度就越高。

（二）监督约束企业经营者的方式

1. 公司治理结构的约束。企业内部的组织结构按照分权制衡的原则设置，股东大会、董事会和监事会三机关相互分工、相互配合、相互制约。股东大会行使公司重大决策权，董事会和经理负责公司业务的具体决策和经营管理，监事会对董事和经理执行公司职务活动进行监督。这就既能保证经营决策正确迅速，又能防止董事、经理滥用职权损害公司的利益。单一制企业法人治理结构的特点是厂长（经理）对企业经营享有最高决策权和执行权并全面负责，党委保证监督，职工民主管理。在这种权力结构中，厂长（经理）高度集权，容易权力膨胀、滥用职权、独断专行。因此，完善单一制企业法人的厂长（经理）负责制必须加强企业党组织和职工代表大会的权力，使其能够对厂长（经理）滥用职权的行为起到约束作用。

2. 企业所有者的制约。国有企业的财产所有者是国家，企业主管部门和国有资产管理部门作为国家所有权的代表，必须加强对经营者的监督和管理，使经营者对国有资产的保值和增值负责。而就一般公司而言，股东作为公司的所有者，为了维护自身的利益和整个公司的利益对公司的董事和经理享有监督权。对董事会的决议，股东认为违法损害公司利益的，或董事、经理执行公司职务的行为违反法律、行政法规或公司章程给公司造成经济损失的，有权提起诉讼，追究董事、经理的责任。

3. 法律责任的约束。企业经营者掌握企业经营管理的大权，自然要承担相应的责任。责任是由个人在社会系统中的地位和由此而产生的义务决定的。作为企业的实际控制者，企业经营者具有独立的经营自主权，因此，他对自主决策的后果要承担责任，而这种责任构成正是对企业经营者行为的重要约束机制。同时，法律规定经营者在从事生产经营活动过程中如有实施有损国家、企业和职工利益的违法犯罪活动，应被依法追究行政、民事和刑事方面的法律责任，从而以给企业经营者造成痛苦的法律后果来强化责任约束的作用。

这里有一个问题必须引起注意。我国《公司法》、《全民所有制工业企业法》（以下简称《工业企业法》）虽然都对企业经营者违反应尽责任和义务的某些行为作出了“责令退还”、“没收非法所得”、“责令取消担保”和“承担赔偿责任”的处罚措施，但对如何追究其责任和落实各种处罚措施则未作出规定。这就使企业经营者各种违法及违规行为处于一种实际上无法追究的状态。所以，通过立法确立对企业经营者的诉讼制度实属必要。对企业经营者的诉讼，不应仅限于损害赔偿之诉，亦可通过诉讼请求企业经营者为或不为一定行为，如要求经理立即停止其损害公司利益的行为，并对该行为予以纠正。

4. 市场竞争的约束。市场竞争机制对企业经营者行为的约束往往比所有者直接约束要有效得多，因为它对企业经营者的约束是体现经济规律的硬性约束。这种约束主要是通过包括资本市场、劳动力市场和经营者人才市场的竞争机制来实施的。

（1）资本市场竞争机制。《公司法》、《破产法》是这一约束机制发挥功能的法律基础。股东们影响和约束公司经营决策和选择高级管理人员的方式有两种：一种是“用手投票”，即直接通过股东大会表示自己的意愿；另一种是“用脚投票”，即通过股票买卖、股权转让运作表示自己的选择，从而对公司施加间接的产权约束。公司之间的兼并和收购也是“用脚投票”的一种新形式。经营不善的公司的股票价格会下跌，在产权边界清晰的条件下，股东为了自己的利益会不断抛出股票，导致企业雪上加霜，其他实力雄厚的公司就可以以很低的价格购入该公司的股票，从而接管该企业，并重新推选和任命经营者进行组织管理。国际实践经验表明，在发达市场经济条件下，资本市场的竞争是对经营者行为约束的最强有力的手段，它使经营者有自我约束的动机，并且不得不高度重视自己的经营业绩。

（2）商品市场的约束。在存在公平市场竞争产生的平均利润率的情况下，每个企业的利润水平包容了关于企业经营好坏的充分信息。企业之间的公平竞争会形成平均利润或平均成本，根据企业的实际利润或成本水平与这种平均利润或平均成本进行比较，就可以使企业经营状况的信息得到充分反映，从而将企业经营者经营绩效的优劣判断出来，并作为对企业经营者进行奖惩的依据，使对经营者与所有者的激励变成现实。在这种公平市场竞争的条件下，利润率可以作为考核和监督企业经营者经营能力的一种充分信息指标。这个充分信息虽然不能完全克服信息不对称的问题，但它是一种简单的、成本低廉的手段，可以尽可能准确地反映企业经营的好坏，也可以成为投资者、债权人投资决策的重要依据。

（3）企业经营者人才市场竞争机制。企业经营者人才市场的竞争也是加强对经营者监督和约束的有效途径。国际经验表明，当外部存在一个有效的、竞争的经营者人才市场时，在职的经营者总是会感到潜在竞争对手的威胁和挑战，他们就会严于律己，努力工作，并高度重视自己的经营绩效，因为市场的竞争选聘和淘汰机制，把其个人命运与企业命运紧密联结起来。如果公司效益好，经营者不但可以续聘，还可能晋升；但是，如果一个经营者不称职，因为管理行为不当造成企业效益下降，董事会就会到经营者人才市场上去找别人。当来自市场的经营者候选人提出一套可以创造更高利润的经营计划并被接受时，原经营者就会被解聘，他不但会失业，而且其个人人力资本在经营者人才市场上也会大大贬值。这种来自经营者人才市场的压力会迫使在职经营者产生危机感，增强事业心，为企业的利益约束自己，尽心尽力做好本职工作。

5. 强化民主监督约束，实施媒体舆论监督约束。一方面，规范与完善工会和职工代表大会职能，形成强有力的内部民主管理监督约束机制。另一方面，注重发挥公众媒体和社会舆论监督的社会约束力，在坚持正确的社会导向和公正、平等、真实的原则下，通过媒体的曝光和舆论的谴责等方式，对经营不善、以权谋私、贪污腐化者予以揭露和批判，对有关问题进行充分的研究和讨论，实现对经营者的有效监督约束。

第三节　防治企业经营者道德风险的制度保障

一、完善企业经营者管理法律制度势在必行

我国目前对企业经营者行为的法律调整主要散见于《公司法》、《全民所有制工业企业厂长工作条例》（以下简称《厂长工作条例》）、《工业企业法》和《国有企业厂长（经理）奖惩办法》（以下简称《厂长（经理）奖惩办法》）等法律法规。《公司法》、《厂长工作条例》、《工业企业法》对企业经营者的任职资格、职权作了明确规定，但很不完善，尤其是缺乏必要的激励约束机制和切实可行的法律责任的规定，《厂长（经理）奖惩办法》又失之于立法层级太低，未针对企业经营者的职业特点去确定奖惩内容，无法真正形成激励约束机制。所有这些，使我国对企业经营者行为的调整事实上处于无法可依的状态，这也是造成国有企业在转换经营机制过程中代理成本过高，企业行为短期化，企业经营者滥用职权等腐败现象普遍发生的原因之一。建立完善的企业经营者法律制度，以法律规范企业经营者行为势在必行。

1. 市场经济的建立，要求政府对企业及社会经济活动由通过统一的指令性计划直接组织和协调，转变为以市场为中介加以调节。这就要求企业必须主要根据市场的特点及其变化，自主选择和调整经营服务的方向与生产要素的组合方式。企业经营者在决定生产要素的配置和利用时，只能以市场为导向而不是计划经济下的以政府为导向，从而实现了企业经营者身份由“官员”向独立经济主体的转换。这种新的身份，必然要求有不同于过去的行为机制，而市场经济的基本规则（诸如竞争、平等、效益等），为建立新的行为机制提供了保障，是建立企业经营者法律制度的依据。

2. 在我国，构建现代企业制度的根本目的，就是要进一步理顺企业投资者、经营者、劳动者间的关系，从而建立起企业内部的自我激励机制和自我约束机制。该目的的实现是以产权明晰为基础的，因为产权的所有者是依据其产权参与收入分配。当某一企业家受聘于某一企业成为企业经营者之后，其拥有的经营才能的产权就成为企业产权的一个重要组成部分。这是确定企业经营者产权的基础，也使以明确企业经营者责权利为核心的企业经营者管理法律制度的建立不仅具有存在可能，而且具有了现实的基础。

3. 从我国立法情况看，我国于1993年颁布并于2005年修订的《公司法》，1986年颁布的《厂长工作条例》，1988年颁布的《工业企业法》，都在实践中取得了良好的运行效果。这三部法律法规确定了厂长、经理的法律地位、职权和任职资格，并对企业法人治理结构作了规定。1995年原内贸部颁发的《厂长（经理）奖惩办法》，明确了对厂长（经理）的奖惩制度。许多省、市，如江苏、广东、吉林、郑州等也都先后出台了相关内容的地方性法规、地方政府规章。这些无疑为企业经营者法律制度的建立提供了法律依据和宝贵经验。西方发达国家经过近百年的探索，大多颁布了专门的法律、法规调整企业经营者行为，这些立法经验对我们也不无借鉴意义。我们有理由相信，一部科学的、规范的企业经营者法律制度在我国已呼之欲出，并必将对整个社会经济生活产生重大影响。

二、企业经营者管理法律制度的立法原则

企业经营者管理法律制度的构建，应以市场经济为立法标准，遵循符合市场经济发展要求和实现对企业经营者的有效筛选、充分授权、有力监督的

基本原则，并以加快现代企业制度的建立和发展为立法宗旨，以为企业经营者充分施展才华和行使职权提供保障和实现法律监督为主要内容。立法中具体应坚持守法原则、效益原则、监督原则和保护原则。

（一）守法原则

守法原则是指企业经营者行为必须遵守国家的法律、法规，一切合法的企业经营者行为都要受到法律保护，而一切违法的企业经营者行为都要受到制裁。

国家制定的有关企业的各项法律法规是企业经营者行为的准则，企业经营者必须自觉运用这些法律规范调整和处理各种经济关系。随着生产社会化程度的提高和商品经济的发展，经济行为和经济关系日益复杂，企业的管理权限和责任日益重大，按照长期稳定的经济行为规范来进行经济活动愈见必要。如果事无巨细都要企业经营者临时作出决定，是不能做好领导工作的。守法原则要求企业经营者行为符合法律规范，这是正常经济活动秩序的保证。如果违反法律规范又不加以调整和处理，就会破坏正常的经济秩序。因此，立法中坚持守法原则，就是坚持既能保护合法的企业经营者行为，又能防止、制裁和减少企业经营者行为中违反客观经济规律和违反法律、法规、法令的行为。

（二）效益原则

效益原则的基本要求是调整企业经营者行为的立法必须以保证企业经营者行为，讲求经济和社会效益为出发点。由企业设立的目的和企业经营者组织生产经营的目标所决定，追求最大经济效益应是企业经营者行为的出发点和归宿点，是企业经营者行为的首要约束条件。所以，以追求经济效益为主要内容的效益原则，当然应成为调控企业经营者行为的立法依据和执法守则。企业经营者管理法律制度应将效益原则规定为企业经营者行为的出发点和归宿点，要求企业经营者的决策和管理，必须从是否有利于提高经济效益出发，选择能取得最大经济效益的决策、计划和措施，并以经济效益为标准进行检查、衡量。

（三）监督原则

监督原则是指企业经营者行为必须接受国家、社会的外部监督和企业内部监督。监督的重大意义在于通过监督使符合党和国家方针、政策，符合国家法律、法规的企业经营者行为受到保护，并使违反党和国家的方针、政策，违反国家法律、法规的企业经营者行为受到约束和制裁，使企业经营者尽职尽责，努力完成他所承担的工作任务。对企业经营者行为的监督，既要有外部国家、社会方面的监督，又要有内部企业法人治理结构方面的监督。企业经营者管理法律制度要致力于建立起完善的外部和内部监督体系，实现对企业经营者行为的经常监督，从而保证企业经营者行为的合法化、效益化。

（四）保护原则

法律确认的最普遍的社会利益，最终必须落实在对个体需要的满足上，落实在对个体权利的确认和保护上。如果普遍的社会利益没有落实在社会广泛存在的个体身上，它们也就失去了现实的内容。企业经营者管理法律制度在确认了最普遍的社会利益，并将社会中最广为接受的价值观作为法律的价值评价标准之后，必须能够从企业经营者的特点出发，充分考虑他们的个体需要，反映他们的要求，并为这种需要和要求的实现提供保障。只有这样，才能使得法律的调控有的放矢，法律才会得到良好贯彻执行，并取得预期效果。

三、企业经营者管理法律制度中应重点明确的问题

（一）企业经营者的任用

1. 企业经营者任职资格。对于企业经营者的任职条件，《全民所有制工业企业厂长工作条例》第八条，从思想政治、业务水平、工作作风、文化水平和健康状况几个方面作了明确规定，但这个规定过于笼统，没有能够反映现实经济生活对企业经营者经营才能等方面所提出的更高要求。1999 年 9 月 22 日中国共产党第十五届中央委员会第四次全体会议通过的《中共中央

关于国有企业改革和发展若干重大问题的决定》指出："国有企业要适应建立现代企业制度的要求，在激烈的市场竞争中生存发展，必须建设高素质的经营管理者队伍，培育一大批优秀企业家。""发展社会主义市场经济对国有企业经营管理者提出了更高要求。他们应该是：思想政治素质好，认真执行党和国家的方针政策与法律法规，具有强烈的事业心和责任感；经营管理能力强，熟悉本行业业务，系统掌握现代管理知识，具有金融、科技和法律等方面基本知识，善于根据市场变化作出科学决策；遵纪守法，廉洁自律，求真务实，联系群众"。这一规定对于企业经营者在管理素质方面的要求作了进一步的具体化，可以作为企业经营者任职资格的基本依据。

为了使对企业经营者的管理规范化和经常化，保证在我国形成一支稳定的企业经营者队伍，促使企业经营者自我完善和发展，有必要建立起"企业经营者任职资格证书制度"，并在企业经营者管理法律制度中予以明确。企业经营者任职资格证书应由国务院有关部门依据考察和测试结果统一颁发，是确认企业经营者具备任职资格，以及企业选聘厂长（经理）和企业家竞争上岗的依据。为促使企业管理人才不断进取，对于获取资格的实行年检制度，并据此建立起企业经营者个人档案，为科学考察候选企业经营者提供依据。

另外，我国《公司法》和《公务员法》采用禁止性法律规范对企业经营者任职资格进行了十分明确的规定。《公司法》第一百四十七条规定，"有下列情形之一的，不得担任公司的董事、监事、高级管理人员：（一）无民事行为能力或者限制民事行为能力；（二）因贪污、贿赂、侵占财产、挪用财产或者破坏社会主义市场经济秩序，被判处刑罚，执行期满未逾五年，或者因犯罪被剥夺政治权利，执行期满未逾五年；（三）担任破产清算的公司、企业的董事或者厂长、经理，对该公司、企业的破产负有个人责任的，自该公司、企业破产清算完结之日起未逾三年；（四）担任因违法被吊销营业执照、责令关闭的公司、企业的法定代表人，并负有个人责任的，自该公司、企业被吊销营业执照之日起未逾三年；（五）个人所负数额较大的债务到期未清偿。另外，公司违反上述规定选举、委派董事、监事或者聘任高级管理人员的，该选举、委派或者聘任无效。董事、监事、高级管理人员在任职期间出现上述所列情形的，公司应当解除其职务"。另外，《公务员法》第五十三条规定："公务员必须遵守纪律，其第 14 款规定公务员不得从事或者参与营利性活动，在企业或者其他营利性组织中兼任职务。"以上规定能够防止有违法犯罪前科的人员，摇身一变成为企业经营管理的"能人"，利用企业法人的面纱作其掩护继续违法犯罪；对导致企业破产的原经营人和不能清偿到期巨额债务的人在一定期限内剥夺其担任企业经营者的资格，有利于维护社会交易安全；限制国家公务员兼任经营者，则有助于克服官商不分的弊端。因此，《公司法》和《公务员法》规定具有一定的现实意义。企业经营者管理法律制度对企业经营者任职资格的限制性规定可以此为主要依据，并再增加一条："公司经理在执行职务时因为实施违反法律、法规和公司章程的行为或其行为损害企业利益，被监事会弹劾被迫辞职的，或者被董事会解聘的，自被辞退或被解聘之日起五年内不得再担任其他企业的厂长、经理职务；国有企业的厂长被职工代表大会罢免，自被罢免之日起五年内不得再担任其他企业的厂长、经理职务。"以较好地防止和消除企业经营者搞权钱交易，易地做官，易厂做官的弊端，并促使每个企业经营者自律。

2. 企业经营者任职程序。我国法律对企业经营者选择决定权作出了明确规定，如根据《公司法》第三十八条、第四十五条、第六十八条、第六十九条、第一百零九条、第一百一十四条规定，公司董事应主要由股东（大）会选举产生，董事会成员中的职工代表则由公司职工代表大会选举产生。另外，考虑到国有独资公司的特殊情况，第六十八条规定国有独资公司的"董事会成员由国有资产监督管理机构委派；但是，董事会成员中的职工代表由公司职工代表大会选举产生"。"董事长、副董事长由国有资产监督管理机构从董事会成员中指定"。对于经理等高级管理人员的聘任或者解聘，则授权给了公司董事会。但对公司董事会任用经理等高级管理人员的程序未予明确。从实践情况看，企业经理等等高级管理人员任用的方式为聘任，主要途径是采用招标方式，通过投标竞争产生，或通过市场中介机构招聘产生，任用程序为：

（1）通过媒体面向社会（包括企业内部）发布招聘启事；

（2）通过自荐、行业组织推荐或从企业内部的优秀管理人员中推荐等多种方式产生候选人。候选人应符合任职资格要求；

(3) 组成由董事会成员和专家、职工代表参加的评聘委员会，对应聘者进行综合分析和评估。评估内容主要应包括以往的业绩、能力、素质、知识、职业道德；

(4) 确定受聘者，同受聘者签订聘任合同。

(二) 企业经营者的权利和义务

1. 企业经营者的权利。企业经营者的职责就是从事日常经营管理，权利的享有是其从事经营管理活动的基本条件。企业经营者权利的设置应体现完整性、独立性和不可侵犯性，既要赋予企业经营者对企业法人财产运营的整个过程拥有必要的管理权、控制权，还要强调企业经营者的权能应是独立的，任何单位和个人，包括股东会、董事会都不得对企业经营者正当行使职权的行为横加干涉，并通过建立起必要的企业经营者保护制度，赋予企业经营者权利以不可侵犯性。

企业经营者权利的核心是赋予企业经营者对企业法人财产运营的整个过程拥有必要的管理权、控制权。我国的《公司法》、《工业企业法》对经营者职权的规定大体可以表示为生产经营的决策指挥权，企业的管理权，人事任免权等，这些权利设置不但基本满足了经营者领导企业生产经营活动的需要，并且比较全面，是切实可行的，可继续列入。为保证企业经营者权利的切实实现，在制定专门的《企业经营者工作条例》时除需对上述权利进一步重申外，还应明确规定企业经营者有权依法独立管理企业法人财产，独立行使职权，除经济规律、国家法律、法规、企业章程和企业经营的社会及经济效益外，企业经营者的管理行为不受其他束缚和干涉。国家和企业内部的各种监督主体，如党组织、职工代表大会、董事会、监事会只能依据《公司法》等有关法律法规和企业章程约束企业经营者行为。为保证企业经营者权利的确实实现，应建立企业经营者申诉制度，允许企业经营者对不当监督和法外干涉提起申诉，并从程序上加以规定，从而切实保障企业经营者权利不受侵犯。

2. 企业经营者的义务。我国现行立法除了《工业企业法》对厂长应承担的主要责任有专门规定外，《公司法》还对公司高级管理人员规定有：遵守公司章程，忠实、勤勉履行职务，维护公司利益，不得利用在公司的地位和职权为自己谋取私利；不得利用职权收受贿赂或者其他非法收入，不得侵占公司的财产；不得挪用公司资金或者将公司资金借贷给他人，不得将公司资产以其个人名义或者以其他个人名义开立账户存储，不得以公司资产为本公司股东或者其他个人债务提供担保；不得自行兼营或者为他人经营与其所任职公司同类的营业或者从事损害本公司利益的活动；除依照法律规定或者经股东会同意外，不得泄露公司秘密；执行公司职务时违反法律、行政法规或者公司章程的规定，给公司造成损失的，应当承担赔偿责任等义务性规定。通过对现行法律对企业经营者义务规定内容的分析，我们可以发现《工业企业法》对厂长职权的规定过于“社会性”，过分注重厂长的社会责任，忽视了厂长对企业生产经营的后果所应承担的经济义务，也就是明显缺乏效益性原则的要求。同时，作为那个时代的产物，这个义务规定带有浓厚的计划经济色彩，没有体现出市场经济的新要求；《公司法》的规定则过分重视企业经营者侵害公司利益的经济义务，对其所应承担的社会责任没有作出具体规定。同时，二者都没有就企业经营者的决策和管理行为的经济效益作出量的规定，没有体现出企业经营者行为所应具有的效益性的特性。企业经营者管理法律制度应是《工业企业法》和《公司法》规定的取长补短，将企业经营者的社会责任和经济责任有机地结合起来，并且对企业经营者经济责任的规定要特别强调企业经营者的决策责任。具体来讲，就是企业经营者管理法律制度除了要对《工业企业法》和《公司法》的有关规定进行重申外，还应确定企业经营者有两项基本义务，即保证企业法人财产的保值与增值和不得滥用权力及侵害企业资产。

（三）企业经营者的收入

企业经营者的收入是企业经营者行为的重要激励因素之一，因而必须有法律保障。企业经营者管理法律制度应当对企业经营者收入进行合理分解和科学界定，确实体现按劳分配，效益优先，利益与风险均等的现代社会的分配原则。法律应首先确定企业经营者收入高低的主要依据是：企业资产的完整、增值和企业发展后劲；企业规模大小，企业经营者责任轻重和风险程度；企业当年资产经营效果，特别是资金利税率、劳动生产率、实现利润增长幅度；企业职工当年工资收入增长幅度等指标。

企业经营者收入的具体方式、内容、幅度通过企业经营者与企业的契约确定。在公司里，契约的另一方主体为董事会。在确定企业经营者收入时，法律应赋予董事会根据企业经营者的经营业绩，决定对企业经营者升职或降级、续聘或解聘的权力；调整企业经营者的工资、奖金、股票和股票买卖选择权，以及退休金、其他福利等的权力，从而将企业经营效果好坏与企业经营者的个人利益乃至个人的前途命运紧紧捆在一起，使之能从自己切身利益上关心企业经营绩效和企业资产的增值。

（四）企业经营者的奖惩

规定企业经营者奖惩制度，是有关企业经营者权利和义务的规定得到较好贯彻执行的保证，是取得更大经济成效的保证。法律应就企业经营者奖惩的条件、程序、方式作出明确规定，其核心内容是强调对忠诚履行职务并有显著成绩的企业经营者，给予精神、物质奖励。精神奖励应侧重于光荣称号的授予等，以提高企业经营者的成就感和其人力资本的价值。奖惩制度的确立，一是要有较大力度，突破传统的仅仅是微量的经济处罚和调离等制裁方式，把企业经营者个人命运与企业命运紧紧连在一起；二是要取消过去以职级为主的行政处罚方式，强调职业责任，具体处罚方式应包括职业禁止、行业除名、没收非法所得归企业所有、经济赔偿和刑事责任等；三是要针对目前企业经营者决策不负责任，决策盲目性较强的状况，加大企业经营者决策失误赔偿责任。

（五）企业经营者的监督约束

企业经营者是企业法人财产的实际占有者和支配者，享有很大的权力，决定着企业的兴衰，因而必须建立起严格的监督约束机制，以防止和及时纠正企业经营者可能发生的不当行为。企业经营者管理法律制度应对企业经营者监督的主体、内容、形式、程序作出明确的规定。

参考文献

一、著作类

[1] 史际春:《企业、公司溯源》,见王保树主编《商事法论集》(第1卷),北京,法律出版社,1997。

[2] [美] 艾里克·拉斯穆森:《博弈与信息》,韩松译,北京,中国人民大学出版社,2009。

[3] 高小玲:《企业道德风险及基于中国企业的实证研究》,上海,上海人民出版社,2008。

[4] [英] 亚当·斯密:《国民财富的性质和原因的研究》(下册),北京,商务印书馆,1974。

[5] [印] 阿马蒂亚·森:《伦理学与经济学》,王宇、王文玉译,北京,商务印书馆,2001。

[6] 曾欣:《中国证券市场道德风险研究》,成都,西南财经大学出版社,2003。

[7] [德] 柯武刚、史漫飞:《制度经济学——社会秩序和公共政策》,北京,商务印书馆。2002。

[8] 李建华:《法治社会中的伦理秩序》,北京,中国社会科学出版社,2004。

[9] 齐斌:《证券市场信息披露制度法律监管》,北京,法律出版社,2002。

[10] [美] 理查德·A. 波斯纳:《法律之经济分析》,唐豫民译,台湾,台湾商务印书馆,1972。

[11] [美] 庞德:《通过法律的社会控制——法律的任务》,沈宗灵、董世忠译,北京,商务印书馆,1984。

[12] [美] 罗纳德·A. 安德森：《商法与法律环境》，韩健、卢凤英、逯庆林等译，北京，机械工业出版社，2003。

[13] [美] Michael E. Whitman，Herbert J. Mattord：《信息安全原理》，齐立博译，北京，清华大学出版社，2006。

[14] [美] 约瑟夫·斯蒂格利茨：《信息经济学》，纪沫、陈工文、李飞跃译，北京，中国金融出版社，2009。

[15] 陈钊：《信息与激励经济学》，上海，上海人民出版社，2005。

[16] 张文显：《二十世纪西方法哲学思潮研究》，北京，法律出版社，1996。

[17] [美] 罗纳德·哈里·科斯：《企业、市场与法律》，盛洪等译，上海，三联书店，1970。

[18] [美] 罗伯特·考特、托马斯·尤伦：《法和经济学》，施少华等译，上海，财经大学出版社，2003。

[19] 亚里士多德：《尼各马克伦理学》，北京，中国社会科学出版社，1990。

[20] 江平：《民法学》，北京，中国政法大学出版社，2002。

[21] 梁彗星：《民法总论》，北京，法律出版社，2000。

[22] [美] E·博登海默：《法理学：法律哲学与法律方法》，北京，中国政法大学出版社，1999。

[23] 普拉哈德尔·哈默尔：《公司核心竞争力》，见刘守英主编《战略：45 位战略家谈如何建立核心竞争力》，北京，中国发展出版社，2002。

[24] 关伟：《企业信用管理》，北京，中国人民大学出版社，2009。

[25] 张强、黄卫东：《社会信用体系建设的理论与实践》，长沙，湖南大学出版社，2009。

[26] 范红：《企业的社会责任》，北京，清华大学出版社，2010。

[27] 李建华：《走向经济伦理》，长沙，湖南大学出版社，2008。

[28] 中国工商行政管理学会：《企业信用监管理论与实务》，北京，中国工商出版社，2003。

[29] 陈潜、唐民皓：《信用法律制度及运行实务》，北京，法律出版社，2005。

［30］喻敬明、林钧跃、孙杰：《国家信用管理体系》，北京，社会科学文献出版社，2000。

［31］夏善晨：《企业信用管理和法律规制》，北京，海洋出版社，2010。

［32］刘益：《信用、契约与文明》，北京，中国社会科学出版社，2010。

［33］陈玉忠、钱玉民：《国内外信用理论研究与标准化实践》，北京，中国计量出版社，2010。

［34］程民选：《信用的经济学分析》，北京，中国社会科学出版社，2010。

［35］［日］古川令治：《中国企业信用评级系统》，张明、杨杰译，北京，中国金融出版社，2010。

［36］田侃、夏杰长：《信用环境构建与现代服务业发展研究》，北京，经济管理出版社，2010。

［37］叶世清：《征信的法理与实践研究》，北京，法律出版社，2010。

［38］李琳：《信任、交易成本与企业绩效》，上海，上海财经大学出版社，2010。

［39］李镇华：《信用制度建设的理论基础探讨》，北京，中国金融出版社，2010。

［40］蓝寿荣：《社会诚信的伦理与法律分析》，武汉，华中科技大学出版社，2010。

［41］陈建中：《社会信用管理体系建设构想》，北京，中国经济出版社，2009。

［42］张德霖：《中国社会信用体系建设理论、实践、政策、借鉴》，北京，机械工业出版社，2002。

［43］［美］R. H. 科斯、A. A. 阿尔钦等：《财产权利与制度变迁》，上海，三联书店，1994。

［44］李维安：《公司治理前沿》，北京，经济科学出版社，2009。

［45］王保树、王文宇：《公司法理论与实践》，北京，法律出版社，2010。

［46］石予友：《混合所有制企业公司治理》，北京，经济管理出版社，2010。

［47］马永斌：《公司治理与股权激励》，北京，清华大学出版社，2010。

［48］张辉：《上市公司法律规范体系建构》，北京，社会科学文献出版

社，2010。

[49] 曹巍：《公司法人治理结构研究》，北京，知识产权出版社，2010。

[50] 高明华：《中国公司治理发展报告》，北京，经济科学出版社，2010。

[51] [美] 哈罗德·德姆塞茨：《关于产权的理论：财产权利与制度变迁》，上海，三联书店，1991。

[52] 郭建新：《企业国有产权转让操作指南》，北京，经济科学出版社，2005。

[53] 李明弘：《产权交易市场法律问题研究》，北京，法律出版社，2008。

[54] 郑玉波：《公司法》，台湾，台湾三民书局，1980。

[55] 朱庆华、杨坚争：《信息法教程》，北京，高等教育出版社，2001。

[56] 刘士国：《现代侵权损害赔偿研究》，北京，法律出版社，1998。

[57] [美] 斯蒂格勒：《产业组织和政府管制》，上海，上海人民出版社，1996。

[58] [美] 林达·艾伦：《资本市场与机构》，王闻译，北京，中国人民大学出版社，2003。

[59] 郑曙光：《产权交易法》，北京，中国检察出版社，2005。

[60] 李明良、吴弘：《产权交易市场法律问题研究》，北京，法律出版社，2008。

[61] 周茂清：《产权市场创新研究》，北京，中国金融出版社，2009。

[62] 张宏森：《国有财产运营与保护中的法律问题研究》，北京，长安出版社，2002。

[63] 张文显：《法理学》，北京，中共中央党校出版社，2004。

[64] [英] 布瓦索：《信息空间：认识组织、制度和文化的一种框架》，上海，上海财经大学出版社，2000。

[65] [美] 斯蒂格利茨：《经济学》，北京，中国人民大学出版社，1999。

[66] 杨紫烜：《经济法》（第二版），北京，北京大学出版社，2006。

[67] [日] 植草益：《微观规制经济学》，朱绍文等译，北京，中国发展出版社，1992。

［68］吴汉红：《西方寡头市场理论与中国市场竞争立法》，北京，经济科学出版社，1998。

［69］［美］弗莱蒙特·E. 卡斯特、詹姆斯·E. 罗森茨韦克：《组织与管理——系统方法与权变方法》，北京，中国社会科学出版社，2000。

［70］［加］布莱恩·R. 柴芬斯：《公司法：理论、结构和运作》，北京，法律出版社，2001。

［71］［法］亨利·法约尔：《工业管理与一般管理》，迟力耕、张璇译，北京，机械工业出版社，2007。

［72］赵娟：《国有上市公司信息披露监管的选择性执法分析》，北京，首都经济贸易大学出版社，2011。

［73］［日］山本晃：《日本内部控制监督实务》，大连，东北财经大学出版社，2010。

［74］［美］哈尔·R. 范里安：《微观经济学：现代观点》（第六版），上海，上海人民出版社，2006。

［75］国务院法制办公室：《在新的历史起点上加强法治政府建设》，北京，中国法制出版社，2010。

［76］杨曙光、王敦生、毕可志：《行政执法监督的原理与规程研究》，北京，中国检察出版社，2009。

［77］吕凤太：《社会中介组织研究》，上海，学林出版社，1998。

［78］方卫华：《中介组织研究》，北京，社会科学文献出版社，2007。

［79］［美］彼得·德鲁克：《管理的实践》，齐若兰译，北京，机械工业出版社，2006。

［80］［美］彼得·德鲁克：《变动世界的经营者》，林克译，上海，东方出版社，2010。

［81］［日］池本正纯：《企业家的秘密》，沈阳，辽宁人民出版社，1985。

［82］冉茂盛、罗富碧：《上市公司股权激励条件下的信息操纵机理》，重庆，重庆大学出版社，2010。

［83］朱克江：《经营者薪酬激励制度研究》，北京，中国经济出版社，2002。

［84］罗瑞荣：《基于企业绩效价值的经营者绩效考核研究》，北京，知

识产权出版社，2010。

［85］宋鸿雁：《现代企业分配制度初探》，北京，石油工业出版社，2009。

［86］秦兴方：《人力资本与收入分配机制》，北京，经济科学出版社，2003。

［87］李兰：《企业家精神：2009·中国企业家成长与发展报告》，北京，中国人民大学出版社，2009。

［88］王丽娜：《中国国有企业经营者选择及其改革》，上海，上海财经大学出版社，2009。

［89］曾德荣：《上市公司经营者激励与风险控制》，北京，化学工业出版社，2008。

［90］张玉清、李春玲：《国有企业经营者激励约束研究》，北京，中国经济出版社，2008。

［91］张勇：《经营者代理行为研究》，北京，北京大学出版社，2008。

［92］江平、文海兴、周小明：《市场经济：法治经济》，南昌，江西人民出版社，1992。

［93］文海兴、王艳林：《市场经济的守护神——公平竞争法研究》，贵阳，贵州人民出版社，1995。

［94］文海兴：《期货交易法律关系研究》，北京，法律出版社，1995。

二、论文类

［1］李建华、易珉：《企业管理中的道德风险：经济学的视角》，载《湘潭大学学报》（哲学社会科学版），2008（3）。

［2］丁义明、力福康：《风险概念分析》，载《系统工程学报》，2001（5）。

［3］高小玲：《现代企业道德风险研究述评——企业道德论争、风险源与风险管理》，载《经济评论》，2008（2）。

［4］应飞虎：《从信息视角看经济法的基本功能》，载《现代法学》，2001（6）。

［5］高兆明：《应当重视“道德风险”研究》，载《人大复印资料：伦理学》，2001（8）。

[6] 刘燕君：《管理者世界之“道德风险”》，http：//www. chinavalue. net/Article/Archive/2008/5/6/113864_ 2. html。

[7] 张继红：《论我国道德风险行为的制度性因素》，载《山东社会科学》，2004（2）。

[8] 陆劲松：《道德风险博弈论研究》，载《和田师范专科学校学报》，2010（4）。

[9] 王启峰：《试论“道德风险”的生成机制及其防范》，载《沧桑》，2010（8）。

[10] 莫兰琼：《道德风险与监管缺失：“高盛事件”的深层反思》，载《中央财经大学学报》，2010（12）。

[11] 王珊：《会计道德风险规避与外部环境研究》，载《科教导刊》（中旬刊），2010（6）。

[12] 陈继初：《基于委托—代理关系的企业道德风险防范研究》，载《统计与决策》，2010（16）。

[13] 李玉梅：《论企业道德风险及其法律防治》，载《改革与战略》，2009（9）。

[14] 黄群慧：《控制权作为企业家的激励约束因素：理论分析及现实解释意义》，载《经济研究》，2000（1）。

[15] 张峰：《国外利益公共补偿的实践及其借鉴》，载《现代经济探讨》，2008（2）。

[16] 魏新强：《我国企业道德的缺失与重塑》，载《石家庄经济学院学报》，2010（5）。

[17] 赵悦：《建构有效的企业道德管理模式》，载《中国市场》，2011（5）。

[18] 崔苗、李晴：《企业道德与企业竞争力之间的关系》，载《企业导报》，2010（11）。

[19] 王汪：《诚信：企业核心竞争力实现的关键》，载《商业研究》，2005（3）。

[20] 赵若羽：《刍议中国企业道德责任的实现》，载《金卡工程（经济与法）》，2010（9）。

［21］周瑞玲：《论我国中小企业信用文化建设》，载《山西煤炭管理干部学院学报》，2006（3）。

［22］吴静：《论信用的本质、类型以及信用制度的历史嬗变》，载《重庆文理学院学报》（自然科学版），2007（5）。

［23］张墨宁：《公司信用治理需道德和制度并驾齐驱》，载《WTO经济导刊》，2009（12）。

［24］王淑芹：《论信用建设的社会保障机制》，载《伦理学研究》，2004（2）。

［25］冯果：《由封闭走向公开——关于商事信用的若干理论思考》，载《吉林大学学报》（社会科学版），2003（1）。

［26］林钧跃：《论企业信用制度建设》，载《中国标准化》，2009（9）。

［27］郭潞：《现代企业制度与法人财产权》，载《山西财经大学学报》，2000（3）。

［28］韩莹石：《公司法人财产权的理论探析》，载《金卡工程（经济与法）》，2010（8）。

［29］宋养琐：《论公司法人制度和公司法人财产权》，载《经济经纬》，2000（6）。

［30］赵旭东：《公司法人财产权与公司治理》，载《北方法学》，2008（1）。

［31］周梅：《法人财产权与公司法人治理结构》，载《中州学刊》，2003（1）。

［32］段葳、曹胜亮：《论股东的股权与公司的法人财产权》，载《经济研究导刊》，2010（34）。

［33］曲红、刘胜军：《资本结构与公司治理》，载《经济研究导刊》，2011（1）。

［34］孙音：《美日德三国公司治理结构比较及对我国的启示》，载《社会科学辑刊》，2003（3）。

［35］唐现杰、宋惠民：《论我国上市公司治理结构现状与完善对策》，载《哈尔滨商业大学学报》（社会科学版），2011（1）。

[36] 周顺洪:《完善公司治理结构与董事会建设的思考》，载《经济师》，2011（2）。

[37] 富小良:《国有企业公司治理结构方案设计初探》，载《中国城市经济》，2011（1）。

[38] 马艳艳:《从法经济学激励理论分析我国公司内部治理结构》，载《商品与质量》，2010（8）。

[39] 康宁：《关于完善公司治理的法律思考》，载《法制与社会》，2008（21）。

[40] 赵琴:《公司治理结构的历史演变及对我国公司治理结构的对策思考》，载《内江师范学院学报》，2004（5）。

[41] 谢军、黄建华:《混合所有制经济下我国企业国有产权管理模式》，载《中国市场》，2010（52）。

[42] 顾珍铭、顾全：《上市公司股权结构与公司治理》，载《辽宁经济》，2009（10）。

[43] 刘静：《上市公司股权结构与公司绩效关系》，载《研究财会通讯》，2010（29）。

[44] 耀星：《企业国有产权转让步入规范化轨道》，载《粉末冶金工业》，2004（3）。

[45] 熊广勤：《企业产权转让的机制创新：基于特殊供求视角的分析》，载《华东经济管理》，2011（2）。

[46] 李玉鹏:《企业国有产权交易定价的特殊性》，载《产权导刊》，2010（12）。

[47] 王翔:《产品责任法中产品概念的比较研究》，载《上海交通大学学报》（社科版），2002（2）。

[48] 张冰:《企业信息公开法律规定分析》，载《黄河科技大学学报》，2010（5）。

[49] 綦好东、黄跃群:《我国非上市国有企业信息公开披露：现状分析与制度设计》，载《管理世界》，2009（2）。

[50] 赵兵、霍临春:《企业信息公开与商业秘密保护》，载《中国流通经济》，2008（4）。

［51］朱谦:《企业环境信息强制公开的法律问题》，载《法治论丛（上海政法学院学报）》，2007（4）。

［52］陈征:《信息公开担保的法律性质》，载《法学研究》，1998（1）。

［53］李玉梅:《我国企业信息公开法定民事责任制度的构建》，载《郑州大学学报》（哲学社会科学版），2010（1）。

［54］李玉梅:《论激励企业信息公开的制度安排》，载《武汉金融》，2009（9）。

［55］莫于川:《公共利益概念及其判断标准和补偿机制》，载《公民与法》（理论版），2009（1）。

［56］朱弈锟:《后安然时代的信息质量监控》，载《当代财经》，2003（7）。

［57］查名祥:《市场规制法若干问题的思考》，载《特区经济》，2007（3）。

［58］卢炯星、郑光忠:《论经济法内容创新——市场服务法一般原理》，载《辽宁大学学报》，2005（1）。

［59］李华理、王天仁:《推行行政执法改革的动因与原则》，载《人民论坛》，2011（1）。

［60］青蜂:《我国政府职能转变的路径分析》，载《行政法学研究》，2008（2）。

［61］刘帅、徐健:《行政程序法的法律价值》，载《法制与社会》，2009（12）。

［62］马良全、李毅:《我国行政联合执法的困境及改进》，载《行政与法》，2010（12）。

［63］焦勇、吕少艺:《规范中介机构监管问题初探》，载《中国工商管理研究》，2011（1）。

［64］《国外社会中介机构管理的法律法规体系建设》，http：//www. gd-bb. gov. cn/detail. jsp？infoid =3621。

［65］黄启昌:《购买中介机构服务，参与财政评审》，载《中国财政》，2009（10）。

[66] 段芳芳:《我国中介机构发展亟需解决的几个问题》,载《天水行政学院学报》,2008(6)。

[67] 李世根:《现代中介服务机构建立与运行的若干思考》,载《湖州职业技术学院学报》,2008(4)。

[68] 李立国:《深化改革,科学发展,促进行业协会在国民经济中发挥更大作用》,http://www.chinanpo.gov.cn/web/showHyxhBulltetin.do?id=46337&dictionid=3909&frame=no。

[69] 黎军:《行业自治及其限制:行业协会研究论纲》,载《深圳大学学报》(人文社会科学版),2006(2)。

[70] 国庆:《试论法团主义视野下的行业协会自治》,载《湖北函授大学学报》,2010(5)。

[71] 盖翊中:《英法行业商会、协会的发展状况及其启示》,载《生产力研究》,2007(1)。

[72] 宗庆后:《关于尽快制订〈行业协会法〉的议案》,载《商品与质量》,2008(11)。

[73] 尚珂、尚卫东:《行业协会的发展与法律规范》,载《中国物流与采购》,2005(15)。

[74] 何应文:《国外行业协会的培育和运行机制》,载《广西电业》,2005(12)。

[75] 郑君君、吴结飞:《基于公平偏好下的风险企业家道德风险研究》,载《技术经济》,2010(8)。

[76] 向显湖、钟文:《试论企业经营者股权激励与人力资本产权收益》,载《会计研究》,2010(10)。

[77] 周闽军、李玉宝:《股权激励实行的有效性及相关政策分析》,载《工业技术经济》,2005(1)。

[78] 茅院生:《经理控制的法律有限性》,载《政法论坛》,2008(5)。

[79] 文海兴、许晓征:《日本信用保证业发展的经验》,载《中国金融》,2011(8)。

[80] 文海兴、张铭、许晓征:《韩国信用保证体系及其启示》,载《中

国金融》，2011（21）。

［81］文海兴、樊卫东、徐捷：《构建我国融资性担保机构综合评价体系研究》，载《当代金融家》，2012（2－3）。